本书系 2017 年度国家社科基金青年项目"以二语认同为导向的多维外语教学模式研究"（批准号：17CYY020）结项成果

以二语认同为导向的多维外语教学模式

赵焱 张旗伟 徐蕊 张玮 著

Identity

中国社会科学出版社

图书在版编目（CIP）数据

以二语认同为导向的多维外语教学模式 / 赵焱等著.
北京：中国社会科学出版社，2025.4. -- ISBN 978-7
-5227-5002-6

Ⅰ.H09

中国国家版本馆 CIP 数据核字第 20254WR185 号

出 版 人	赵剑英
责任编辑	石志杭
责任校对	李　锦
责任印制	李寡寡

出　　版	中国社会科学出版社
社　　址	北京鼓楼西大街甲 158 号
邮　　编	100720
网　　址	http://www.csspw.cn
发 行 部	010-84083685
门 市 部	010-84029450
经　　销	新华书店及其他书店

印　　刷	北京君升印刷有限公司
装　　订	廊坊市广阳区广增装订厂
版　　次	2025 年 4 月第 1 版
印　　次	2025 年 4 月第 1 次印刷

开　　本	710×1000　1/16
印　　张	21.5
插　　页	2
字　　数	343 千字
定　　价	118.00 元

凡购买中国社会科学出版社图书，如有质量问题请与本社营销中心联系调换
电话：010-84083683
版权所有　侵权必究

目　录

绪　论 ……………………………………………………………（1）

第一章　文献综述 ………………………………………………（8）
第一节　研究"二语认同"的理论角度 ………………………（8）
第二节　四种"认同"概念透镜 ………………………………（12）
第三节　收集什么样的数据去研究认同？采取什么样的分析
　　　　手段？ ………………………………………………（21）
第四节　社会认知视角下以认同为导向的二语教学法 ………（47）
第五节　定性的二语认同教学研究的侧重点 …………………（60）

第二章　研究设计 ………………………………………………（62）
第一节　总体框架 ………………………………………………（62）
第二节　多维度的认同干预 ……………………………………（63）
第三节　多维度的"认同"研究框架 …………………………（64）
第四节　数据收集、数据分析 …………………………………（65）

第三章　教学干预设计 …………………………………………（71）
第一节　CLIL 课堂：帮助学生连接以二语为载体的学科专业
　　　　知识和以母语为载体的个人知识 ……………………（71）
第二节　EAP 课堂：培养具有跨文化意识和自主思考能力的
　　　　学术英语通用语使用者 …………………………（75）

第三节 ESP 课堂：培养能洞察和利用商科体裁语篇手段的商科领域话语者学徒 ……………………………………（81）
第四节 公共英语课堂：培养拥有多样语言资源和语用意识的双语者 ………………………………………………（89）

第四章 教学干预前后的自我认同变化 ……………………………（95）
第一节 有关双语认同调查问卷的结果和讨论 …………………（95）
第二节 有关 10 年后的"我"的想象性小故事的分析和讨论 …………………………………………………………（102）

第五章 英语论文的元话语分析和趋势解读 ………………………（156）
第一节 分析框架和总体结果呈现 ………………………………（156）
第二节 四类课堂在干预初始阶段的统计分析结果 ……………（165）
第三节 干预初始阶段各类课堂的英语论文展现出怎样的作者认同建构趋势？ …………………………………（171）
第四节 四类课堂在干预结束阶段的英语论文 …………………（183）

第六章 有声思维和课堂对话中的认同构建 ………………………（225）
第一节 有关有声思维的数据收集和分析框架 …………………（225）
第二节 有关课堂互动的数据收集和分析框架 …………………（226）
第三节 CLIL 课堂 …………………………………………………（228）
第四节 公共英语课堂 ……………………………………………（243）
第五节 EAP 课堂 …………………………………………………（256）
第六节 ESP 课堂 …………………………………………………（272）

结　论 ………………………………………………………………（290）

参考文献 ……………………………………………………………（302）

附　录 ………………………………………………………………（332）

附录1 让学生创作小故事——想象10年后的"我"——的任务
　　　　指导（以下展现的是给学生发放的英文原文） ……… (332)
附录2 我们在CLIL、EAP、ESP、公共英语这四个课堂里的
　　　　教学干预活动示例（教师建模和师生协同认知活动，
　　　　或是课堂小组任务） ………………………………… (333)

后　记 ……………………………………………………………… (338)

绪　　论

一　选题缘起

今日的中国，众多学者呼吁高校须加强大学生参与国际学术活动及专业领域交流的能力和角逐性。中国大学生不应仅为考级、考证而学英语，而是要展现出对英语的象征性所有权（Gao，2014；文秋芳，2021）。一些国外二语习得学者指出，教师不应只把学生看作语言的学习者，也应把他们看作拥有多样语言资源和用语技能的"新兴双语者"（Moore，2018）。随着中国开放程度的日益加深，社会中我们应用英语的机会变多，学生出国的机会也不少，二语教师若是能引导中国大学生调动自身的双语资源和多样视角，让学生成为能灵活思考的"新兴双语者"，这将能驱动学生在二语课堂开展具有意义和深度的学习行为。

本书秉承社会认知视角，即语言不是客观符号，而是个人建构"认同"（identity）和认知世界的手段（高一虹、周燕，2008）。本书旨在干预和引导学生在课堂互动和学习任务里建构能跨越语言、文化、知识领域和课堂边界的多元认同进而开展批判性学习。我们在中国高校四类具有代表性的二语课堂开展纵向教学干预研究，分别为：（1）一个以英语为主要授课媒介的大二《语言学导论》课程（Content and Language Integrated Learning，即 CLIL）；（2）一个大一的学术英语课堂（EAP）；（3）一个大二的针对商科专业学生的专门用途英语课堂（ESP）；（4）一个大一的公共英语课堂。每个课堂的教学干预历时 11 周到 17 周不等。本书的四位作者既是教师也是研究者，为设计这个以二语认同为导向的教学干预，我们构建了多维的认同理论框架——认同既是心理特征又是个人态度，对于认同的操演既是一种社会行为，也是一种认知倾向——针对每个课堂的教学重点在目标知识技能和学生的认同资源之间构建独特关联。

本书采用以定性为主的混合型研究方法，主要为实现下述两个研究目标：第一，在教学干预过程中捕捉学生在特定情境、认知活动里的认同建构行为；第二，从多维度探究学生协商认同的具体表现、话语手段。研究结果显示，首先，在这四类二语课堂里，我们的教学干预降低了学生的"分裂性"认同变化；此外，在三个课堂里，教学干预激励了"生产性"认同变化并降低了"削减性"认同变化。其次，在接受了教学干预后，学生在想象自我未来时，更倾向于想象自己拥有多元认同，同时英本主义价值观（English native speakerism）减弱；此外，学生在想象自己在未来参与的活动时，更倾向于前置自我能动性，也更能描绘具体的实践社群（communities of practice）。再次，教学干预让这四类课堂的学生在英语写作中展现出更强的读者意识和对体裁社会功能性的认知。最后，关于学生在这四类课堂中的小组活动、师生互动和认知活动，研究发现教学干预能引导学生调动双语认同和个人的全方位知识储备，而学生则展现出自主评估二语手段，与同伴共建知识、操纵二语、创新思考的学习行为。

本书响应了高一虹等（2013：243）的呼吁："未来研究可注重观察具体外语学习/使用活动中的具体话语和认同建构过程；可以考察母语与外语认同的互动……可以从更加多元的视角，关注全球化情境中的超越母语、目的语认同的多元认同。"因此，我们希望本书能启发我国外语教师为中国学生调动多元认同并开展变革性学习制造机会。在本书呈现的有声思维和课堂对话里，学生和老师主要使用口语，所以一些话语会存在语法问题。录文均按照原话如实转录，因此语法问题未作修正。

二 研究背景

伴随着英语全球化及多语者、多元文化拥有者的不断增多，二语认同（L2 identities）已是二语习得研究的重点。语言与社会活动、权力关系、认知行为密切相关，因此语言学习、语言使用也与个人的多元认同密不可分（Norton，2021a；边永卫、高一虹，2006）。

第一，上述关联在多种族、多文化的欧美、澳大利亚或非洲的二语课堂已有不少研究（Makoe，2007；Miller，2000；Norton，2021b；Skapoulli，2004）。学者发现，二语学生的语言认同、社会文化认同、性别认同以及他们与英语母语学生的权力关系都与二语学生个人可获得的学习资源（如二语输入、与资深成员的社交网络）及个人使用、输出二语的机会和方式紧密相关。

第二，目的国或者本国的主流文化以及二语者已持有的文化理念会影响个人的二语投入。譬如，有学者发现，"9·11"事件后，美国内部高涨的民族主义情绪和对中东的排斥性社会政治话语压缩了穆斯林留学生的二语社交空间和课堂话语权，进而使他们失去学习动力（Giroir，2014）。再如，Weekly & Picucci-Huang（2022）发现当代中国EMI大学生受全球公民意识的影响，会取英文名字来构建自我在国际社群的参与者认同，进而激励自己的英语学习。Weekly & Picucci-Huang（2022）的研究从文化理念的角度显示了中国学生的二语投入（取英文名字）与自我认同建构之间的密切关联。

第三，个人的语言社会化经历（language socialisation）是连接社会认同和二语学习的纽带（Gordon，2004）。所谓语言社会化经历就是指个人在使用二语与他人交流的过程中不但构建了社会关系也实现了学习知识的目的。Ochs（1996）指出，二语学习是个人获取用语资源的过程，而能用于构建个人社会认同的用语资源即语言社会化经历的核心。为探索认知和认同建构之间的关联，有二语课堂研究采用社会认知视角来追踪学生在课堂内外的语言社会化经历（如与老师、同学的课内互动，或是参与课外社团活动）及其对个体认同和学习行为的影响（Nguyen & Kellogg，2005；赵焱等，2021；张伶俐、文秋芳，2022）。由上可见，二语教学不仅仅是一个技术性、知识性的问题，也是二语者的自我（self）与外界（context）不断交互、碰撞、协商的过程，关系到个人"复杂的社会认同转变"，以及建构能融合母语与二语意识形态的"跨文化"声音（Lvovich，2003：179）。

第四，认同建构和二语学习之间的紧密关联也革新了英语教学的意义并促使教师重新审视传统教学内容。譬如，Grundlingh（2020）研究了社交媒体里的"书面笑声"（written laughter）（如表情符号、一串数字或是"haha"等），并指出二语课堂几乎从不涉及社交媒体用语，虽然有效的网络交流与很多二语学习者的未来工作和社交生活息息相关。Grundlingh（2020）认为"书面笑声"是协商社会关系、展现个人认同的主要手段，因此是必要的二语知识和技能。此外，Cummins（2001）在欧美的多种族课堂里开创了以认同为导向的教学模式。Cummins（2001：19）指出：若是教师能帮助移民学生将多样的语言文化认同带入课堂，那么"课堂互动和认同协商……将是这些文化多元的学生取得学术成功的关键"，也是他们主动学习、获得赋权性体验的关键。

但是，目前国内外以二语、多语认同为导向的外语课堂研究仍是个空缺。即使在英国，Forbes et al.（2021）指出，尽管很多人认为学校能促进学生的多语认同发展，但是真正记录教师如何通过教学举措来干预学生多语认同建构的研究非常少。在中国，也有二语习得学者指出，在英语作为外语（EFL）的教学课堂里，学生的学习策略和语言能力，相比认同建构，似乎得到了更多的关注（高一虹等，2013；张浩，2015）。针对中国的外语教学，高一虹等（2002：23）呼吁，教师在提高学生英语技能的同时，也应关注学生的自我认同变化："在某种意义上，英语等于自信。"因此，英语教师尤其有义务帮助学生建构积极的自我认同，让学生的英语认同和汉语认同统一交融，成为学生未来自我的核心（高一虹等，2002）。

三　研究内容：中国大学英语课里的多元认同

在中国的大学英语课堂里，即使学生有相似的社会背景（社会阶层、地域背景等），他们也会在英语课堂里展现出多样的学习行为、积极性，以及多元的想象性认同（imagined identities）（Gu，2008；2010）。譬如，Wang & Fisher（2023）研究了中国外语专业学生所持有的"理想外语自我"，他们发现有些学生的外语学习出现低迷、涣散或挣扎是因为这些学生所持有的"理想外语自我"限制了个人的学习动机。譬如，这些学生的理想外语自我局限于"工具性目的"和"职业成功"，因此他们只关注自己的外语水平在短期内是否有可见的提升，而忽视了外语学习对于个人思维能力和跨语言意义构建能力的开拓，也就是"低估了学习外语的重要性"（Wang & Fisher，2023：147）。Wang et al. （2021）有类似发现，他们研究了中国高校外语专业学生的认同建构并发现这些学生经历了一系列认同挣扎。其中对外语学习动机影响较大的认同挣扎来源于如何协调社会主流意识形态（如读英语专业是为了进外企）和个人认同（如具有人文气息的自我认同）之间的潜在矛盾。此外，Takahashi （2021）研究并对比了两名多语学习者的认同建构、学习动机、自主学习活动及取得的成就。其中一名多语者所展望的理想职业自我与个人的多语认同密切相关，而另一位多语者则强调学习外语的工具性和实用性（完成学业、考研），但并不清楚自己的理想职业自我是否需要使用多门外语。Takahashi 发现前者的多语学习成就不但更高而且学习动机和持续性也都更强。上文提及的几项研究发现都显示出认同干预在二语课堂的必要性。

很多中国学生在进入大学前投入过不少时间精力学习英语，但是进入大学后，尤其是选择了非英语专业后，学生的英语学习动机开始出现摇摆（Rao，2018）。有学生害怕在老师和同学面前说英语，而这种焦虑削弱了他们学习英语的动机（边永卫，2009）。也有学生认为英语和自己的社会生活脱节，课堂外的人际社交也不需要英语。即使是在外的中国留学生，其英语学习动机也可能出现下滑，尤其是当学生将有限精力花在完成课业、找工作等个人视为更加重要的事情上时（Chen & Chen，2021）。上述现象反映出中国大学生倾向于把英语看作实现其他目标的工具，并未将英语融入自我内核，也就是说英语并未和自我认同的其他核心元素（如对未来工作的展望、社交需求、专业学习、业余爱好等）相融合。

随着中国开放程度的进一步加深，我们社会中应用英语的场景很多，如音乐、广告营销、新闻媒体、互联网等。英语和个人的潜在关联比学生表面上看到的要大得多。因此，我们尤其有必要帮助中国大学生成为拥有多样语言资源、视角、用语技能和灵活思考能力的"新兴双语者"（emergent bilinguals）（Moore，2018），以适应未来中国的发展需要。为实现上述目标，作为教师我们需要对中国大学生在英语课堂里所经历的认同转变和挣扎有所洞悉，这将帮助我们设计、实施更能调动中国大学生双语认同资源的英语教学模式（高一虹等，2013；刘璐、高一虹，2008；

武金锁、王艳，2021）。另外，熊淑慧（2009：63）还呼吁教师应充分关注学生自身的社会文化认同，因为这"有可能成为他们语言学习的障碍"。同理，高一虹等（2003）指出，目前关于中国大学生二语认同建构过程的定性研究较少，现有二语认同研究更侧重于探究认同的结果（如学生在某一时刻展现的认同倾向）。再者，虽然有研究探讨了二语者的社会经历及文化对个人的认同建构及二语使用的中介作用（譬如廖承晔，2020），但是考察二语认同与个人在具体任务里展现的互动行为和认知策略的研究相对较少。Fisher et al.（2020：456）提出，二语、多语认同建构是一个"参与性过程"，也就是说二语、多语认同建构需要个人参与到对于自我具有意义的知识构建活动中，在具体任务里做出能彰显自我定位的认知决策。而二语课堂正是一个可以提供这样机会的场所，但却是"一个参与式认同协商未得到充分发挥的场所"（Fisher et al.，2020：448）。此外，目前我们找到了几个旨在培育国内高校外语专业学生认同的教学干预案例，这些研究也显示出教学干预有助于学生建构积极的自我认同和增强外语学习上的投入（譬如 Wang，2023）。但是，我们也发现如下两个关键问题：第一，干预活动的密集度偏小，譬如 Wang（2023）在整个学期只有三次教学干预；第二，认同干预常与二语课程里的具体知识点分离，譬如 Wang（2023）的教学干预主要是在课堂里分享成功毕业生将外语学以致用、建构积极社会认同的故事，重点不在于如何帮助学生调动认同来更好地学习课堂知识。

  针对以上回顾的教学和研究背景，本书考察中国学生在二语课堂里的认同建构过程，并在考察的过程中实施教学干预，意在有效调动学生的认同资源、激发学生在二语课堂里开展具有认知深度及协作精神的学习活动。此外，本书主要的学术价值如下：以社会建构主义为总体指导，我们在特定学习情景下探寻学生与外界（知识、文化、人际关系等）的协商过程，并构建理论模型。此理论模型意在融合侧重社会文化的二语认同研究和考察认知行为的学习策略研究。本书的主要应用价值是：展示一个以干预二语学生认同建构为驱动的外语教学模式，包括其具体实施过程和效果。总体来说，本书从以下两个角度使用了认同理论：首先，利用多种"认同"概念透镜来从多角度探究中国 EFL 大学生的认同建构行为和过程；其次，利用二语学习与认同建构之间的互动关系来设计能调动学生认同资源和批判性学习的教学模式。

本书尝试填补下述三个空缺：第一，目前以调动学生二语、双语"认同"为目标并将这个目标系统性融入知识点和技能教授中的教学模式在中国高校外语课堂较为少见。第二，调查以二语、双语认同为导向的系统性教学干预的实施过程及效果的研究也较少（Fisher et al.，2020）。第三，认同是个复杂构成，但是以往的二语、双语认同教学研究多采用偏单一化的"认同"概念透镜或研究手段。譬如，虽然 Nguyen（2021：93-94）提出从三个角度来探究认同，即个人的语言使用、语言信仰、用于管理语言使用和语言信仰的元认知，但是，Nguyen（2021）仅有一种数据来源，即访谈。因此，上述研究并不能从第一视角观察参与者在具体情境中的认同建构（如在具体任务里的元认知执行）。

四　本书架构

全书除绪论与结语、附录外，共六章。绪论部分带入本书研究背景，交代研究内容、点明本书填补的空缺。第一章为文献综述，回顾认同研究的理论流派、认同"概念透镜"（conceptual lens）、探究认同的手段，以及社会认知理论下以认同为主导的二语教学模式。第二章为研究设计，阐述这四个二语课堂里的数据收集和分析手段。第三章为教学干预设计，详述我们在这四个二语课堂里的具体教学手段、每周活动，以及背后的思路理念。第四、五、六章为研究结果和讨论，展示有关下述四类数据的分析结果和相关解读：双语认同调查问卷、展望未来自我的想象性写作、英语论文里的元话语使用、课堂互动和有声思维（think-aloud data）。最后是本书所有研究发现的总结，同时展示我们在研究发现的基础上构建的以社会认知为导向的多语认同理论模型，并阐述教学实践启示和研究局限。

在接下来的第一章里我们将开展文献综述，回顾本书涉及的理论流派、"认同"概念透镜、探究"认同"的手段，以及社会认知理论下以"认同"为导向的外语教学模式。

第 一 章

文献综述

第一节 研究"二语认同"的理论角度

鉴于认同既是一个心理构建体也是一个社会构建体,认同研究大致展现出两大流派,角度互补,分别为:在社会心理学研究领域较为常见的文化本质主义(cultural essentialism)、以社会文化理论和后结构理论为代表的社会建构主义(social constructivism)。

首先,采用文化本质主义视角的认同研究侧重探究"集体认同"(collective identity),因此倾向于将认同看作目标群体所共有的某种内在、稳定、核心属性(如观念或习俗)。其研究对象多为文化、语言或地域群体(如英语母语者、非英语母语者等)且通常会借助"本质化分类"(essentializing category),如目标群体的传统理念、典型行为等,来收集和分析数据(Fischer,1999:473)。譬如,谭瑜(2013:79-80)在分析中国留学生的文化认同建构时,主要借助了中西方文化里的典型价值观,如"中国式脸面观"vs. 西方的"就事论事"、中国的"在家靠父母,在外靠朋友"vs."崇尚独立自由、尊重个人选择的西方社会"等。采用文化本质主义视角的二语认同研究很像是研究二语者个体差异及语言态度的一个分支,沿袭了社会心理学研究的经典手段——Likert 问卷调查——来探究受试者对一系列态度声明的认同度或不认同度,进而衡量与自我认同相关的本质性特征,如自信程度、社会文化取向、语言使用习惯、社交习惯等。由于文化本质主义视角倾向于把认同看作社会历史环境对于个人心理及行为特征的一种影响和塑造,对这类认同研究的批判主要为：过于依赖宏观分析范畴，过于关注社会群体共性和因果关系，忽略了个人能动性，尤其是个人在具体语境里通过话语建构多元认同的能力（Langman，2004）。

秉承社会建构主义的学者指出，二语习得研究不能仅使用文化本质主义来泛化成功二语者的学习策略、语言输入或输出类型、二语动机等，也要考虑二语者在具体情境下的二语体验和情感经历（Norton & Toohey，2001），以及二语者在社会活动中的协商能力等（Pavlenko & Lantolf，2000）。尤其是在文化多元化趋势下，比如在西方移民国家，社会结构越来越多变，移民已成为普遍现象，传统意义上的认同标签（如国家或地域认同、性别或种族认同等）也越发受到质疑，有学者提出个人能动性，认为尤其是有关自我的反思，才是认同的核心（Block，2003）。譬如，Blackledge & Pavlenko（2001：244）指出，话语者使用语言策略来"协商"某种微观、"本地性"认同，而不是遵循既有用语法则来"表达"自己固有的宏观社会属性，如阶级、性别、地域等。另外，社会文化理论和后结构理论都视"认同"为有层社会环境（如国家或民族文化、社区或家庭活动）与个体能动性之间的复杂关系（Norton & Gao，2008）。它们的研究手段多扎根于个体在特定社会语境里实施的语篇行为（如对话、写作），并将语篇视为认同协商和建构的核心媒介，譬如观察二语者如何回应别人的话语，如何将个人措辞定位于已有社会语篇里（应洁琼，2021）。换句话说，个人对语言的斟酌也是对外界已有观念的评估和对特定社会群体地位的衡量，而这就是认同所在。由上可见，社会建构主义视角不视认同为稳定的内在属性，而是主张将认同看作个人在互动时刻里"实施"（doing）或"操演"（performing）的某种角色，如性别角色（Butler，1990）。而话语者可以在社会活动的过程中或在不同语境里根据社会关系的变迁或个人交际目的的演变来操演多种认同角色，这也就体现了社会建构主义视角下认同的"临时性"（contingency）（Young，2022）。

下面将讨论社会文化理论和后结构理论在看待认同上的主要区别。社会文化理论侧重于观察社会文化语境（如某个二语课堂）及其内的社会活动、社会资源（如课堂活动、课件讲义、活动道具、提供的知识类型等），以及多层社会背景（地域、家庭、学校、二语课堂、小组群体等）里的意识形态对于个人认同的塑造作用。譬如，Nguyen（2021：94）指出，"认同也许并不是个人（可以自主选择去）建构或不建构的，而是环境和社会关系决定了个人是否具有建构某种认同的可能性"。相比之下，后结构主义更侧重观察个人如何投资于象征性资本（详见本章第三节小节一）进而在权力关系中为自我协商赋权性认同，并在上述过程中成就知识积累和"自我蜕变"（self-transformation）（Norton，2000）。Gu（2021）的理论框架是一个例子。Gu（2021：358-359）提出，话语实践和认同建构都与社会"规模"或"空间"（scales/spaces）有关。譬如，英语能调动全球化"规模"，而方言通常只能调动某个地域的"规模"。因此，英语常是更具价值的文化资本和认同建构资源。但是，Gu（2021：359）也指出，规模的等级划分并不是完全"预设的"或具有"决定性的"，而是可以协商的。譬如，个人可以调动某地域的文化沉淀进而将这个地域的方言置于人类文化遗产的"规模"内，使其在等级上高于英语，也就是为这个方言的使用者建构了更具赋权性的认同地位。Gu（2021）的上述视角体现了个人能动性，也反映了后结构理论视角。此外，后结构理论相比社会文化理论更加强调"自我的反身投射"（reflexive project of the self）（Giddens，1991：5）或是个人在认同建构中的反思性，即二语者对于自我语言社会化经历的反思和再解读。Ivanič（1998：16）指出，"自我认同"这个概念反映了"双重社会建构"：首先，个人经历本身受到社会塑造；其次，个人对于自我经历的反思也受到社会意识形态的影响。此外，受后结构主义主导的认同研究更注重探究认同建构的动态性和多元性，探究的课题包括：认同的"合成性"（hybridity）（Sultana，2014）、流动性和变革性（Nguyen & Kellogg，2005）、二语者所持多种认同之间的"矛盾性"（高一虹等，2003），以及"认同危机"（Hall & Du Gay，1996）等。

有关"社会建构主义的缺点"，Fischer（1999：495）指出，其有时会忽视具有"共性"和"传承性"的群体文化，依赖于具体"情景"对个人认同及"想象力"的塑造。此外，Fisher et al.（2020）指出，认同是个复杂组成，其中既包含流动性认同也有较为稳定的认同内核，而后结构理论有忽视后者的风险。同理，Langman（2004）认为，社会个体生活于一个被各种意识形态定义、规划的世界中，没人能逃避这个既定的世界。换句话说，个体行为和话语很多时候是对文化本质的回应（如附和、调整或背道而驰）。其他学者也提出过类似的观点。譬如，Gee（2008：103 - 104）提出过"文化模式"（cultural models）概念。"文化模式"为某个社会文化群体持有的看待世界的典型方式，包括信仰、行事原则、价值观、评判他人他事的标准等。Gee（2008）认为，个人在日常生活中会参与多个、多种群体，因此能同时持有多个文化模式，而这也就促成了个人认同的多个琢面。Gee 的文化模式理论显示出本质化社会行为在认同建构中发挥着一定作用。Wöcke et al.（2018）持有类似观点，他们研究了一个总部在西班牙的大型跨国企业里的经理群体和他们的自我认同。通过对这些来自多国的经理进行问卷调查和访谈，Wöcke et al.（2018）发现：自认掌控更多权力、优质资源和晋升机会的经理（即持有上述自我认同的人群）通常同时归属于如下两个类别性群体：西班牙语使用者和西班牙本土人。鉴于上述发现，Wöcke et al.（2018：662）指出："不应过度强调语言是协商权力的工具，因为在跨国企业里，国籍更加重要。"Wöcke et al.（2018）的研究显示，在特定社会文化语境里个体既有的、较为稳定的社会认同能限制个人获取象征性资本、协商话语权、建构赋权性认同的空间。最后，高一虹等（2003：69）在研究中发现二语者虽然在不同的微观情境里会展现出多种认同，但是每个人都具有某种"核心认同"（core identity），这跟个人的社会经历、社会出身、社会定位等有关。因此，认同既是动态多元的同时也具有统一性，而这种视角能弥合本质主义与社会建构主义看待认同的鸿沟（高一虹等，2003：77）。高一虹等（2008：51）指出："进入新千年之后，两个范式出现了相互交叠的趋势。"因此，综合使用本质主义与社会建构主义视角来探究二语认同也是本书选择的分析视角，但是社会建构主义视角仍是本书的主位视角。在下文我们将详述本书所调动的、位于本质主义和社会建构主义理论旗下的四种"认同"概念透镜。

第二节 四种"认同"概念透镜

一 概念透镜一:"认同"体现于二语者对于语言使用的态度里

语言使用既与个人的心理活动有关也与个人看待自我的社会属性有关（Fisher et al., 2020：450），这也就是从个人态度里寻找认同的两种视角。视角一：语言使用受个人"心理实体"（psychological entity）的调节和操纵（Fisher et al., 2020：450），譬如"我"的英语使用与"我"如何看待英语学习的重要性有关，或是与"我"如何调节学习带来的挫败感有关等。视角二：语言使用与个人如何定义自己在"特定历史、文化、社会时期里的位置"有关（Oyserman & James, 2011：119），譬如"我"如何评估英语对于自身社会属性的影响等。虽然上述两个视角并不矛盾，但是研究者多会侧重其中一个视角，这取决于研究目的。譬如，我们在下面将要回顾的大多数认同研究都针对多语多文化语境（包括当今中国高校的英语课堂），因此这些研究会侧重于视角二，也就是更关心语言使用与个人的社会文化定位之间的关联。另外，在社会建构主义的影响下，有学者认为：认同，即使作为心理实体，也脱离不了个人对于自我社会文化体验的评估。用Nguyen（2021：94）的话说就是认同建构不仅涉及语言使用者的行为倾向和思考习惯，"还涉及他们在哪里、何时以及与谁"会表现出这种倾向和习惯。鉴于本书的目的是探究如何通过教学干预来调动学生的社会文化认同并开展深度学习（如某个社群知情人的独到观察），我们更加关心在干预后学生对于母语、二语及其文化的态度是否产生了改变（即上述第二种视角）。因此，有关当下这个"认同"概念透镜，我们侧重于回顾以下类型的认同研究通过观察个体对自我社会属性的态度来探究"认同"。

首先，Itakura（2008）探讨了日语学习者对于日语里基于性别的语言差异的态度，譬如，其是否反映了性别歧视和世俗给予男性的更高权力地位，自己是否会顺应这种男女有别的说话形式，或者说自己是否感到这种性别语言差异与自我认同（如中国香港男人）相冲突。Itakura（2008）访问了12位在工作中使用日语和客户交流的香港职业男性。研究者发现，虽然有些被访者并不认同日语文化里的男女等级差异或是男性化日语的粗鲁风格，但是仍表示会在工作中使用男性化日语，因为他们认为这能拉近和日本客户的距离，展现自己的日语掌控力，并帮助自己融入日本文化。上述态度显示出这些被访者的职业认同与他们的二语使用者认同相整合——他们使用男性化日语的目的并非源自男权意识形态，而是为了在职业场景里获得尽可能多的战略优势。如上所示，二语者如何看待多元认同之间的关系（如性别认同、二语认同、职业认同）是这类认同研究的一个关注点，因为这关联到学习者的二语使用行为，因此对二语教学具有启示意义。再如，Iwasaki（2011）探究了四个在日本作交换生的美国大学男生的日语使用态度，尤其是日语口语里具有社会意义的语域选择（敬语、一般中性语、男性伙伴间的粗鲁话语等）与个人社交成就的互动关系。这些美国男性认为，他们的主要困窘源于个人的母语文化认同（譬如崇尚自由平等、友好放松的美国人）与自己在二语社会里建构的认同会有冲突（日本社会里尊崇的上下级关系）。一方面，这些美国男性认为日语敬语是社会距离的象征，而这"似乎违背了美式英语里彰显友好的礼貌方式"（Iwasaki，2011：67）；另一方面，有参与者表示自己曾尝试和关系不错的日本男性使用男性化日语，企图融入对方社群，但是遭到冷淡反应，因为对方"并不喜欢外国人使用男性化日语"（Iwasaki，2011：96）。这些美国男性认为自己失去了策略性选择语域的能力，因为课本上学到的知识并不能帮助自己在实际社交中得到正向反馈。Iwasaki（2011）发现这些美国人在日本待过一段时间后会出现依赖于使用日语敬语或是非正式中性语的两极分化表现，体现出他们在母语和二语文化认同之间的"二选一"态度，而不是两者的整合。由上可见，二语者对于个人语言社会化经历的评估会影响他们的二语实践。

其次，Mills（2001）探究了出生、成长在英国的双语亚裔小孩对英语和继承语的态度。被访者坦言继承语是他们维持家族联系和维护继承文化的重要纽带，也是维系个人宗教认同及社群归属感的象征性工具。但同时，Mills（2001）也发现，有些被访者使用双语的主要目的是操演不同文化。然而，双语并不一定等同于双文化：即使是一种语言也能用来建构多种文化认同,而多语也能用来建构一个融合的文化认同。因此,将双语等同于双文化的态度暗示了被访者并行运用两种语言和文化的自我认同。尽管 Mills(2001)提供了一些深刻见解,但并未能给予一个系统性的双语"认同"概念框架,让我们可以从具体方面来审视、评估双语者的态度和认同建构。有关上述问题,高一虹等(2013)的二语认同研究提供了一个可行参考。研究者在中国五个高校开展了历时四年的跟踪调查。这项研究意在探究中国大学生在大学四年里的自我认同变化,以及这种变化与他们的英语学习动机之间的相互关联。高一虹等(2013)将"自我认同"看作学习者有关中英语言文化取向的态度,尤其是英语学习对于个人根植于母语的既有交际方式、自信及语言感受力的影响,譬如,其可能带来分裂、矛盾的价值观念,也可能带来中英语言感受力的相互促进、同时提升,或是造成类似 Mills(2001)提到的双语并行效果,即同时拥有两套语言和文化角色并根据交际情境在这两种角色之间切换。高一虹等(2013:12-17)借鉴了 Fromm(1948)的"生产性取向"理论,并在 Lambert(1974)提出的"削减性双语现象"和"附加性双语现象"的基础之上将"自我认同变化"这个抽象概念分解为七个具体方面,其中五个直接有关受试者的文化认同改变,主要涉及个人在汉语和英文使用、交际方式及价值观层面的选择上发生的变化。这包括"削减性变化"(二语认同开始取代母语认同)、"附加性变化"(母语和二语认同开始分离,虽不冲突但各行其道)、"生产性变化"(母语和二语认同开始互融、相互促进)、"分裂性变化"(母语和二语认同开始发生冲突)和"零变化"("未发生与英语学习相关的自我认同改变")(高一虹等,2013:17)。高一虹等(2013)进而设计调查问卷将文化认同具体化,转变为中国大学生熟知的社会文化行为(如看电影、写留学陈述、给人夹菜、吃饭买单等),并让受试者评估英语学习对于自己看待、实施上述社会行为产生了怎样的影响(详见本章第三节小节七)。虽然高一虹等(2013)的研究数据很大程度上来源于受试者针对 Likert 问卷的回答,但是上述理论框架提供了一个从具体方面客观衡量"认同变化"的可行方法。

另一个从具体方面客观衡量二语者态度的认同测量框架来自 Clément

& Noels（1992）的《情境民族认同量表》（*Situated Ethnic Identity Scale*）。该调查问卷利用了"社会情境认同"这个概念并将民族认同转化为个人在本地社会情境里持有的语言归属感。通过前期调研，Clément & Noels（1992）确定了针对受试群体（加拿大英法双语区的大学本科生）的22个日常活动——包括阅读新闻报刊、听音乐、买东西、日常社交等——并在此基础上设计了《情境民族认同量表》来考察受试者如何看待自己在这22个日常生活场景中持有的语言归属感。受试者需要指明自己在每个场景中的英语使用者认同强度和法语使用者认同强度。Mitchell et al.（2020）采用了相似的认同框架，他们让多语者评估自己使用某种语言参与一系列社会活动的频率（选项的一头是"每天"，另一头是"从不"），并以此作为探究多语者认同的一种途径。Clément & Noels 的《情境民族认同量表》和高一虹等（2013）的《自我认同变化问卷》都将"多语认同"看作语言对受试者社会观念取向的影响。

二 概念透镜二："认同"存在于二语者对个人经历的描述和反思里

在这个概念透镜下，首先，"认同"存在于二语者对过往经历的讲述中（边永卫、高一虹，2006；张莲、左丹云，2023），譬如讲述日常生活中的矛盾与斗争、参与过的社会活动、个人理念或情感。因此，收集二语者有关自我生平的故事讲述是一种认同探索途径。讲故事可以是一种自我赋权、具有治愈效果的语篇行为，因此话语者的自我能动性，即反思性，得到凸显。

其次，二语者对于自我经历的反思、评估也能体现于个人对于未来的描述中，譬如，设想"我"在未来的某个工作或生活场景中操演特定社会角色、享有特定人际互动、占据特定社会文化空间等，也就是说，"自我认同"与个人设想的"未来认同"（imagined identity）紧密相连。这点在 Gallucci（2014）的研究中得到体现。Gallucci 采用访谈和日记来收集两名在意大利读书的英国交换生的日常经历讲述。Gallucci（2014：923）发现这两个英国人对于自己在目标国使用二语的评估（即二语认同构建）与个人对于"未来机遇的展望有很大关系"。Ahn（2021）的研究有类似发现，这项二语认同研究采用想象性叙述创作作为主要数据收集手段。Ahn

（2021）设计了一个多模态叙事活动，让参与者使用绘画和叙述两种表达手段来描述和对比自己在学习英语前后的认同蜕变以及社群归属性的转变。有关学习英语之后，参与者需要想象两个场景：第一，自己成功掌握英语后会发生怎样的故事（"我"在哪里，在干什么）；第二，自己学习英语失败了又会陷入怎样的境地。也就是说，通过设想未来，参与者需要"说出并反思他们的（二语）经历、信念和态度"（Ahn，2021：1），包括"希望"和"恐惧"。通过让参与者使用绘画和写作来想象英语学习成败给个人未来带来的后果，Ahn（2021）意在让这些参与者使用具有情感意义的细节（如具体场景和"我"的行为）来展示自我认同里的特有属性，尤其是个人眼中与英语所关联的象征性资本和社群。

三　概念透镜三："认同"存在于二语者的认知活动中

认知活动建立于社会活动脚本之上，因此认知活动反映出个人所处的社会架构及文化空间，与认知者的认同建构密切相关（Bartlett & Holland，2002）。Bartlett & Holland（2002）指出，特定情境中的认知活动会映射某种游戏规则，而这就是"已规划的世界"（figured worlds）。所谓"已规划"就是这个空间里的社会架构、认知角色、常用资源、被认可的行为、技能、成果等都已设定。譬如，每个课堂都是一个"已规划的世界"，体现为常规的认知角色（老师、学生）、师生互动模式、作业评判形式和标准等。在每一个课堂里，师生的认知活动多少都会建立于这个"已规划的世界"之上，其脚本（譬如如何使用英语表达观点）会被用来解读参与者的认知活动（譬如英语论文写作），进而影响个人的认同建构（如二语作者认同的建构）。同理，Gebhard（2005）的课堂观察显示了师生在双语课堂里开展的语言活动（阅读理解、议论文写作等）是对本地语境里既有认知形式、社会角色的映射和再现，而正是通过这种映射和再现，个人在本地操演了特定的认同角色（如批判性思考者、严谨的学术写作者、理论知晓者等）。也就是说，认知活动在本质上"不仅仅是拥有多少知识"，即"学习成效"，也是个人在"特定社会文化框架内"和"具体情境里"以一种被外界或（及）自己认可的方式去获取知识的举措（Anderson & Zuiker，2010：292）。因此，认知活动在本质上是学习者与他人（包括既有知识、理念、事件）产生互动的过程，而这个交互过程会映射特定社群文化、知识资本及人际关系。也就是说，认知者的学习行为一定会带来某种认同操演，譬如，杜小双、张莲（2021：63）谈到"学习活动"能"颠覆"个体的"原有认知"并"重构……知识和经验"，进而触动个体"身份认同的波动起伏"。认知和认同之间的关系是双向的，有关上述关系如何应用于具体的课堂活动里，Dagenais et al.（2006）提供了一个示例。Dagenais et al.（2006）探索了认知行为和活动设置及学生的认同建构之间的关联。Dagenais et al.（2006：215）发现若是多语学生在课堂里有机会行使赋权性认同（如某种语言、文化的知情人）并能面对具有挑战性和多样性的学术任务，尤其是能让学生在多种认同角色间转换（"专家""学徒"）的"协作活动"时，多语学生将更有可能积极参与课堂学习和知识共建活动。因此，教师可以利用认知和认同的上述关联来设计更具驱动性和包容性的课堂活动。

四　概念透镜四："认同"体现于个人在具体社交情境里与他人建构的社会关系里

这个概念透镜强调认同建构的话语性、情境性、即时性和主观能动性。譬如，Block & Moncada-Comas（2022：406）指出，认同是话语者在社会互动中"对个人主体立场的协商"，体现于个人使用语篇来构建多种"二元关系"，包括自我与他人的"相同性"或"差异性"、某事某人的"正统性"或"非正统性"等。Williams（2008）从认同建构的话语性这个角度阐述了上述二元关系。Williams（2008：40）谈到，在谈话过程中话语者会不可避免地"站位"（stance-taking）——评估、评价某人某事进而定位自我与他人的相对位置——因此"站位"是"个人在互动中建构认同的一种重要方式"。"站位"这个概念与 Davies & Harré（1990）提出的"定位"（positioning）理论很像。第一，话语者在实施自我定位（如定位自己为"小组领导者"）的同时必会推崇某事，进而将某些职责或价值观投射到其他话语者身上，即对他人实施定位。话语者的定位行为可以是"战略性的"，用来创造学习机会或调控自己与他人的社会距离和权力关系（Anderson & Zuiker, 2010）。譬如，有研究显示，二语教师可以通过课堂对话来实施定位操作,将学生定位为拥有多样语言资源的"灵活双语者"(dynamic bilinguals)(Palmer et al.,2014:766),而不是能力不足的英语学习者,进而将课堂边缘学生带入"赋权性空间"(Palmer et al.,2014:760),提升他们的学术参与度。为观察话语者的"定位"操作和认同建构,Bucholtz & Hall(2005)提供了一个系统性框架,囊括可用于构建社交地位的核心话语运作,如建立相似性或差异性、凸显真实自然性或人为操作性、建立权威性或非正当性,以及实施礼貌行为或鲁莽举止。上述框架与Fairclough(2003:87)列出的一些社会话语分析手段有相似之处,如"等同和差异"(equivalence and difference)、"正当化"手段(legitimation)等。主要区别在于Bucholtz & Hall(2005)的上述框架更加聚焦于对话过程中呈现的认同建构行为,而Fairclough的分析手段则涉及更广泛的语篇类型、社会活动和意识形态传播手段(如影视作品、公关、广告文本等)。

第二,认同的话语建构性也暗示了个人的"语言习性"(linguistic habitus)及"文化资本"(cultural capital)(Bourdieu,1991)与话语者在某时某地能够建构的认同角色具有关联性。"语言习性"是个人在交际场合里展现的"某种说话倾向及谈论某类事物的倾向"(Bourdieu,1991:36);而"文化资本"是某阶级和群体针对特定社会活动已形成和积累的知识及思维模式(Bourdieu & Passeron,1977:11)。由上可见,语言习性和文化资本与话语者的社会认同密切相关。话语者在当前语篇里操演的认同角色不但涉及话语者与听众构建的社会关系,也涉及话语者和前人建立的互文性。上述两项关系的构建都与话语者的语言习性(如个人写作风格)和文化资本(如具有学术价值的知识储备)密不可分。譬如,Starfield(2002)研究了美国大学里来自贫困移民家庭学生的学科写作,发现这些学生并不具备建构"权威作者话语声"的语言资源,也不具备知识群体(如学科教师)通常奉行的思维模式,因此很难在当下情境里逆转自己的社会阶层、建构具有象征性权力的写作者认同。此外,与英语母语者及知识群体的社会距离使得他们不知道如何向教师咨询课业并协商更多的学习机会。Starfield(2002:138)指出,这些移民大学生在当前作业里建构的"作者认同"与他们的"过去"密不可分。同理，Jones（2004）指出双语者在当前任务中实施的读写行为既是一种情境性认同操演，同时也和个人的读写习性密不可分。所以，教师需要斟酌课堂任务的设计，因为课堂任务——作为再现特定意识形态的语篇行为——必定会赋权某些认同并边缘化其他一些认同，而这会限制一些学生利用认同资源作为批判性学习的手段（Makoe，2007；张忻波，2021）。

第三，有关认同建构的情境性，个人认同会根据本地情境的发展（如参与人员或氛围的变化）而不断更新，这也就是认同的"流动性"（fluidity）（Cortés-Conde & Boxer，2002）。为强调认同的流动性，Cortés-Conde & Boxer（2002：149）使用了"社会关系认同"（Relational identity）这个概念，用以表明认同"存在于独特的人际互动之中"，不受对话者既有社会角色的束缚。García（2010：519）在定义双语者（包括二语者）认同行为时说：认同建构就是个人"通过话语行为和种族行为来操演自我定位与自我识别"（"it is through languaging and ethnifying that people perform their identifying"）。值得注意的是，García 使用了三个动名词——"languaging"（话语行为）、"ethnifying"（种族行为）、"identifying"（自我定位与自我识别）——来彰显认同建构的动态过程和个人的主观能动性。不同的话语者即使在同一个社会情境活动中（如小组讨论任务）也会建构不同的社会关系（如小组领导者和组员）。

五　总结："认同"存在于"冲突"中

这四种"认同"概念透镜，它们有一个交叠点，就是都会涉及某种"冲突"，譬如个体内多种认同之间的冲突，或是"我"与他人在资源争夺、行事准则或社会关系的定夺上产生的冲突。通过冲突，个人得以不断反思、协商、调整自我认同。这种冲突既能体现在二语者对于语言使用的态度里，也能体现在二语者对自我经历的描述和反思里，还能体现在二语者的认知思维（如"我"的知识与课堂所授知识之间的冲突）以及二语者与他人的社会互动里。由上可见，"冲突"既可以是特定社会背景下个人的某种心理纠结（即社会心理学视角），也可以是个人与既有社会结构的某种协商或抗争，体现出个人能动性和认同的多元化。姜有顺等（2019：74）提出，冲突不一定是负面的，"冲突是人类社会的一种基本互动形式",冲突也可以带来"积极作用",尤其是帮助社群强化内部规则并帮助个人建构社会认同和社群归属感(譬如强化个体成员的资格特质,认识到自我与他人的区别)。

此外,姜有顺等(2019:74)将"冲突"和认同及认知行为加以关联,认为个人"是在与多元主体的冲突关系中,逐渐掌握学科知识……(并)形成……价值观和身份认同"。譬如,二语学生在完成一项作业的过程中需要考虑多种知识构建方式(如不同老师教授的英语论文写作方法),也需要处理自我与多种社会因素之间的冲突(如整合学术文化与个人已有学习习惯之间的冲突等)。姜有顺等指出,学生必须经历冲突并意识到自己在冲突中做出的决策才能得到"专业知识的记忆和……技能的磨炼"(2019:81)并构建有关"'我是谁''我何为'的认知"(2019:74)。因此,教师可以在课堂里营造"一个安全、可控的冲突语境,得以唤醒、拷问和调适"学生的认同意识(姜有顺等,2019:81)。上述呼吁也为我们的教学设计提供了启示。

至此,我们讨论了四种看待"认同"的概念透镜,大致能看出两种追踪、提炼认同的方式。一种是从二语者的内容讲述、思维流露、态度言论中找到反映认同的细节和主题,而这种方式既可以遵循文化本质主义亦可以奉行社会建构主义。另外一种则更加间接,即通过语篇手段来追踪认同建构在文本中的蛛丝马迹,而这种方式主要遵循社会建构主义,即看重社会语篇在认同建构上发挥的核心作用。语篇本质上是以特定方式思考或谈论社会事物的文本(Kress,1989)。因此,语篇是对意识形态的反射:语篇不但勾勒出特定视角下的社会现实,使用特定语篇也是个人协商有利社会地位、进入特定社群的核心手段(Gee,2005)。一方面,从社会、权力关系的构建上来看,语篇的本质是为了建立结盟或对立。另一方面,从认知的角度来看,语篇下潜藏的意识形态会激励或约束某些探索世界、构建知识的方式和行为(Makoe,2007)。总体上看,从内容讲述或是从语篇细节里探寻认同的这两种研究方式并不相互排斥,反而可以互补。这些在下文将会更具体地讨论。

第三节 收集什么样的数据去研究认同？采取什么样的分析手段？

之前我们探讨了四种"认同"概念透镜，分别诠释了四种看待认同的视角：第一，认同存在于个人态度里；第二，认同存在于个人对于经历的描绘和再造里；第三，认同存在于个人的认知策略里；第四，认同存在于个人在具体社交语境中使用的语篇手段里。针对上述四种视角，研究者可以收集特定类型的数据并实施特定分析手段来观察和捕捉认同，这在后文将会一一探讨。我们首先讨论如何依靠收集故事和个人经历叙述作为探究个体认同的主要数据，这类数据主要对应上述第二种"认同"概念透镜，但也可能同时涉及第一、第四种"认同"概念透镜（如本章第三节小节三、四所示）。

一　采用后结构主义来透析自述体里的认同建构

在第一人称叙事中，讲述者会反思、设想具体事件、人物在自己的过往生活或"总体生活计划"里的意义（Ochs & Capps, 2001:2）。因此，通过搜集故事，我们能观察讲述者如何在文化、政治或历史背景下描绘个体经历，尤其是如何描绘个体在具体场景中的赋权性行为以及如何描述他人的反应（詹霞，2016；Warriner, 2004）。收集二语者的故事讲述能让研究者通过细节来观察讲述者如何看待自己在特定社群里的"投资"（investment）、获得的资源及特权、经历的同盟、分化或斗争，并洞悉讲述者的社会定位及相应情感（Norton, 2000）。

由上可见，重视自我能动性和认同多元化的后结构主义是叙述体认同研究常采用的理论指导和分析框架。相关概念包括 Norton（2000）的"投资"概念、Bourdieu（1991）的"象征性资本"（symbolic capital）和"习性"（habitus）概念、Bakhtin（1981）的"异质语"理论（heteroglossia）等。这几个概念关联紧密。Norton（2000）的"投资"概念和 Bourdieu（1991）的"象征性资本"观点指出二语者能根据具体社会情景和个人目的来策略性使用语言及其他象征性资本（如专业知识、社交技能）用以操演具有认知权威或社会地位的认同角色。这种认同角色可以是多元的，而非单一的，且不一定受个人母语"语言习性"的约束，譬如构建超越语种边界的职业或性别语言习性。在讲述某段经历时，为在聆听者面前构建认知权威和社会地位，二语讲述者可以审度语境，继而在自己的"认同库"（identity repertoire）中挑选在当下语境具有价值的认同角色（Bassiouney，2018），进而选择性调动个人既有的语言习性。譬如说，二语讲述者能在叙事中构建展现特定"专业、流派……人物、时代或年龄组"的多种"话语口音"，也就是利用多种"异质语"（Bakhtin，1981：293）来在叙述中强调自我的主体性（subjectivity）。

最常被研究的一类叙述体裁是自传（包括随笔、日记、口述等）。研究者注重解读自传体文本中象征后结构主义关键概念的故事点：权力关系、资本和投资（如投入时间和金钱学习某种技能）、价值观的协商、内心挣扎，以及自我改变与蜕变。譬如，有学者研究移民者的自述，关注点是自述者如何呈现个人在跨越文化空间的"关键经历"（critical experiences）里体验的自我分裂或新生自我（Block，2003）。二语讲述者的主观能动性体现在他们不甘于接受弱势群体认同，能调整自我、融入新的个人梦想和奋斗目标，并最终建构合法的二语使用者认同。

二 采用社会文化视角来透析自述体里的认同建构

一个常用的社会文化框架为 Wenger（1998：174）的"实践社群"（Communities of Practice）理论，其将认同建构视为个人的社群归属性行为，譬如个人在社群的"参与性"（Engagement）、对社群的"认同性"（Alignment）、对目标社群的"想象性"（Imagination）。"实践社群"是一个具有特定社会价值和内部架构的社群（如某职业社群、某学科领域的研究者社群，或是某个校内社团组织），其可大可小，社群成员以特有方式互动并开展认知活动，社群内部具有固定的等级制度，还具有可观的资源（如知识信息、物质资源、学习机会、社交网络和人脉等）（Wenger，1998：126）。采用"实践社群"视角探索二语者自述的认同研究，虽然其观察重点仍落在二语者的自我能动性上，但其研究兴趣是个人如何构建自己的社群归属性，如何描述自己在特定社群的"合法外围参与过程"（legitimate peripheral participation）（譬如 Giroir，2014），以及如何评估社群环境、社群活动、社群法则或自己与其他成员的日常互动（Morita，2004；Miller，2000）。采用社会文化视角来审视二语者自述的认同研究多采用访谈形式来收集针对特定认同（如性别认同、职业认同、语言文化认同）（杜明媚，2014）、特定社交圈（Miller，2000）的故事讲述。观察重点是讲述者描述的实践社群及"我"在其内参与过的社会活动、话语行为及和他人建构的社会关系（熊淑慧，2009）。

譬如，熊淑慧（2009：55）分析了一个出生于20世纪40年代上海富裕家庭的双语者 Lu 的自传故事。熊淑慧利用了 Engeström（1999）的活动理论模型——一个基于实践社群中介作用的社会文化理论——来探讨 Lu 从幼年到青少年的双语认同发展历程。熊淑慧集中审视了 Lu 参与的两大实践社群活动：家庭举办的英语活动、学校的中文活动。通过审视这两类实践社群活动里截然不同的文化理念和活动规则（"西方人文主义思想" vs. "共产主义思想"）、社群资源和主流语篇等（"西方名著"和剖析人物内心的文学讨论 vs. "革命文学"和表达政治立场的读书报告），研究者分析了社群活动与 Lu 的双语认同建构之间的关联。再如，Skapoulli（2004）研究了移民少女的性别认同建构。通过收集参与者的性别经历讲述，Skapoulli 探讨了移民少女如何穿梭于多种实践社群（母语宗教社群、二语交际社群）并根据每个社群的主流文化和自己在社群内的理想定位来操纵自己想表现于人的性别认同。在一个更新的研究中，李玉荣（2021）采用访谈手段收集了10位"高校新手教师"对教学经历的讲述和反思并利用实践社群理论在故事里审视这10位教师的认同建构，联结上述理论和个体认同建构的关键概念包括实践共同体内部新老成员间的"支持与合作"和"协作活动"以及"共享的价值与目标"，也包括实践社群提供的"外部支持"和"持续性改善"机会。李玉荣（2021）指出，实践社群的发展与其新成员在认同建构过程中参与的活动"实践"、形成的"动机"、怀揣的"愿景"，以及对社群内部运行机制和成员关系的"理解"是相互建构的。

三 设计针对性强的自述任务来收集具有深度和反思性的认同数据

相比于调查问卷,基于自传的认同研究可以搜集到更为细致且更能反映参与者内心斗争的认同数据(高一虹等,2013)。但是,一个潜在问题是自传(如日记)可能是零散、缺乏主题的。因此,为了提升自传故事的分析价值,研究者可以设定题目。譬如高一虹、周燕(2008)让中国大学生针对某些具有象征意义的社会、学习活动(如跟外国人交流、四级备考等)或是知识领域(如英语语音)、文化现象等(如圣诞节、英语名字)来做有关个人经历和感受的写作。此外,也有认同研究借助视觉手段,如"语言肖像法"(language portrait)和"照片启发"(photo-elicitation)手段,来引导参与者开展自述和个人反思。"语言肖像法"的出发点是借助儿童对于颜色表征意义的认知。研究者让多语儿童为不同语言选择颜色,然后在人形的身体轮廓里使用这些颜色来为不同部位填色(如心脏、大脑、手等)。在填色结束后,研究者让参与者解释之前在填色上的选择,进而引导参与者反思个人的多语经历(Busch,2018)。因此,"语言肖像法"在本质上为讲述者搭建了一个视觉性指导框架。若是运用于成熟的多语者,"语言肖像法"能帮助研究者探究较为抽象的认同问题,譬如多语者的"语言意识形态和今后的个人发展计划"(赵靓,2016:63)。另外,Besser & Chik(2014)里使用的"照片启发"手段是让参与者用相机记录自己在课堂内外学习英语的细节,尤其是个人使用到的英语学习资源(如书、练习题、社会资源等)、学习工具(如 iPad、笔记)和参与的学习活动等(读书会、课外班等)。在后期的个人访谈中,Besser & Chik(2014:302)会引导被访者回忆、描述和反思照片记录里展现的二语学习情境、过程、感受、成果、涉及的人物和事物等,研究者则借机从"丰富细节里洞悉被访者的英语认同"。

四 调动语篇分析手段来挖掘自传文本里潜藏的认同

在分析自传的认同研究中,首先,研究者可以使用叙事分析手段(narrative analysis)来观察讲述者如何调动具有特定文化底蕴的故事体裁特征(如经典故事情节、架构、刻画主要矛盾或人物内心的手法等)和话语风格（文体、流行词汇等），或使用具有文化含义的人物（如中国的父母长辈）、事物等来制造象征意义。通过上述方式，讲述者暗示了自己的文化归属性，进而建构了社会认同。而这也与 Bakhtin（1981）的异质语理论有所关联。譬如，Miller（2000）分析了一个中国女生的英语留学日记。研究者发现作者习惯于在日记结尾对个人经历做"道德评论"，如反思人物、社会现象的好坏对错。Miller（2000：87）的语篇分析是：作者调动了"文化寓意话语"（a discourse of cultural aphorisms）来实施具有哲理的意义升华，而这是中国小学语文课本里常见的叙事体裁特征。Miller（2000）认为作者利用了这个文化资本来构建自述，而这进一步建构了作者的母语文化认同。再如，Pavlenko（2004）对比研究了 20 世纪初期和当代美国移民的英语自传。Pavlenko（2004：49）发现，20 世纪初的移民自传中有一个经典情节，即"个人成就"；同时，种族及语言使用歧视并不是主人公"我"所面临的主要斗争。这个时期的自传者倾向于利用美国"移民潮"这个文化历史语境来建构自己的"合法美国人"认同（Pavlenko，2004：55）。相比之下，Pavlenko（2004：49）发现当代美国移民的英语自传常把英语学习和使用经历构建为痛苦、自我否定的过程，并"把美国化经历描述为一个被迫服从和被压制的过程"。Pavlenko 认为这些当代移民者利用了美国霸权主义的社会政治语境来展现自己与美国主流文化的隔阂并建构个人独特的民族文化认同。

其次，创意性自述体（如小说）也是研究认同的数据来源，研究者常会结合文体分析（stylistic analysis）和内容分析，重点观察二语作者如何调动全部语言资源和文学手段来建构"叙述话语声"（narrative voices）（Cortés-Conde & Boxer，2002：149 – 150）。譬如，Conde & Boxer（2002）分析了墨西哥女性作家的英语小说，他们发现作者使用了"语言游戏"——直译、语码转换、转移借词、翻译借词、命名游戏、句法游戏等——来调动自己的双语资源并用幽默口吻来叙述具有象征意义的跨文化故事，以引起读者的共鸣。通过操纵多语及多文化线索（如只有特定文化人群才能理解的英语句法），作者和读者建构了独特的社会关系——具有相同经历的多语者、来自相似文化社群的成员、同为父母或是互为朋友——而作者的自我认同便体现于上述社会关系中（Conde &

Boxer，2002：149）。

最后，在分析自传的认同研究里，语篇分析也可以借鉴系统功能语言学。边永卫、高一虹（2006）的二语认同研究是少有的以语篇分析为主导的研究：研究者主要依靠系统功能语言学里的分析系统而不是表征认同建构的故事点来分析自传文本。边永卫、高一虹（2006）收集的自传文本来自一个中国高校大三英语专业学生的课内作业，作业题目要求学生描述自己在英语学习过程中体验过的酸甜苦辣及收获，以及使用课上学过的双语理论来剖析自我变化并展望未来。边永卫、高一虹（2006）的创新之处是采用了系统功能语言学中的"评价理论"（Halliday & Matthiessen，2004）来追踪自传体里的认同声音（voices）。正如边永卫、高一虹（2006：35）所说，"以评价理论为分析框架，或以声音为切入点对我国学习者英语学习自传的研究，目前我们尚未见到"。边永卫、高一虹（2006：34）调动了评价系统内的两个次级分类"态度"（Attitude）和"介入"（Engagement）来分析文本中的主观情绪及评估（态度），以及对他人话语的投射（介入），并借助上述这两个角度来考察讲述者对"自我学能的评价（即自信）以及对母语、母语文化与目的语、目的语文化的态度（即文化认同）"。通过上述语篇分析手段，边永卫、高一虹（2006）发现超过一半的自传体文本展现出如下趋势：学习者在初、高中阶段建构了工具性二语认同（"投射"教育机构的权威声音及有关英语成绩的"态度"表达）；在进入大学后削减性双语认同逐渐显露（对英语水平和文化的正面"态度"，对母语水平的负面"态度"）；最后随着对英语认知的提升，学生开始学会将双语融会贯通并建构生产性双语认同（"投射"中英价值观及语言使用，并通过自我"态度"来整合这两套系统）。有关上述研究方法的局限性，边永卫、高一虹（2006：36）指出，鉴于收集的自传写作为课内作业且教师要求学生剖析英语学习经历并关联课程理论，这很可能导致学生"有意迎合任课教师的观点，以便取得好的分数"。上述观察给我们的启示是教师也许可以设置题目相对间接、不直接考察教学内容的自传体写作，目的是从学生那里收集更具多样性和个人特色的故事写作。

五　针对自传体且能融合语篇分析和内容分析的系统性分析框架

在分析自传的认同研究中，语篇分析可以与内容分析有机结合；正如 Warriner（2004：282）所说，"故事的内容及叙事方式都是认同建构工具"。然而，叙事研究法的一个操作难题是使用分析框架来系统性实施并结合内容分析和语篇分析，进而探究讲述者的认同建构，因为研究者对故事内容及语篇手段的解读容易出现证据的随意选取性和跳跃性分析的问题。

Barkhuizen（2017：107）提议的"三维、三级叙事空间"（a three-dimensional, three-scale narrative space）为研究者系统性分析第一人称故事（对经历的叙述或是对未来的畅想）并结合内容分析和语篇分析来探究文本中的认同建构提供了一种可能性。"三维"主要考察故事内容并指代以下三个维度：（1）故事中提到的人物（Who），他们的社会关系和相互地位；（2）故事发生的地点、场所（Where）；（3）故事的时间线（When），哪些行为发生在"过去、当下及未来"（Barkhuizen，2017：106）。"三级"则针对故事中反映的多层社会空间，若深入剖析则需要用到语篇分析手段。最低一级是"story"，指讲述者在"本地世界中的行动、思想、情感和社会互动"（Barkhuizen，2017：106）。中间一级是"Story"，指代更广阔一些的社会活动空间，如社会机构和社群，其行为模式、社会架构等。最高一级的"STORY"指故事里映射的"较为宏观的意识形态结构"，如"全球化""高等教育国际化"等（Barkhuizen，2017：106）。Barkhuizen（2017：106－107）指出，这三维和这三级"相互作用，形成一个叙事空间"。在这个叙事空间里，讲述者得以操纵故事的主人公"我"，让"我"在讲述者构建的情境和时空里实施一系列具有社会含义的行为并体验特定情感。而通过上述操纵，讲述者建构了自我认同。

为系统性探究这个叙事空间，Barkhuizen（2017：107）首先从访谈口述里提取故事，然后将故事分解成"意思单元"（idea units）并将其编号。"意思单元"也就是故事的内容碎片，每一个"意思单元"包含一到两个维度（Who、Where、When）。譬如，Barkhuizen（2017：107）将以下描述分解为两个意思单元,"I was staying in university residence right ‖ last year"。前一个意思单元确定了人物和地点,后一个意思单元有关时间线的构建。Barkhuizen（2017）的数据来源于被访者 Max（中国香港男生）有关自己在新西兰的留学经历讲述。其中,Max 讲述了自己用英语主持的一场国际留学生晚会,他描绘了这场晚会的时间、地点、人物及主要活动如"分享世界各地的美食"并"表演能代表本国文化的节目"（Barkhuizen, 2017：107）。在 Max 的第一人称讲述中,作为主持人的"我"不仅要介绍节目,还要在主持中穿插英语笑话和俏皮话。刚开始"我"使用了港式搞笑套路,但是"我"观察到观众的反响并不好,随后切换到西式脱口秀风格,获得成功。在分析 Max 的故事时,Barkhuizen（2017）首先在每个"意思单元"里识别"三维"和"三级",然后综观整个故事里的所有"意思单元",寻找关联,建立主题。比如说,故事中的"我"跟多类人群（Who 这个维度）互动,包括中国留学生团体、来自其他国家的国际留学生、晚会的活动主办方,以及"我"以前在香港主持活动时的本地观众。这些人群在 story 这个级别上都是和"我"参与过同一个聚会的观众、表演者或活动相关人员；而在 Story 这个级别上则归属于特定实践社群（譬如 Max 就读的新西兰大学）；在 STORY 这个级别上则主要涉及了中西文化价值观,尤其是有关中西方观众对于幽默和幽默主持人的不同理解。在此基础之上,Barkhuizen（2017）开展语篇分析。譬如,在讲述个人的这段经历时,Max 常以"I"或"we"开头来描述主人公"我"与上述人群的互动。这一方面构建了"我"的能动性和交际能力,将"我"塑造为一个具有语用资源和操纵力的多语使用者:"我"能对互动语境做评估进而策略性地迎合不同社群文化。另一方面,第一人称复数"we"的使用也建构了"我"的群体归属性,"我"是多个社群中的一分子。而这些都映射了讲述者 Max 较为积极的自我认同——一个具备语言、文化敏感度且足智多谋的多语者。由上可见,Barkhuizen（2017）的"三维、三级叙事空间"在理论层面上能结合后结构主义（如主人公"我"的语言文化资本和具有策略性的异质语行为）和社会文化理论（如特定实践社群的互动模式、话语习俗等）。

但是,我们认为 Barkhuizen（2017：107）提议的"三维、三级叙事空间"仍有一些扩展空间。主要一点是其中的"三维"基本围绕人物及其行为展开，并没有特别针对物品（包括风景、建筑或抽象事物），但是在第一人称故事里讲述者提及的物品可被用来表征"我"的社会定位。因此，讲述者可以在故事里"结集"特定物品，而这些物品即讲述者用来建构自我认同的社会符号（Ahn，2021：1）。根据 Ahn（2021）的上述言论，也许我们可以在 Barkhuizen（2017）的基础上建立一个"四维"（人物、地点、时间、物品）、"三级"的分析框架。我们的上述灵感也源于 Ahn（2021）的研究。Ahn（2021）分析了韩国英语学习者有关自我未来的想象性故事并借此探究这些参与者的英语认同建构，分析重点是故事里"我"和其他人物、物品之间的关系。Ahn（2021）指出，故事中有关"我"和物品（见后边例子里的斜体字）的描述——"我"在美国大学研究生院前拍照，或是"我"坐在贴满工作便条的拥挤办公室里敲电脑——能侧面反映讲述者视角中英语象征的价值观和社会资源。譬如，英语可以象征特权学习机会（即在"美国大学研究生院"前拍照的象征意义）；或者精通英语的"我"将摆脱平庸繁重的工作，而英语学习失败的"我"将消耗在一份辛苦却平淡无奇的打工生活里（"我"埋没于"工作便条"和"拥挤办公室"的"电脑"前）。由上可见，故事中多种物品间的交互关系（如"拥挤办公室"里的"电脑"，或是"美国研究生院"与"拥挤办公室"的对比）具有认同塑造功能（Ahn，2021）。

至此，我们完成了对自述体文本作为认同数据的探讨，下面我们将探讨另一个类型的认同数据，即直接收集二语者的态度。这类认同数据对应之前提到的第一种"认同"概念透镜。

六 从二语者、多语者在访谈的态度言语里寻找"认同"

有些认同访谈更加侧重于引出二语者的态度阐述，而不是个人经历讲述。譬如，Cervatiuc（2009）访谈了 20 名 18 岁后抵达加拿大、之后英语达到高度熟练程度并在加拿大获得成功职业地位的技术类、学术类移民。Cervatiuc 采用访谈手段来考察这些以英语为第二语言的学习者（ESL）如何发展自己的文化和语言认同继而作为他们不断提升英语能力、融入目标社会的驱动力。值得注意的是，Cervatiuc 的访谈问题多为具有深度的抽象问题，需要参与者从一定高度反思并以批判性视角审视自己在加拿大的英语社会化经历。访谈通过多个开放式问题推动参与者思考"我"的性格、自我认知、自我能动性（如对抗逆境的策略）及所积累的英语母语者社交网在"我"的英语学习中发挥的作用。访谈问题包括："在多大程度上你感受到了英语母语者对你英语学习的帮助？"或者"你如何定义自己当下的文化认同？你能说一下这个认同形成的过程吗？"（Cervatiuc，2009：270）上述问题较为抽象，必定针对具有一定上层思维能力的受访群体。同理，在另一项研究中，Achugar（2006：122）的访谈对象也是具有认知权威性的社会人群——大学教授和创意写作研究生项目的学生。因此研究者也采用了一些较为抽象的访谈问题——"你/老师在课堂上使用过什么策略来实施双语学习/教学？"——来引导被访者反思语言选择与教学、社交及自我职业认同的关联。这种访谈手段确实可以节省时间，让访谈更具针对性，直接引出被访者的职业操作及个人态度。但是，上述针对访谈者态度及自我视角的剖析式问题之所以能成功使用很大程度上得益于参与者的社会属性和认知能力。若是换作刚入校的大学生，这种偏向议论文题目式的开放式提问可能会让一些参与者手足无措、不知从何开口，或是与研究者产生隔阂感进而敷衍了事。

七 从二语者、多语者对问卷的回答里寻找"认同"

我们可以通过观察二语者对特定评价性陈述的反应来推测"认同"作为一种内在心理机制在个体中的呈现。一个极具代表性的研究是高一虹等（2013）针对中国五所高校1300余名横跨英语专业及非英语专业大学生的问卷追踪调查。上述研究的一个核心概念是自我认同。为调查中国大学生的自我认同变化及其与二语动机类型和强度的关联，高一虹等（2013）在每个受试者入学初及之后每一学年结束时实施问卷调查，即每个受试者在四年的大学生涯里对同一问卷回答了五次。能如此大规模地横向、纵向研究中国大学生的认同建构和认同变化，一个必要前提是使用文化本质主义理论视角来看待认同，即认同为个人在某个时期拥有的较为稳定的"内核"。而这个"认同内核"体现在二语者对于"'我是谁'的认知、评价……情感和行为倾向……（及）共同体归属定位"中

（高一虹等，2013：15），譬如受试者是否认为中文和英文的行为方式让自己拥有并行的两种人格。高一虹等（2013）设计了一个多维度、总共 65 个题目的 Likert 调查问卷。其中 25 个题目针对以下五种自我认同变化倾向：削减性、附加性、生产性、分裂性、零变化，即上述每一种认同变化倾向对应 5 个题目。因此研究者的主要挑战是确保这 5 个题目能有效、可靠地测量受试者持有此类认同变化的强度。高一虹等在设计问卷题目时充分考虑了中国当代大学生对于汉语和英语文化的典型印象以及能彰显本地情境特征的英语使用行为，将难以直接下手评估的哲学性议题（如"分裂性变化"）转化为具体形象、贴合学生语言社会化经历的问卷题目，譬如"学习英语之后，有时我不知道自己是该更多地展现个人还是归附集体"（高一虹等，2013：253）。

国内的二语认同问卷调查也有采用其他认同理论框架来测量中国 EFL 大学生的文化认同的。譬如，任育新（2008）调查了中国大学生的母语文化认同和英语文化认同。有关文化认同的理论框架，任育新（2008：46）定义为：第一，个人是否展示"群体归属性的行为"；第二，对群体成员资格"所需条件的理解"；第三，个人是否具有"以该群体成员所能接受的方式参与社会实践的能力"。为有效提取受试者对于上述三方面的自我评估，任育新（2008）借鉴了 Knutson（2006：595）提出的几个方向——"日常生活、社会机制和政治机构、经济发展、文学艺术等层面"——作为细化上述三个方面的手段。但是，这些文化层面仍然比较抽象和庞大，譬如，汉语和英语文化都颇具地域、时代或社会经济群体的多样性，因此研究者很难脱离语境仅用几个问卷题目来界定能表征汉语或英语文化群体归属性的日常生活习性。

另一个可能影响双语认同调查问卷信度和效度的问题是语言文化认同和社会、社群认同的潜在交叠。譬如，韩百敬、薛芬（2012：86）的"双语文化认同调查问卷"测量了中国大学生的"英语文化认同"和"母语文化认同"。上述两项语言文化认同都包括五个维度："语言文化""价值理念""民族国家""政治宗教"和"习俗习惯"。譬如，关于英语文化认同里的"价值理念"这一维度，问卷题目可能是"西方人在聊天时会尽量避免问及年龄、收入等敏感话题，我认为中国人也应该如此"。

这个题目的预设是规避隐私话题的价值理念更倾向于英语文化。但是，在当今中国，一些看重个人独立空间的本土人群（不一定懂英语或接触过英语文化）可能也秉承不打探对方隐私的价值理念。同理，关于母语文化认同里的"习俗习惯"这一维度，示例题目有"虽然麦当劳、可口可乐等西方快餐和饮料风靡中国市场，但是我还是觉得中国饮食习惯更合我的胃口"（韩百敬、薛芬，2012：86）。一个潜在问题是，在当今中国社会，有些人群吃"西方快餐"不一定是因为这些饮食文化代表西方习俗习惯，也可能是因为自己所处的社群组织了这样的活动。譬如，一些国内的亲子社群会组织父母与小朋友去麦当劳做薯条，而亲子烘焙或手制披萨饼等 DIY 活动也是当今幼儿社交活动里的常见项目。因此，我们认为，韩百敬、薛芬（2012）的调查问卷中使用的一些认同维度不一定关联的是受试者的英语或母语文化认同，也有可能是受试者在某个本土社群的成员认同。为避免上述问题，我们可以修改问卷题目的措辞。譬如，若是上述题目修改为"学习英语并且接触了美国的饮食文化之后，我反而觉得中国的饮食习惯更合我的胃口"，也许这更能有效地测量受试者的母语文化认同。

此外，也有认同研究从个人的认知习惯这个角度来量化并测量认同，仿佛认同是一种思维性格（相对于情绪性格），是个人看待外界反馈、解决问题及做重要决策的个性方式。譬如，Berzonsky（1992）提出了"认同处理风格"（identity processing style）这个概念，即个人"呈报的有关如何建构和维护自我认同或如何躲避建构自我认同的倾向"。Berzonsky（1992）定义了三种认同处理风格，分别为信息型、规范型、分散回避型。"信息型"认同处理者有探索新鲜事物的兴趣和动能，也会从多个渠道寻求对自我情况的反馈并反思和评估收集的这些信息，"尤其是当自我认知与外界的知情反馈出现差异时"（Berzonsky，2008：646）。"规范型"认同处理者具有较强的集体感，在决策方面习惯于随大流或是听从权威、专家的意见。当规范标准与自我感知产生差异时，个人会产生内疚和焦虑感，进而更加坚定了随大流的动机。"分散回避型"认同处理者会尽可能拖延和逃避有关自我认同的建设工作，在外界和自我感知出现冲突时会逃避做反思、决策或改变。Berzonsky（1992）进而设计了针对上述三个认同风格维度的调查问卷，即《认同风格量表》（*Identity Style Inventory*）。也就是说 *Berzonsky* 并不是在个人建构认同的社会情境里观察受试者的认知决策过程，而是依靠受试者的自我汇报（即 *Likert* 的勾选）来判断个人的认同处理风格。本质上更像是把"认同"看作一种"个体心理特征"，而这正是社会心理学流派的"研究核心"（高一虹、周燕，2008：51）。

有二语习得学者在 EFL 语境中使用过《认同风格量表》，并发现 EFL 学生的认同处理风格与其英语水平具有显著关联——信息型认同处理者多为英语水平较高的学生（Razmjoo & Neissi，2010）。Razmjoo & Neissi（2010）认为上述发现表明教师应该调理和干预二语学生的认同风格，因为这有可能改善学生的英语学习策略和成绩。上述建议确实具有教学意义，但也有些宽泛。如果"认同"是个体心理特征，恐怕它不会轻易受直接说教的改变或重塑。教师需要通过示范和互动来间接地、一点一滴地引导学生在具体的话语情境里实施能带来主动、创新思考的认同建构行为。此外，个人认同具有多个棱面，而 Berzonsky（2008：649）的《认同风格量表》（Likert 五点量表）主要测量受试如何看待自我的行事风格，譬如"我有花时间认真思考、规划过我的未来"，或者"我更喜欢处理有标准套路或模板可循的事情"。相比高一虹等（2013）设计的针对自我认同变化的问卷题目，Berzonsky 的《认同风格量表》并不针对受试眼里有关语言使用和认同的关联。譬如，若是题目修改为"学习英语后，我开始认真思考、规划我的未来"，也许这更能反映二语者的认同风格。另外，相比高一虹等设计的题目，Berzonsky 的题目里并没有太多地带入社会文化情境。譬如，是在什么样的社会情境下"我更喜欢处理有标准套路或模板可循的事情"——是在完成专业课作业时，或是与外国友人社交时？因此，我们认为高一虹等设计的问卷题目能更敏锐地测量中国 EFL 大学生的双语社会文化认同。

在上文我们讨论了如何收集能精准捕捉二语者认同建构的态度言论，接下来我们将探讨另一个类型的认同数据，即能展现二语者认知活动和策略的数据。这类认同数据对应之前提到的第三种"认同"概念透镜。

八 从二语者、多语者的学习活动里寻找"认同"

"认同"也体现于个人的学习活动中,持上述视角的认同研究常使用课堂对话或小组讨论作为主要数据来源,尤其是对话式(dialogic)教学里师生或同伴在协作性任务中展开的谈话和思维活动。譬如,Gebhard(2005)观察了美国一个正在经历教学改革的小学多语课堂。教学改革的目标是建立更具融合性的自主性学习课堂(融合来自不同文化及不同年龄组的具有不同英语水平的学生)。为了达到上述目的,教师运用多种手段(如控制小组成员的搭配、采用多样的师生对话模式)为自己建构了一系列认同角色,包括"公司管理者""心理辅导员"等,同时借此"将专业知识和权力"发放到学生手里并带动学生在协同学习的过程中操演具有互助、合作精神的认同角色(Gebhard,2005:206),进而实现自主学习。为探索上述教学手段在学生小组任务中的实效,Gebhard 采用会话分析手段来追踪和观察学生在讨论的交互细节中透露的认知活动、自我定位行为及定位他人的尝试。Gebhard 将这些对话片段中涉及的语言知识点、取得的认知深度及操演的认同角色做上标记并加以关联。其中一个显著的例子是 ESL 学生 Pa Hua 和英语母语者 Sandra 的讨论片段。Pa Hua 和 Sandra 是好朋友,她们在讨论过程中操演了一系列认同角色,包括同学、朋友、老师、学生,而这多层的社会关系让 Pa Hua 从 Sandra 那里获得了二语写作指导。在对话的开始,Pa Hua 利用肢体(目光、叹气、挪动位置等)和言语行为(表达困惑和沮丧)把更具学术经验的好友 Sandra 定位为求助对象。Sandra 继而使用了支持性提问、引导性手势和纠正性言语来操演教师角色,同时将 Pa Hua 定位为英语学习者。在与 Sandra 的互动中 Pa Hua 提升了对英语使用和议论文写作的理解。这种认知提升体现在多个知识点和层面上,包括较为表层的技术性知识如选词和造句,也包括更具深度的策略技巧,譬如如何构建段落、如何理解议论文的体裁架构,以及如何在议论文里实施批判性观点表述(Gebhard,2005:201-202)。

另外一个值得回顾的是 Iddings & Jang(2008)在美国 ESL 课堂实施的案例研究,他们观察了一个 ESL 小孩 Juan 在幼儿园里的认知活动。Iddings & Jang（2008：572）发现课堂里一些具有象征意义的"文化工具"（cultural tools）——某个玩具、讲义上的颜色和图画，或是具有特点的游戏程序、教师口吻、互动模式等——是 Juan 使用二语参与社群活动并实施意义建构的关键中介。这些也被 Iddings & Jang（2008：567）称为认知活动中的"互动及语境资源"（interactional and contextual affordances）。譬如，老师利用一个老鼠木偶设计了一个全班参与的游戏，而这个木偶便是让学生在游戏中扮演相应角色、按照游戏规则行事并去理解他人交际意图的重要中介。换句话说，这个老鼠木偶可被视为一种认同工具——拿到老鼠的人被自动赋予了权威，成为公认的"任命者"，而其他人是"待被任命的人"，需要获得"任命者"的认可。如上所示，教师利用这个老鼠来驱动学生操演认同，进而为学生提供具有意义的学习机会，如锻炼交际能力、加强规则意识等。但同时，Iddings & Jang（2008）在对 Juan 的课堂观察中也发现，教师使用的一些中介工具（譬如特意操演的语调和语速）虽然能驱动 Juan 操演具有规则意识且老到的群体活动参与者，却对 Juan 的学术表现没有太大帮助。譬如，Iddings & Jang（2008）观察到 Juan 在单词听写和字母补空的活动中，虽然他并不能根据老师的发音来填写相应的字母（也就是并未掌握教师想要考量的知识点），但是 Juan 能根据老师有意表演的语调和放慢的语速知道自己在哪个时刻需要填空，进而执行填空的动作，虽然答案多是 Juan 随机填写的，也就是没有经历主动思考。Iddings & Jang（2008）认为教师在念单词时故意放慢的语调帮助 Juan 操演了"熟练遵循活动规则的学生"。这最终让 Juan 在这个以英语母语者为主体的社群中获得合法的成员资格。但是，Juan 的学习能力和英语知识并未得到提升，也就是说 Juan 并没能建构具备学习能力的二语者认同。根据上述课堂观察，Iddings & Jang（2008）指出，不是所有的中介工具都能促进二语者实施有效的认知行为、建构具有赋权性的认知性认同。以 Juan 为例，教师精心设计的练习纸和教室内放置的活动流程图仅是激活了这个二语者的社群归属感和参与者认同，但若是要激活 Juan 的学习者认同，教师需要给予 Juan 操演语言知情人的机会。譬如，从 Juan 的母语中提取能展现发音和字母拼写之间关联的例子，让 Juan 的母语认同成为他获取二语知识的中介工具。

我们注意到，在认知活动中追踪认同建构的既有研究主要在课堂互动中观察学生的自我定位和知识构建，极少通过收集有声思维（think-aloud）来考查学生如何在思考过程中建构认同并开展批判性或创新思考。接下来，我们将探讨另一种认同数据，即如何在非叙述性写作文本中追踪作者认同。这类认同数据对应之前提到的第四种"认同"概念透镜，即认同存在于个人在具体社交语境中使用的语篇手段里，因为即使是学术写作也可被视为作者和读者在具体社会语境中的一种交流。

九　从二语者、多语者的写作文本（叙述体除外）中寻找"作者认同"

二语作者被多层、多种语篇习俗环绕（小到家庭习惯用语或某个英语老师教授的议论文架构，大到网络用语、高考作文规则等）。有些写作者是被动的接收者，有些则"能够重塑和重组这些语篇习俗"（Fairclough，1992：45）并"协商自己与这众多语篇之间的关系"（严谨遵守、背道而驰，或是调整、改装等）（Fairclough，1992：61）。无论是被动接收还是重塑重组体裁习俗，这都是作者在文本中酿造的话语声（writer voices），即作者认同。

二语作者认同研究显示出两大趋势。第一，使用元话语框架（metadiscourse）来追踪作者认同建构（Hyland，2005），第二，使用系统功能语言学（SFL）来观察作者在文本中建构意义、展现自我的独特方式。首先，上述两大类作者认同研究常使用定量手法来统计文本中特定语言手段的使用趋势，研究者力图从宏观、客观的角度识别作者认同里的特质。其次，上述两种分析手段都视作者认同为个人在文本中实施的一系列选择。Hyland（2010b：159）指出，作者认同建构可以是一项"自主且具创造力的行为"，但同时这项行为一定建立在作者对于社群"共有行为的某种责任感"上。也就是说，作者认同离不开个人在实践社群（如学术英语族群）里的某种自我定位。譬如，想融入学术英语族群的写作新手通常会在论文里遵循该族群的经典写作规则并效仿模板，试图制造客观、严谨的作者认同，这也被Hyland（2012：22）称作"靠近"

行为（proximity）。另外，Hyland（2002a，2010）强调，任何体裁惯例都不是绝对而广泛适用的法则，而是一套可选操作。也就是说，成熟的作者会在这套操作里以自己独特的方式选用合适的工具，而这被 Hyland（2012：22）称为"定位"行为（positioning）。"靠近"和"定位"共同建构了作者认同。但是，我们需要系统性的文本分析手段来追踪作者的"靠近"和"定位"操作，而上面提到的两种分析手段各有不同的侧重点。首先，Hyland 的元话语分析框架本质上是"一个人际关系模型"，是一种"系统性探究语篇互动维度的手段"（Hyland，2017：20），主要针对读者—作者的互动关系。相比之下，选用 SFL 作为分析框架的作者认同研究展现出更为广泛的分析视角，其广度跨越文本的三大功能——概念功能、人际功能和语篇功能。研究者通过观察作者如何利用目标族群的知识构建习俗、成员间既有关系、常见修辞语步和内容连接手段来展示个人的群体归属性以及独特笔调。接下来，我们将针对这两种语篇分析模式做更仔细地回顾。

（一）元话语（meta-discourse）

Hyland 的元话语分析框架（见表 1-1）可能是学术文本分析里影响力最大的手段之一，被运用于多种语言（如英文、中文）、多种体裁（学术文章、个人陈述、广告、新闻媒体、商务体裁等）、多种地域及文化语境［见 Hyland（2017）的细致回顾］。元话语框架包含两大类语言资源：分别被 Hyland（2005：48）称为"组织性"和"评估性"语言特征。所谓"组织性"，就是使用语言来组织文中的知识流和论证展开方式。这类语言手段被 Hyland 定义为"引导式元话语"，主要功用是引导读者按照作者希冀的方式去解读文中信息。因此，"引导式元话语"间接呈现了作者的认知立场以及作者对读者认知习惯的觉察甚至操纵（Hyland，2005：49）。所谓"评估性"，就是作者向读者输入自己的评估性话语声，如主观态度、情感抒发。同时，作者需要根据自己和读者的社会关系以及所处社群的主流文化来在文中打造某种话语基调。这类语言手段被 Hyland 定义为"互动式元话语"：通过互动式元话语，作者可以拉近和读者的距离，建立同盟，并通过预想读者对文中观点的反应与读者展开"想象性对话"，实现知识共建（Hyland，2005：49-50）。

表 1-1　　　　　　　　　　Hyland（2005）的元话语分类

<table>
<tr><th colspan="2">类别</th><th>功用</th><th>示例</th></tr>
<tr><td rowspan="5">引导式元话语</td><td>过渡标记</td><td>标记主句之间的语义关联</td><td>however; similarly; therefore; on the one hand, on the other hand</td></tr>
<tr><td>框架标记</td><td>标记文本内部结构、话题转换、话语目标、章节或内容元素</td><td>firstly, secondly, thirdly; to summarise; this paper has two goals, aiming to……</td></tr>
<tr><td>内指标记</td><td>指代文本内其他部分的表达</td><td>see Figure 2; as mentioned above; refer to the next section</td></tr>
<tr><td>理据标记</td><td>为某想法或信息提供支持，增强其权威性或可靠性的话语标记</td><td>according to Brown (1987); BBC announces; a Chinese idiom says</td></tr>
<tr><td>语码注释语</td><td>标记重述、额外解释等</td><td>that is; for example; in particular</td></tr>
<tr><td rowspan="5">互动式元话语</td><td>态度标记</td><td>标记作者对于论点的情感态度，而不是认知态度</td><td>fortunately; interestingly; hopefully; intriguing</td></tr>
<tr><td>增强语</td><td>增强观点表达的肯定性</td><td>the fact that; Atkinson concludes that; this certainly shows that</td></tr>
<tr><td>模糊限制语</td><td>降低观点表达的肯定性</td><td>perhaps; it is tentatively suggested that; to a certain extent</td></tr>
<tr><td>介入标记</td><td>能介入读者的显式和隐式标记</td><td>you; it should be noted here; Chinese people think</td></tr>
<tr><td>自称语</td><td>指代作者或包括作者的某群体</td><td>I; we students like to; this essay</td></tr>
</table>

注：表 1-1 中的"示例"均取自本书的学生写作；而"功用"则是对 Hyland（2005）里原解释的提炼。

表 1-1 显示，Hyland 的元话语框架覆盖了多种能展现作者认同建构的社会话语操作，包括能显示互文性和建构作者群体归属性的"理据标记"，能调控作者—读者互动距离的"自称语"和"介入标记"，能用来展现作者喜好的"态度标记"，能引导读者看法的"增强语"和"语码注释语"，能让作者操演严谨学术讨论者并秉持谦逊话语声的"模糊限制语"。

一些学者就 Hyland 的元话语框架发表过一些批判性见解。譬如，关于 Hyland（2005）在其附录里列出的元话语词汇、短语搜索列表，有学者指出其覆盖面和代表性有限，因为 Hyland 的元话语分析文本多来自英语母语者论文和商务官方文件（Ädel & Mauranen，2010）。同时，中国 EFL 写作者的英语论文会包含一些体现汉语修辞功能的元话语使用，譬如使用名词作为态度标记，或是使用祈使句作为一种介入标记。因此，有学者尝试扩充 Hyland（2005）的元话语项目，譬如 Jiang & Hyland（2021）创建了一个全新的、针对名词性元话语使用的分类。名词性元话语可以构建"回指"和"后指"，也可以构建内容之间的语义关系，如因果和对比关系；名词性元话语还可以投射作者对已有知识的态度（譬如，是"scientific research"还是"personal observation"）或展现作者对特定知识的评估（譬如，是"advantage"还是"difficulty"）。由上可见，名词性元话语在英语学术论文中既有"引导功能，组织连贯的话语，也能发挥互动功能，传达作者立场"（Jiang & Hyland，2021：8）。此外，随着所研究体裁的扩展，有学者分析了超链接在网页里发挥的元话语功能（Gonzalez，2005）。也有学者研究了法庭证词中的"激动话语"（excited utterances）及其中的元话语效应，譬如相比平静的当庭证词，激动话语更能制造在说实话的印象（Andrus，2009：324）。

　　Hyland（2017：18）本人曾说过"元话语是一个模糊范畴"并指出"元话语的实现形式具有多样性"。一方面，任何元话语功能（如介入读者）都有很多种实现方式；另一方面，单一语言结构（如"I think"）在不同语境里可以实现多种元话语功能。譬如，Mu et al.（2015）使用了 Hyland 的经典元话语分类来探究中文学术论文中的作者认知话语声。为了有效捕捉文中潜在的元话语使用并准确判断其在具体语境中的元话语功能，Mu et al.（2015）实施了手动编码。Mu et al.（2015）指出，中文博大精深，一些多义词需要研究者细品不同使用里的细微差别。譬如，"认为"可以表达"个人猜测"的意思，此时为模糊限制语；也可以表达"评估"的意思（如"我们认为这个方法可以提升调查问卷的吸引力"），此时为态度标记；还可以用来表达肯定性，传达"信仰"（如"我们认为当今中国的大学英语教师应该具备开阔的文化视野"），此时为增强语（Mu et al.，2015：140）。因此，研究者在做元话语分析时虽然可以利用语料库软件进行关键词搜索并使用 SPSS 软件统计多个语料库在元话语使用上是否具有显著性差异，但若想获得能针对本地二语使用且具有语境敏感度和"元语用"（metapragmatic）意识的元话语分析（Hyland，2017：27），研究者对元话语使用的定性解读是必要的，也就是 Hyland（2017：18）所说的"研究者必须采用话语分析方法"。Hyland（2017）自己也承认，元话语分类（见表 1-1）主要建立于语言表征（譬如第一人称代词是自称语的主要实现手段）和文本的表面含义，缺乏对间接言语行为及文本下涌动的作者—读者关系的探索。Hyland（2017：27）进而谈到，未来的元话语分析可以借鉴语用概念（如言外行为、积极和消极礼貌策略等）来"更好地解读作者与读者的互动，尤其是文本下的深层含义"。

Nausa（2020）的研究提供了一些启发。虽然 Nausa 研究的文本是二语博士生的学术演讲（即口语文本）且 Nausa 仅分析了自称语，但是 Nausa 的研究目的是：（1）找到这些二语博士生通过使用自称语操演了什么样的认同；（2）这些认同是通过什么样的自称语使用形式得以建构，这主要通过观察自称语所处的短语以及此短语在语境中实现的话语功能。Nausa（2020：8）借鉴了一些既有认同框架——包括 Wenger 的实践社群理论和 Tang & John（1999）关于作者话语声的分类——对文本中的自称语及其所处的短语结构实施手动分析，进而在既有框架的基础上创建了一套包括三个认同大类（学术认同、知识贡献者认同、语言使用者认同）和 12 个认同子类的分析框架。譬如，在学术认同框架下细分出群体代表、讲解员、内容架构者、观点持有者、知识创造者等。Nausa 的元话语认同研究不局限于统计"I""we""us"等词语的使用频率，而是根据自称语所处的上下文来判断其在作者认同建构上发挥的微妙功能。从 Nausa（2020）的研究中我们得到的启示是：为更好地解读文本下的深层含义并追踪作者认同，可以在 Hyland 的元话语类别下创建子类（譬如细化理据标记、自称语等）。但同时，我们也意识到 Nausa 之所以能取得如此精细的分析一定程度上源于研究者仅专注于一个元话语类别（自称语）。若是多个类别，恐怕精力有限，也就是说分析的精度和广度是认同研究者需要做的一个权衡。

此外，娄宝翠、邱梦瑶（2020）分析了中国硕士生在英语学术写作里的"报道据素"及其使用特征。报道据素和元话语里的理据标记关联很大。但是 Hyland（2005）的关注点是作者是否使用了理据以及理据的类型（如小道消息、学术文献等）。而娄宝翠、邱梦瑶（2020：67）更侧重于观察作者如何操纵语言手段（如特定词汇或语法结构等）来转述已有信息从而暗示自己的"立场态度"、权威性、"说服力和可信度"，譬如使用"the misleading result that"来转述已有信息同时构建个人态度。娄宝翠、邱梦瑶（2020）的上述分析视角显示出理据标记和态度标记等其他元话语手段在语用功能和作者认同建构上的合力作用。虽然在统计不同元话语手段的使用趋势时，研究者需要作分别统计以方便量化比较，但是我们发现，在对具体样本做定性话语分析时，很多元话语研究也常常分开讨论不同手段的使用和其实现的交际功能。娄宝翠、邱梦瑶（2020）带给我们的启示是，在讨论具体样本时，结合观察不同元话语手段也许能让我们更有效地解读作者认同。接下来，我们将回顾另一种在写作文本中解读作者认同的语篇分析模式，即使用系统功能语言学旗下的分析框架。

（二）系统功能语言学

我们将在本小节回顾一项 SFL 研究，虽然这项研究并未使用元话语来分析作者认同，但是对我们细化 Hyland 的元话语框架提供了不少启示。周惠（2021：54）提供了一个利用语用视角来探究作者与读者"主体性互动"及作者认同建构的可行方法，也为 Hyland（2017）提出的结合语用理论和文本分析的倡导提供了一个示例。周惠（2021：54）使用了情态系统这个 SFL 手段来探究中国本硕博学生如何在英语论文的"学术建议话语"（一种言语行为）中建构"情态身份角色"，即"（作者）通过调用情态意义资源，向读者……推广如何做才对其有益，在此过程中建构起来的自我身份和对方身份"。有关情态身份角色，周惠（2021：55）分析了"建议动词""情态动词"和"外置 It 小句"，并通过下述三个语用视角来观察作者认同。首先，作者选择建构"强势身份"还是"非强势身份"。其次，作者选择调动何种社会角色，"学生""教师"还是"研究者"。最后，作者在提学术建议时选择"凸显建议对象"还是"隐藏建议对象"。周惠（2021：58）发现，博士生相比于本科生，更加"尊重社会身份层级差异，选择非强势和隐匿化的情态身份……缓和建议行为的面子威胁"，且更加意识到自己在论文中的情态身份（如非强势身份）和个人的社会角色（如某个学科领域的学生）之间的"有机互动"。周惠（2021）的研究带给我们的启示是学术写作本质上也是作者与读者的对话。跟对话一样，学术写作由一系列言语行为组成，作者需要在与读者交互的过程中斟酌当下的言语活动（speech event）——社会惯例、权势关系、语境因素以及交际意图——进而在当下采取有效的语用策略（如间接实现建议行为）并操演适切的话语者角色。而我们在手动分析文本内的元话语使用以及基于本地文本数据尝试在 Hyland 既有的元话语类别下创建更细的子分类时，务必要考虑当下文本的言语活动和待分析词语结构所嵌入的具体言语行为，而不能做机械式的浅层编码。

至此，我们完成了对非叙述性写作文本作为认同研究数据的探讨，接下来我们将探讨另一个类型的认同数据，即如何捕捉二语者的社会互动并采用会话分析来追踪个体在互动话语细节（如话轮转换）中隐现的社会定位和角色操演。这类认同数据收集和分析手段同样对应之前提到的第四种"认同"概念透镜，即认同存在于个人在具体社交语境中使用的语篇手段。

十 从二语者、多语者的对话里寻找"认同"

此类研究以互动式谈话（talk-in-interaction）为主要数据并采用会话分析来追踪话语者在互动过程中如何根据变化的谈话目的和发展的交互关系来实时建构新的认同。换句话说，在社会互动中，认同建构是一种必要的交互"资源"和工具（Gafaranga，2001：1912）。上述视角在多语认同研究中尤其常见，研究者从微观、动态视角观察多语者如何在对话过程中调动跨语言、跨文化资源（即使用超语 translanguaging）来建构一系列认同进而实现微妙、灵活的语用功能（Williams，2008）。譬如，Torras & Gafaranga（2002：529）分析了大学学生处的日常业务交谈。借助会话分析工具（话轮转换、言语行为、话语修复等），研究者发现互动中的多语对话者通过选用特定的语言和语篇资源来为自己和其他对话者"分类"，即分配社会认同，进而实现社会互动的核心功能，即建立联盟或分化。然而，上述操作在即时对话中并不一定是话语者的提前谋划，也可能是个人在对话互动中利用现有资源（语言或其他）实施的即时操作。因此，话语者的自我认同可能会更真实地显露于自己与他人的即时互动中。

譬如，Sultana（2014）分析了孟加拉国一所英语媒介大学里的孟加拉年轻人在课外的闲聊。Sultana（2014：40）的目的是观察这些大都市话语者（metrolingualism）如何在对话过程中调动多种"话语声"（voices）并操演认同。大都市话语者在后殖民国家尤其常见，多为年轻群体，他们能创造性地混合多种符号（如多种语言）及文化资源，并能在对话中为自己建构新潮、俏皮和具有认知能力的认同形象。Sultana（2014）利用会话分析手段来捕捉所有能体现"话语声"的语言和非语言细节，如这些年轻人在英语和孟加拉语之间的语码转换、混合英语和孟加拉语"超音段特征"（suprasegmental features）的话语行为、调动流行文化里的符号资源（歌词、旋律）及既定社群的话语风格等（天真小孩、社会精英阶层大学生）。秉承社会建构主义，Sultana（2014）使用了"多义性"（multivocality）和"双重话音"（double-voicing）这两个概念来研究谈话者如何将其他人的话语声融入自己的言语行为，进而操演认同。其中，"多义性"是指同一个语言结构（如某种发音倾向）在不同人的意识里或者在不同的使用场合可能被赋予不同含义，而"双重话音"则是指说话者在个人言语中直接使用他人话语或引用流行话语、段子等（Sultana，2014：42），颇像 Bakhtin（1981）的"异质语"。譬如，Sultana（2014）分析了三个孟加拉国年轻人 Toma、Ameen 和 Ehsan 之间的闲聊。女生 Toma 是学校英语协会的会长，但她的肥胖身材却在对话初始多次被 Ameen 拿来开玩笑。为回击 Ameen 的面子威胁行为，Toma 使用了具有英语发音特征的孟加拉语。虽然这种发音方式可能被一些孟加拉国年轻人（包括 Toma 本人）视为自大和做作的说话方式，但是在当时的情境，Toma 利用英式孟加拉语来强化自己的社会认同（英语协会会长），即利用了这种发音的"多义性"。在之后的谈话里，Toma 有意和另一位谈话者 Ehsan 形成联盟关系，因此使用了"I love Ehsan"等一系列以 I 或者 Ehsan 开头的主谓宾短句。Sultana（2014）认为这是 Toma 在有意模仿儿童话语来操演可爱无辜的女性认同，即使用了"双重话音"——将儿童话语嵌入自己的言语中。上述操作显示 Toma 能使用多样话语声在当前操演多种认同角色，其主要驱动力源于个人在互动中维护赋权性自我和表达多层含义话语的需求，譬如反击 Ameen、维护自己的权威性认同、拉拢他人并获得其支持等，因此上述认同分析也映射出 Sultana（2014）采用的后结构主义视角。

　　二语课堂也是一个社群，其内流通着复杂多样的"话语声"。在后结构主义视角下，这些话语声既可以是社群成员建构认同的资源也可能是一种束缚（Handsfield & Crumpler, 2013）。换句话说，有些成员可以在这个"语言市场"（linguistic market）（Bourdieu, 1991）中获利，有些则会亏本。如果我们运用会话分析手段来追踪课堂里的多种"话语声"和其中映射的"语言市场"，我们可以审视这个市场里流通的认同角色及象征性资本。譬如，Makoe（2007）分析了一个南非小学 EMI 课堂里的师生对话，并发现教师在话语中透露出英语水平等同于智商水平和学习能力的意识形态。譬如，教师在课堂里只说英语并且会带领全班学生一起赞扬英语发言正确、流畅的学生，而那些英语能力薄弱或没有当众展示自己英语技能的学生则会被"冷落在课堂互动的边缘"（Makoe, 2007: 67）。Makoe（2007）发现课堂对话不但决定了这个课堂里的认同角色和地位的分配，也塑造了学生的课堂行为，譬如学生会竭力使用英语发言来获得"优等生"的定位。然而，这同时也限制了其他认同角色以及学生实施其他学习行为的机会，如建构具有独立思考能力、共情能力、创新能力或敏感观察力的二语学生。

　　大多数在社会互动中探究话语者认同建构的研究仅使用会话分析手段，但也有一些研究者尝试使用多维度、多层次的语篇分析手段来更敏锐地捕捉对话内不易察觉的交际行为。譬如，Harman & Zhang（2015）观察了一个美国大学研究生课堂里学生的认同建构行为。Harman & Zhang（2015）同时使用了两套理论框架：Bulter（1990）的行为操演性理论（performativity）及 Halliday & Matthiessen（2004）的系统功能语言学理论（SFL）。首先，根据 Bulter（1990），社会认同建构来源于个人反复操演特定行为而实现，譬如，学生在课堂讨论中反复发表批判性知识言论，进而建构"学霸"的社会认同。而会话正是一个话语者可以反复操演特定行为、建构社会认同的典型空间。也就是说，Bulter 的行为操演性理论与会话分析的切合点在于它们都能让我们关注即时互动过程中"有关社会现实的动态构建"（Miller，2012：89）。然而，会话分析侧重于参与者之间的互动、前后语的关联和谈话的组织结构，但是对于言语内部的词汇语义和词汇语法（lexicogrammatical）使用并未给予同等关注。而后者常被 SFL 学者用来分析特定社会、学术语境下的写作体裁，尤其是其中展现的社会语篇特征和意义构建手段。

因此，Harman & Zhang（2015：78）利用了 SFL 里的语气系统（Mood）、情态系统（Modality）和评价系统（Appraisal）分析研究生课堂讨论者如何在具体言语中通过词汇语法选择和副语言资源来"构建对自我和他人的评价立场"并建构"认知立场和人际关系"，进而在整个对话中重复操演某项社会行为来为自我建构认同（如权威性话语者）。在 Harman & Zhang（2015：74）的一个研究生课堂小组对话里，中国学生 Xiaodong 感知到组员同伴对讨论内容的懈怠，说道："Okay, I know you guys get tired↑in the afternoo：n↑[①]。"通过这个"情态化陈述句"（modalized declarative），Xiaodong 发表了一个笃定的个人想法（"I know"而不是"I felt"），且使用了较为主观、亲切的话语声（如"I""you guys""afternoon"里拖音和上升语调的结合使用）。此外，若是运用评价系统来分析 Xiaodong 这句话里体现的人际功能，他貌似是在发表个人态度：表达对同伴疲劳情绪的认同和理解，即"评判"（Attitude-Judgment）。但从语境上看 Xiaodong 是"介入"（Engagement）了一个彰显本地文化的意识形态：下午犯困是很多大学生的特色行为。通过上述介入，Xiaodong 试图拉近和同伴的距离（社会行为），可能是想建构具有亲和力的自我认同。但综合之前的语气和情态分析，Xiaodong 使用了较为强势的"语势"（Graduation-Force）来就他人感受发表声明（"I know"后边的声明为没有模糊限制语修饰的一般现在时），而通过上述社会行为 Xiaodong 似乎想要建构"社群知情人"的自我认同。由上可见，SFL 分析手段可以帮助研究者把

---

① ↑表示上升变调，：表明拖长音。

对话中的认同建构剖析得更加有理有据。同理，也有学者结合批判性话语分析工具（譬如本章节前部提到的"多义性"和"双重话音"）和会话分析手段来探究谈话者如何在互动过程中使用多种语篇挑战既有观念并建构彰显个体独特性的赋权性认同（例如 Nasrollahi Shahri，2019）。

本章第三节之小节八和十都有谈到如何收集课堂对话作为研究认同的数据，但是第三节小节八针对第三种"认同"概念透镜，即认同存在于个人的认知活动里，而第三节小节十针对第四种"认同"概念透镜，即认同存在于个人在具体社交语境里使用的语篇手段。值得说明的是，这两种认同透镜并不矛盾，而是可以融合和互补，这将在后文作探讨。

十一 对话既是社会互动也可以是认知活动

分析课堂对话不但能让我们洞悉师生如何通过语篇手段建构赋权性认同，也能让我们观察话语者如何开展协作型学习进而操演特定认知角色。譬如，Jaffe（2003）对师生课堂讨论进行了会话分析并发现：教师为激励学生投入继承语的读写活动中，使用了两类教学话语手段。首先是建立和学生的协作伙伴关系并在课堂里建立社群意识，然后在此之上将继承语构建为社群成员共有的权威知识资源。具体来说，Jaffe（2003：218）观察到教师在上课过程中多次使用第一人称复数结构（如"we"）来描述和总结当下任务中的认知决策和已发生的知识共建行为（文本解读、写作措辞等），进而建构自己和学生的合作者关系并暗示学生对于继承语的"象征性所有权"（symbolic ownership）。与此同时，在复述阅读文本的任务里，教师多次引导学生使用原文里更加精确的词语（如某种浆果的名称）或特定语法结构，也就是在建模更具权威性的知识使用。Jaffe（2003）通过分析课堂对话观察到：学生能投入具有认知深度的语言学习活动中，操演具有读写素养的学习者认同；同时，学生也能在课堂互动中使用语篇手段将个人的继承语知识构建为文化权威和当下语言市场里的象征性资本，实现赋权性自我定位。因此，Jaffe（2003）的研究展现出两种认同透镜的融合和互补：认同既存在于个人的认知活动里，也存在于互动中使用的语篇手段里。

在另一项研究中，Palmer（2008）展现了认知活动和语篇手段在个体认同建构上的互动关联。Palmer（2008）研究了美国一个双语小学课堂里的师生对话和小组讨论。Palmer（2008）使用了会话分析手段，重点观察对话中的合作现象（如话轮的出让、话语修复等）及冲突行为（如夺取话轮、把持话轮、命令式言语行为等）。Palmer（2008）发现学生会把课堂外的社会认同带入课堂内从而在本地操演高于他人的认同角色，譬如，有学生利用自己是英语母语者或是来自中产家庭拥有更多学习资源的社会定位在小组任务里操演知晓者、掌控者的角色。但是，上述认同操作可能会带来负面效果，如赋予同伴更加低等的认知地位、剥夺同伴的话语权等。在这种情况下，Palmer（2008）发现教师能在一定程度上建模学生的话语手段进而干预他们认知行为。譬如，教师在和学生的互动中会即时提供反馈语进而营造更具支持性的交互模式，从而潜移默化地在课堂内植入更为公平且更具协作精神的认同角色（如尊重讲话者的听众，愿意解疑答难、思想碰撞的同伴等），重塑课堂内的讨论式学习模式和知识共建行为。

至此，我们探讨了在两大理论流派（文化本质主义、社会建构主义）之下以及四种"认同"概念透镜下探索"认同"的几种主要研究手段。值得说明的是，本书不但视"认同"为研究对象，也视"认同"为教学干预的根基和导向。因此，认同在本书中具有双重意义。首先，在收集和分析研究数据时，我们结合了上文回顾的所有理论流派、"认同"概念透镜和研究手段。其次，我们在构思以认同为导向的教学干预时，决定采用社会建构主义旗下的社会认知视角作为总体指导方针，寻找能把学生的认同资源有机融入本地课程教授中去的可行框架。在下文我们将讨论本书里使用到的五种以认同为导向的教学方法。

第四节　社会认知视角下以认同为导向的二语教学法

我们的教学干预手段都归属于社会认知教学法，即承认"语言和语言学习既是认知思维也是社会活动"（Toth & Davin，2016：148），或者说，高阶的思维活动都和个人的社会化观察、体验密不可分（Wertsch，

1985)。社会认知教学法的根基是二语者的社会文化认同和其学习行为之间的关键联系。譬如，Atkinson（2014）指出，语言学习既是获得语法规则、建造有效句子的能力，也是获得一套复杂社会符号系统的过程，同时还是个人建构认同的体现，以及个人情感和社会地位的呈现。由上可见，凡是能兼顾、整合上述多方面的教学方法，特别是能调动二语学生的社会认同资源来驱动知识内化和批判性学习的二语教学方法都归属于社会认知教学法，譬如批判性体裁教学、超语教学法（translanguaging pedagogy）（García & Li, 2014），以增强语用意识为导向的课堂任务、教学文体学（pedagogical stylistics）（Hall, 2007），创造性认知（creative cognition）（Ward & Lawson, 2009）等。我们将一一阐述这些教学法，并借助已有研究来展示每种教学法调动二语认同作为学习中介的独特方式。

一 批判性体裁教学

首先，批判性教学法（Critical Pedagogy）意在让学生有能力识别并反思语言使用中潜藏的意识形态及权力关系，进而帮助学生建构具有认知能动性和语言操纵力的自我认同（Pennycook, 2001）。批判性教学法的一个有力倡导者是 Cummins。Cummins（2001）认为教学活动本质上是所有参与者的认同建构过程，包括对课堂外主流意识形态的协商及权力关系的认知（如两性权力关系等）。具体来说，师生或学生之间的每一次互动和"人际空间"的协商（如交互模式、允许使用的语篇资源等）都是对社会主流意识形态和权力架构的映射（Cummins, 2001），可能是重演和附和，也可能是挑战、质疑、修正等。Cummins（2001：18）指出："学生对社会现实的认知以及对自己将来社会角色的设想跟他们在课堂这个小社会里的交际体验有关。"Morgan（2004）的案例研究诠释了Cummins 的上述观点。Morgan（2004）采用教师研究者视角并通过丰富的情境细节展现了自己与学生历时五个月的课堂内外社交互动。Morgan 有策略地操演了一系列认同角色，如相信女性决策力的男性。Morgan（2004）认为，自己作为教师的认同操演可能会产生蝴蝶效应，逐渐改变学生对自我未来的想象——在未来能进入什么社群、能有哪些认同选择。虽然这些蝴蝶效应很难通过定量的方法做客观测量，但是在教学过程中 Morgan（2004）也确实发现了一些证据显示学生逐渐学会使用二语、通过二语来构建赋权性社会化体验，如创作具有独特观察的二语文本。Morgan（2004）认为，特定意识形态会关联特定性质的语言资源，譬如西方学术文化和 EAP 语篇风格之间的关联。因此，教师的话语建模带来了学生的意识形态转变，而又间接促进了学生个人二语话语库（discourse repertoire）的扩充和批判性学术思维的发展。

上述连接显示出批判性教学和体裁教学的融合性，也就是我们所指的批判性体裁教学。首先，体裁教学法的核心是将语言视为一种社会符号体系：通过文本构建，话语者能操演展现特定实践社群文化、权力架构及社会功能性的语言使用（Halliday, 1978）。因此，体裁教学法视"认同"为个人通过社会符号建构的角色，而非存在于个人的脑海意象里或既定的社会属性里。也就是说，个人的认同建构及社会定位需要自己批判性审度、使用体裁资源。体裁教学和批判性教学的另一个结合点是激发学生的"想象力"。Pavlenko（2003：252–253）指出，想象力是连接"意识形态""认同""教学"这三者的中心点。Pavlenko（2003）所说的想象力并不是与生俱来的天赋，而是课堂活动能对学生的认知行为及自我意识带来的赋权性影响。只有具备想象力，二语学生才能动用自己的社会观察，大胆猜测体裁映射的意识形态，将体裁知识与自己希冀获得的认同作以关联，建构具有认知能动性和体裁操纵力的自我。

二　超语教学法

"超语"并不等同于"语码转换"，超语也包括二语者将母语与二语领域的知识见闻、语篇习俗、知识构建方式、价值观等相糅合的操作（Creese & Blackledge, 2015）。超语在本质上是一种异质语（heteroglossia），因为超语里带有体现多种社会视角、体裁或认同身份的话语韵味。因此，超语是双语者表达观点和建构认同的重要手段（Li, 2014）。Bakhtin 认为所有社会成员都是具有异质性的话语者（Holquist, 1990：69）。即使是青少年二语者，他们也会从自己的母语资源里提取话语手段——口音、言语风格或词汇——注入自己的二语话语中用以实现自我希冀的社会定位或建立群体归属感（McCafferty, 2002）。上述观点也体现在国内一些二语学者的认同研究中。譬如，赵靓（2016）发现乌兹别克斯坦孔子学院的青少年能掌控极其多元的语言资源（如英、汉、俄及乌兹别克语）并穿梭于多种文化社群。这些青少年视多样性为当今社会的生存之道且能使"自身在全球化时代获得更多的武器和力量并从中获益"（赵靓，2016：63）。

为描述多语者（也包括双语者、二语者）使用超语应付多样交际需求的能力，García（2009：45）提供了如下比喻：多语者"更像是一辆越野车，它的车轮能伸能缩，能在坑洼不平的地面上自由行驶，虽然路程颠簸，但也是有效续航"。因此，有效的超语教学能调动并利用二语学生多元的知识储备和灵活应变能力，同时将其变为学生在课堂内施展创新性、批判性学习行为的有力资源和手段。譬如，Li（2014）探究了英籍华人小孩在中文语言学习班里展露的超语行为，其研究结果表明这些学生能利用自己所掌握的中英语言变体以及跨文化经历来探讨语言的社会政治属性，并通过建构多种认同——能说粤语的人、英国青少年、对中国历史及近代发展有一定了解的华裔、拥有多文化经历和世界视野的年轻人等——来和同伴建立协作、实施元语言讨论。此外，超语教学也能帮助我们实现高一虹等（2008）提出的"生产性认同变化"，即随着学生二语技能和语言文化敏感度的提升，学生越来越能整合中英语使用和多元文化。

虽然"超语"是个相对新生的术语，但是将多种文化、语言、知识种类及社会符号带入课堂的教学手段在多种族的教学环境里并不是新生事物。首先，早有学者呼吁教师应收集、利用学生已有的多样话语实践来设计更具包容性且能反映多元文化的语言任务（Dagenais et al., 2006）。尤其是在美国的ESL和双语课堂里，移民学生、移民教师都是举足轻重的社会群体。研究者发现，移民学生及教师的多文化资源及认同可以转化为课堂上重要的教学资源且有助于在多种族师生之间建立更加平等互惠的"社交网络"（Case, 2004），还能促进移民学生使用多种话语声来表达自我想法并建构多能的多语者认同（Spira et al., 2002）。此外，Martínez-Roldán（2003）用一年多时间跟踪观察了美国墨西哥移民小孩在双语文学阅读课里的讨论发言。Martínez-Roldán（2003）发现移民小孩能使用多维的"中介手段"——多种语言（英语、西班牙语）、多个知识领域（文学知识、墨西哥文化、个人经历）和话语体裁（课堂讨论、讲故事）——来解读文学作品的深层含义并与同伴分享自己的洞悉。值得一提的是，讲述个人经历并不被传统教学视为正统的学习手段，在美国也曾引起一些教师的担忧，害怕这会影响教学的专注度和学术性（Roller & Beed, 1994）。但是，正如 Martínez-Roldán（2003）所说，若是教师能设计目标明确的课堂任务并给予学生充分反馈，那么跨越语言、文化或体裁边界的认知活动将为二语学生提供更多且更公平的学习机会。同理，有语言习得学者提出，若是学习者能涉足多种体裁实践，不局限于传统的学术、议论文体裁，则能促进语言能力的发展（Gee, 2008）。这在我们看来也是一种超语教学手段。譬如，Lee & Jang（2021）发现多样语境下的非学术性互动，如网上对话，能让二语学生在交流思想、建立友谊的过程中"创造性和批判性地使用超语"，并在这个过程中提升多语能力与元语言知识，因此具有二语教学意义。

　　上述超语教学理念尤其体现在 Haneda（2006）关于调动二语者多元认同的教学文献回顾中。Haneda（2008）首先回顾了一些记录英语学习者多样读写经历和课内外多种认同的二语研究，并在此基础上回顾了几个成功调动学生多元认同并让课堂活动更具意义的教学创新实践。这些教学创新以不同举措（如融入电影教学、双语故事绘本制作或有关建筑和城市规划的项目研究）在学生的家庭生活、课外社群和课堂学习之间建立联系。Haneda 评估了这些研究中的教学举措和其对学生读写行为的促进作用，指出其核心理念是打破课堂边界：融合学生课堂内外的多种知识类型以及学生个人掌控的多种语言和意义表达模式（如做视频、写歌、故事表演、写广告书等），本质上就是使用了当今的超语教学法来激活学生在课外语篇实践里积累的认知能力和语言掌控力。Haneda（2008）使用了两个主要论点来表明超语教学和二语者的认同建构、认知投入之间的关系。第一，多元认同和多样语篇实践（语篇的混糅也是一种超语行为），这两者紧密关联。第二，每个人都有建构赋权性认同的需求，如果这个需求无法通过二语课堂内的活动得以满足，学生必定会求助于课堂外自我能主导的语言使用（糅合课堂内外言语活动的话语习俗也是一种超语行为)。

　　有关上述第一个论点，Haneda（2008）指出：每个人都具有多元认同，但它们不是平行或分隔的，而是互补或共同发展的，进而组成个人完整的自我感。因此，尽管个人的英语学术能力对于操演学术认同至关重要，但是在自我的整体发展过程中，个人的其他语言使用行为与学术英语技能之间也有着千丝万缕的关联（Haneda，2008）。教师若是要设计能驱动学生提升学术话语能力的课堂活动，就需要了解学生在课外的语篇实践并将其融入课程技能的教学中去。譬如，Haneda（2008）回顾了Lam（2000）的案例研究，Lam 的研究对象是一个在美国的中国移民少年 Almon。在学校，Almon 被定义为能力有限的英语学习者，需要通过上补习班来加强基础性阅读和写作技能。但是，在课堂外，Almon 是个熟练使用英文的网民，他的对话者和网络好友来自世界各地。英语口语是 Almon 的短板，这使他在学校里无法获得理想的社交资源和话语权。因此，Almon 在网络上建构了一个不需要口语、以敲字为媒介的话语空间，并在这里为自己建构了赋权性英语使用者认同。而在建构和维护这项认同的过程中，Almon 的英语读写能力也得到了提高，这进而逐渐转变了他在学校里较为负面的英语使用者认同并提升了他的学术表现。然而，Haneda（2008）提出：教师本可以使用超语教学来在英语课堂内为 Almon 创造更具个人意义的话语空间。这也就是 Haneda（2008）的第二个主要论点，学生有建构赋权性认同的需求，而这是超语教学的意义所在。Haneda 的文献回顾尤其展现出超语教学绝不是仅仅赋予学生在母语和二语间随意切换的自由，而是帮助学生穿越多种边界——文化边界、物理空间约束、语言边界、知识类型、族群边界或是单一的社会认同等——让学生有建构赋权性认同的机会，让他们能使用语言活动作为批判性思考和讨论的关键手段。但我们必须指明的是：超语教学设计需要因地制宜，因为没有一个能适用于各个年龄段和各类课堂的模式化"跨界"方法。也就是说，超语教学活动的开发须建立在教师对具体教学形势和学生认同需求的体察之上。

　　目前，尝试用超语教学法来调动学生认同资源和认知深度的研究主要开展于欧美的双语沉浸式教学项目、多种族的语言课堂或继承语课堂

(譬如 García & Kleyn，2016）。相比之下，在 EFL 语境下实施的此类教学研究非常少，研究对象为中国本土学生的实证研究就更少了。一个主要潜在因素是，在中国的 EFL 教学语境中"单语意识形态"和应试教育还是占据主导地位的（Du，2016），因此教师可能会侧重于教授学生习得英语母语者规范，而不是培养拥有多样用语资源和成熟认知能力的双语者。

三　以提高元语用意识为导向的课堂任务

二语学生的语用能力（pragmatic capacity）是使用二语有效行使社会行为（写作、会话）的前提，因此也是大多数二语课堂的教学目标之一（Kasper & Rose，2001）。教授语用的手段大致可以分为两类（Glaser，2014）：（1）知识点的直接灌输；（2）提高学生元语用意识的内隐式二语活动，意在引导学生观察来自真实语境的语言使用，并洞悉语言使用形式（如词汇、语法）和交际目的之间的关联。有学者发现，引导学生自主分析语用手法的内隐式教学更有效，因为它更能驱动学生反思自己的对话经历并调动个人的语用经验来开展元语言分析（Taguchi，2011；Takahashi，2010）。这似乎说明以增强元语用意识为导向的内隐式教学更能调动二语学生的认同资源来实现主动学习和知识内化。Takahashi（2010：137）基于对二语语用干预研究的大量回顾，得出以下结论：直接灌输式的元语用教学"并不能让学生在课堂外的二语沟通里尤其是在实施特定言语行为时获得足够的信心"。同时，Abrams（2016：24）在针对学生会话交际能力的二语课堂里使用了内隐式教学并发现其更能培育 EFL 学生的自主能动性，尤其是在"开放式对话任务"里学生更能主动使用语用知识、斟酌语境、实施更具有目的性的"语用实践"（pragmatic production）。由上可见，在教学中适度融入提升学生元语用意识的内隐式任务能培育学生的二语合法使用者认同。

然而，二语元语用意识不仅与学习者的文化认同相关，也与个人接受二语"社会语用惯例"（sociopragmatic conventions）的动机和意愿密切相关（Nguyen et al.，2012）。譬如，Kim（2014：93）对在美国读研的韩国留学生进行了研究。一个显著的发现是这些韩国留学生有时会故意"抵制"英语用语规范（譬如不愿意向赞扬自己的人说"thank you"），因为他们认为这些英语用语规范违背了自己的价值观和母语文化（应向赞扬者表达谦逊），也就是与自我认同不符。上述案例反映出"二语者对社会认同的投资与个人语用选择之间的关联"（Kim，2014：92）。Kim（2014）的研究还发现二语者的语用选择也与他们相对于他人的社会地位相关。Kim（2014：97）指出，当这些韩国留学生认为对方更具权威且与自己的社会距离较远时，他们会更有意识地使用规范的英语用语以提升沟通效果或拉近社交关系；反之，当这些韩国留学生认为对方与自己社会地位接近或社会距离较近时，他们会选择更贴合自我认同的语用策略，即使这"可能会导致沟通冲突"。Kim 的上述发现显示教师需要关注学生的"主体性"（subjectivity）在其"语用决策和语用表现"里的中介作用（Kim，2014：92）。同理，Abrams（2016：25）指出教师要承认学生会做出个性化"知情选择"。如同"现实生活里的互动"一样，学生在语用策略的选择和实现方式上也存在"个体差异""个人互动偏好"（Abrams，2016：39），因此没有所谓的唯一答案或模板。一方面，这为"以人为本"的英语教学提供了契机；另一方面，这也是英语课堂里容易被忽视的环节。譬如，Ren & Han（2016）分析中国大学里常用的英语教材发现：虽然大多数英语教材都囊括了语用知识，但大多仅停留在匹配语言结构和交际功能这个层次上（譬如问句形式＝礼貌请求），对于这种匹配背后的元语用推理没有过多讲解（譬如并不是在所有语境里使用问句提出请求都是最有效的选择）。同理，McConachy（2009：118）以教师视角分析了日本大学英语课堂里的常用教材，他指出：教材里对于诸如"话语者认同、他们的社会关系或他们所处的具体情境"等重要信息没有太多解释。其潜在风险就是教材使用者可能会认为语境并不重要，并将语言结构和交际功能之间的这种匹配视为一种规则，也就是所谓的"正确选择"（correct choice），而不是话语者评估语境后做出的策略性"最佳选择"（appropriate choice）（McCarthy & McCarten，2018：17）。

　　由上可见，教师在带领学生审视二语对话时更需要利用学生的认同储备，包括他们已有的母语社会化经历及审词度句的意识，并在此基础上引导学生反思自己在相同情境里是否会采用不同的语用策略，原因又是什么。同时，以提高元语用意识为导向的内隐式教学需要教师提供详细的语境描述（Van Compernolle & Kinginger，2013）。上述目标对于 EFL 教师来说可能具有挑战性：现实约束主要来自学生有限的二语水平，并且很多英语教材并不使用真实的语言样本，也没有详尽的语境信息。教师在备课过程中需要自己去寻找二语文本作为课堂任务原料，搜集语境信息并自主开展语用分析作为任务设计的准备工作。但同时，教师对自己的学生更加了解（相似的母语认同），因此找到的二语文本"对学生更具真实性"（learner authentication）（McCarthy & McCarten，2018：7）且能涉及更多样的语用特征和更具有意义的社会语境。

四 教学文体学（pedagogical stylistics）

文体学（stylistics）专注于使用语言学手段来探究"文学作品里的语言使用"（Stockwell & Whiteley，2014：1），目的是将抽象的文学手法细化为具体的语言策略。Scott（2012：96）将作家的语言手段比作画家的绘画工具并通过这个生动类比诠释了文体学的价值："每个作家都拥有一套语言工具，就如同每个画家都备有多种颜料……和多种型号的画笔一样。"譬如，Culpeper（2009）发现，莎士比亚在创作《罗密欧与朱丽叶》中朱丽叶的话语时使用了更多的虚拟语气，刻画了这个人物柔弱纯真的性格。

顾名思义，教学文体学是"文体分析手段在教学中的应用"（McIntyre，2011：10）。譬如在二语课堂里，通过带领学生阅读文学作品，我们能让学生认识到文学效果并不是一种高不可及的玄学，而是建构在可识别、可模仿的语言策略上的（Clark & Zyngier，2003）。我们对文学的定义是广义的，影视剧本或漫画等非传统文学作品也归属于文学体裁。能让学生产生共情的文学体裁更能驱动学生调动认同、解读故事及其语言使用，学生更容易设想自己若是故事的主人公或面临相似处境会做何反应、说什么话语。因此，教学文体学为二语教师设计针对具体语言结构的文本分析活动提供了切入点。使用文学作为二语文本也缓解了很多 EFL 课堂面临的一个严峻挑战——不容易找到学生感兴趣且来源于目标语境（而不是为二语教学专门编创）的语言使用。此外，中国大学里非英语专业的 EFL 课堂通常采用大班授课，教学时间有限且学生更习惯于教师直接灌输知识点（Chen & Goh，2010）。在上述教学现实中要想调动学生的二语能动性和社会话语意识确实是个难题。我们认为，文学和教学文体学是一个解决上述问题的可行方案，能调动学生的认同资源，给学生习得二语制造动机。

文体学和二语习得有一个共同的关注点，即都关注以功能为导向的语言使用（Lambrou，2015）。譬如说，不论是文学作品里的对话还是现实生活中的对话，它们都有言外行为和言后之果。无论是文学阅读者还是社会话语者，我们在解读对话时都需要从语言结构、交互细节及语境信息中推断出言语下的潜在含义。文学作者，就像经验丰富的社会人，具有敏锐的观察力和语言操纵力：能通过人物对话及视觉细节来暗示人物情感、展示人物个性和权力关系、反映社会文化，并通过修辞手段（如制造悬念、生动措辞等）来吸引听众或读者的注意力、满足他们的需求。

但是，不同的文学体裁（诗歌、小说、影视剧本、漫画、戏剧等）会侧重于不同的语言技巧，因此二语教师需要选择最适合学生二语水平、认知需求及课程目标技能的文学体裁。譬如说，在本教学干预里我们选择使用影视剧本。影视剧本的基本组成单元是场景（scenes）而不是章节。一个场景少则不到 50 个字，多则两三百字，但是都能推动剧情前进——可能是人物的内心转变，也可能是情节上的小进展。因此，与小说相比，剧本更加依靠简洁、密集的视觉描述及具有内涵的对话来展示社会背景、人物的情感斗争和深层主题。此外，网络上可以找到很多开放下载英美影视作品的原版剧本，也包括很多中国年轻人耳熟能详的英剧和美剧（如 *Sherlock*、*Big Bang* 等）。因此，我们认为影视剧本在中国大学的 EFL 课堂里是具有教学价值的二语原料，尤其是使用学生熟悉的电影和其中的经典剧情。教师可以抽取一两个剧本场景，带领学生观察特定的语言结构（譬如词汇衔接手段），激活学生的"影视观众""故事读者"认同，引导学生思考此语言结构在剧本中实现的体裁功能（如在悬疑体裁里词汇衔接常用于布置线索）和社会意义（如吸引读者拼接线索，再现"烧脑文化"）。在上述引导过程中，我们的最终目标是让学生能在自己的二语会话或写作中有意识地操演认同，并使用语言策略来实现特定功能。譬如，在议论文中学生也可以使用词汇衔接（lexical cohesion）来增强论述的连贯性和紧凑性，进而建构"逻辑至上"和"以读者为本"的写作者认同。

目前在二语课堂使用教学文体学调动学生的认同资源、培养学生语言操控力的课堂研究并不多，值得一提的是 Sauro & Sundmark（2016）的研究。Sauro & Sundmark（2016）在一个瑞典大学的 EFL 课堂里带领学生解读 Tolkien 的巨作《霍比特人》，他们还实施了同人小说创作活动，让学生操演创意写作者。学生需要分析、模仿进而运用 Tolkien 的文体手段来创作一个全新的故事片段，用于填补原作中某个跳过的情节。Sauro & Sundmark（2016）发现这些 EFL 学生展现出鲜明的二语能动性和二语操纵力。譬如，有的学生使用了 Tolkien 具有标志性的"双关"修辞并在他们自己的创作中运用了一系列押韵的动词短语，既推进了剧情，又能将人物之间的冲突戏剧化。此外，有课堂研究尝试使用影视作品等视听资源来培养二语学生的元语用意识和会话技巧，其中一些还使用了 Brown & Levinson（1987）的"礼貌"理论（Bella et al., 2015）或 Hymes（1972）的"交际活动"框架（Abrams, 2016）来引导学生调动自己的影视观众和话语者经验，来分析影视对话及视觉场景如何反映了特定的社会风气、氛围及人物情感。

五　培育创造性认知（Creative Cognition）

母语和二语习得学者都指出创造力是人类使用语言来表达新奇思想和解决问题的驱动力（Tomasello, 2000; Tin, 2015）。其中，有二语研究发现创造性认知教学能同时提升学生的创新思维和语言敏感度（Tin, 2011），因为创造性认知是二语者在特定语境里制造清晰话语声进而建构自我赋权性认同的手段。上述关联在母语认同研究中已有一些观察。譬如，Morgan（2017）追踪了创造性认知和赋权性语言社会化经历之间的关联。通过分析非裔美国嘻哈艺术家的歌词创作，Morgan（2017：426）发现这些嘻哈作者能从自己多样的语篇库中挑选原料作创造性组合，创作独特歌词来"分析和批判不公的社会现象"，并为自我建构了具有强大语言操纵力、民族感和洞悉力的嘻哈高手认同。创造性认知理论认为创新思考并非天赋或不可名状的灵感,而是源于思考者在既有知识上实施的特定认知操作。两个最为典型的认知操作是:(1)在貌似"分离"或"不一致"的概念之间建立联系;(2)"抗拒阻力最小路径"(Escaping the path-of-least-resistance)(Ward & Lawson, 2009: 203 – 205)。在下文我们将逐一阐述这两种操作以及它们与认同建构之间的关联。

第一,在貌似分离的事物间建立关联可以发生在很多层面,譬如文化或词素。有二语学者指出,EFL 学生大多体验过多种文化视角、社会认同、话题和思维方式,而这为创意关联提供了原料,也为学生成为能融会贯通的多文化者和多语者提供了机会(Tin, 2013)。譬如,在本教学干预里,CLIL 课堂的一个作业是要求学生使用英语构词法(如拼缀法、合成法等)来创造一个新词,用于为自己构思设计的一个新产品命名。CLIL 实验班的一个学生调动了自己是"优衣库强力购买者"及"盲盒爱好者"的两项社会认同,进而想到了"优衣库限量版盲盒"这个商业创意,并创造了"UniqBlox"这个产品名:既是 Uniqlo 和 blind box 的拼缀(Blending),同时 Uniq 也保留了"unique"之意,这里表达限量的意思。学生谈到订购 UniqBlox 的客户"每月可以有一个优衣库发的盲盒……里边是店里买不到的优衣库最潮产品,就像高端限量盲盒一样"(CLIL—有声思维 2 – 50)。如上述例子所示,这个学生能使用英语去探索和"创造新的意义",而不是仅仅表达"已知意义"(Tin, 2013: 386)。同时,在这个意义创新的过程中,学生实施了对学科知识(即造词策略)的积极使用。此外,有二语课堂研究尝试让学生在遵循特定"游戏规则"的前提下(如特定格式、主题等)使用"创意组合"来制造具有社会意义和个人话语声的二语表达,如结合貌似分离的体裁(如诗歌和对话)来实现特定的美学效果,或组合不同语言变体(如标准英语和马来英语)来建构独特的社会文化空间(Lim, 2015),或融合不同文化里貌似对立的认知模式来实现批判性思考(Disney, 2014)。

第二,"阻力最小的路径"(the path-of-least-resistance)是指人们倾向于搜集和使用"极易找到"的内容或用语,如典型例子或笼统描述(Ward & Lawson, 2009: 203)。因此,为实现创新,我们需要有意识地抗拒最容易找到的信息。Ward & Lawson(2009: 204)使用以下生动例子来诠释上述操作："a man standing by a tree"，相比于"a muscular balding man in button-fly jeans and a white sleeveless t-shirt lurking in the dappled shade of a weeping willow"，前者虽然易懂但显然缺乏新意。Ward & Lawson（2009）认为细致且具有用意的描述避开了阻力最小的路径，因此也更有可能在读者脑中制造鲜明印象。譬如，在本教学干预里，我们曾在公共英语的实验班做过如下教学尝试。我们让学生创作一句英文剧本台词——可以是场景描述（包括人物肢体、神态描述），也可以是对话——用以刻画一场婚礼里某个不同寻常的人物关系。为引导学生"抗拒阻力最小路径"，我们先让学生作即兴创作。接下来，我们摘取了两个学生创作的典型例子，它们都描述了某个与新娘或新郎有过情感纠葛的"搅局人"，因此彰显了"阻力最小路径"，"The man shakes his hand in the air"，"A woman in black drinks several cups of white wine"（公共英语-W6课堂观察笔记）。我们继而让学生在课下重新创作，且不能使用之前的任何词汇或内容。以下是班里一组学生的创作，其中能看到具有内涵的细致描述，暗示了"6 year old boy"和"old woman"之间的关系（如新娘的孩子和新娘的前婆婆），"A 6 year old boy is watching the wedding furtively, next to a stone-faced old woman"（公共英语-W6-组1）。

上述创作同时使用了"非常规关联"及"抗拒阻力最小路径"这两项认知操作。譬如，"婚礼"与"严肃的老女人陪伴的六岁小男孩"这两者之间是非常规关联；同时，后者在当今有关婚姻的意象图式中并不是最快浮现的信息。但是，上述写作之所以具有创意和深层意义并不完全缘于学生使用了这两项认知操作，同样关键的是学生在行使创新思考的过程中调动了自己的社会文化认同（如"社会洞悉者"）进而创作了能反映特定意识形态和人物社会身份的细致描述，如"严肃的老女人"和"六岁小男孩"可能是为凸显封建家长制或是缺失的母爱。正如 Runco（2009：187）所说，"创造力"（creativity）不等同于"独创性"（originality），前者需要我们在"独创性和恰当意义之间找到一个有效的平衡"。也就是说，具有社会语言意识的创意思考更能带来具有深度和意义的二语实践（Tin，2013）。因此，创造性认知教学需要结合二语知识点的教授并能调动学生的社会认同。

至此，我们回顾了五种以认同为根基和导向的社会认知教学法。最后，为了和下一个篇章（即研究设计）作有力衔接，我们将阐述以定性为主要研究手段的二语认同教学研究的侧重点。

第五节 定性的二语认同教学研究的侧重点

侧重点一：关注具体课堂环境里的微小时刻。正如 Morita（2004：596）所说，二语者的认同建构和个人在课堂里的"语篇社会化体验"（discourse socialization experiences）密切相关。因此，针对二语认同的课堂研究需要考虑学生在课堂中的学习体验，包括获得的资源、接触到的社群文化、课堂内的互动模式等。也就是说，一个不侧重具体语境的二语认同研究（如以问卷调查形式询问个人的二语学习动机、二语使用感受等）很难探究认同的情境性（situatedness）和自我能动性在认同建构中发挥的作用。此外，国内 EFL 教学研究更加侧重于讨论社会文化大背景（如以交际能力为导向的外语教学政策、四六级考试、学术英语文化等）对中国大学生二语学习行为的影响。但是，Handsfield & Crumpler（2013）指出二语及双语教学研究需要更多地关注具体课堂环境中的互动时刻，因为这些互动时刻通常不是完全谋划好的，会包含很多"偶然时刻"（如老师、学生的即兴话语或是意料之外的事件）。而二语学者和教师需要观察这些"微小时刻"如何影响学生已有的"社会认同和学术认同"，进而识别本地日常教学活动中能塑造学生认知行为的意识形态（Handsfield & Crumpler，2013：128）。同理，Harman & Zhang（2015：69）指出社会互动中的"即兴表演"是极好的可用于探究认同建构的数据来源：研究者可以观察话语者如何利用制度化语篇、效仿他人和设定界限这三项主要手段来再现意识形态、建构自我认同。

侧重点二：从研究者和学习者的双重视角探究知识构建的过程。目前，有关二语认同的教学研究更加侧重于从研究者视角来量化衡量学生在某一时刻展现的认同结果。然而，探究二语学生为何、如何建构某种认同的研究相对偏少，尤其是从研究者和学生的双重视角（如教师研究者的参与式观察、学生的有声思维）来探究学生在认知活动及社会互动过程中建构认同的研究就更少了。但是，上述洞悉可以帮助教师设计更有效的课堂任务，避免学生的社会认同需求妨碍他们真正投入学习活动中。

  侧重点三：记录教学干预过程及学生在一段时间内的动态认同建构、协商、变化。学生在教学干预期间的认同建构映射了个人的二语社会化经历，因为二语课堂本质上是一个社会场所。Diao（2017：90）指出，若是考察二语者的语言社会化经历，"研究者需采用定性、以话语分析为主导的研究方法，并在特定语境里观察参与者的社会互动"。因此，本书不仅考查学生的认同结果，也考查学生如何在社会互动过程中和认知活动里建构、挑战、更新认同。

  至此，我们完成了所有的文献回顾，下一个篇章将展示本书的研究设计。

第 二 章

研究设计

第一节　总体框架

首先，我们采用定量手段来探究学生在某一时刻的内核认同（调查问卷），我们也采用定量分析来比较每一类课堂中接受了干预的实验班和未接受干预的对照班在认同内核和认同建构上的区别（调查问卷、英语论文）。其次，我们采用定性手段来观察、追踪学生在具体情境里的认同协商（课堂讨论、作业的有声思维、想象自我未来的小故事）。我们集中研究了四个二语课堂，分别为：一个以英语为主要授课媒介的大二《语言学导论》课程（Content and Language Integrated Learning，即 CLIL）、一个大一的学术英语课堂（EAP）、一个大二的针对商科专业学生的专门用途英语课堂（ESP）、一个大一的公共英语课堂。每一个课堂都是一个案例，通过采用以定性为主的混合法案例研究，我们的目标是对每个课堂在教学干预下学生的认同建构进行深入探索。表 2-1 总结了本书的实施课堂、研究对象以及教学干预时长。四个课堂的所有数据收集和分析手段见表 2-3 和表 2-4。

总体来说，本书有以下两个研究问题：

1. 关于每个二语课堂，这个以认同为导向的教学干预是否对学生的二语、双语认同产生了影响？产生了怎样的影响？

2. 在每个二语课堂里，在我们的教学干预下，学生如何在具体作业的思考决策中和课堂讨论里通过操演认同（宏观的社会认同及本地性认同角色）来实现具有批判性或协作性的知识构建？

表 2-1　　　　　　　　　教学干预实施课堂、干预时长

课堂类型	实验班、对照班（所有课堂的实验班、对照班教师基本来自本书小组）	大学类型	干预总时长
CLIL	实验班（109 人）于 2017—2018 学年第一学期上的这门课。对照班（115 人）于 2018—2019 学年第一学期上的这门课。受现实约束，无法设置同学年的平行班	一所中国内地的国际大学	14 周
EAP	实验班和对照班为同年平行班（各 25 人），于 2017—2018 学年第二学期上的这门课	一所中国内地的国际大学	11 周
ESP	实验班和对照班为同年平行班（各 23 人），于 2018—2019 学年（一、二学期）上的这门课	一所中国内地的国际大学	17 周
公共英语	实验班（67 人）和对照班（66 人）为同年平行班，于 2017—2018 学年第二学期上的这门课	一所中国内地的传统高校	13 周

第二节　多维度的认同干预

　　这项教学干预的多维度体现于以下三大要素。Forbes et al.（2021：438）提出，以发展学生多语认同（包括双语认同）为目标的教学干预需包含以下三大要素：（1）设计能培养学生多语认知的课堂活动，譬如让学生知道如何利用多语认同"来在社交和认知上受益"；（2）让学生有意识地调动多语认同来激发认知思维能力及与同伴的协作；（3）并让学生有机会反思这段教学干预和学习经历如何改变了自我认知。

　　我们的教学干预也依照上述三大要素来设计。关于要素一，即向学生展示如何调动认同，我们的课堂活动核心是向学生展示如何利用个人的多元认同库（identity repertoire）来开展批判性思考，教师在课堂上主导实施师生协同认知活动（譬如师生协同设计一个英语广告）。在这个过

程中，教师说出自己的思考过程并在斟酌语言或选择认知策略的过程中动用自己的或自己与学生的共有认同（如某种文化的知情人）。

关于要素二，即培育学生调动多元认同的意识，在课堂讨论和作业里，我们让学生有意识地去调动自己的多元、多语认同来实施具有创意或协作性的知识构建，同时教师及时提供反馈。在一些作业中，我们让学生通过有声思维来记录自己的认知活动，尤其是说出自己在作业过程中使用到的认同资源和认知策略以及遇到的困难等。

关于要素三，即提供反思机会，在教学干预的初始和结束阶段，我们分别要求学生根据个人在大学课堂中的二语学习经历来想象10年后的今天"我"在做什么并撰写小故事。这貌似是创意写作，但也是一种反思性写作，因为对未来自我的想象能映射个人的自我认同，也能暗中促使学生思考这段学习经历对于自我认知的改变。正如 Takahashi（2021：364）所说，对理想二语自我的展望和想象反映了学习者对于个人已有二语学习经历和学习成效的感知，以及在此基础之上形成的"自我引导"。再如，在 Wang（2023：446–447）以培育中国英语专业学生"理想多语自我"为导向的教学干预中，Wang 让学生"闭上双眼"，想象法语（即学生的二外）将对他们的未来生活（工作、家庭、社交及生活方式等）带来怎样的积极影响。Wang（2023：446）指出此举的目的是"帮助学生想象和反思二外使用与建构理想自我之间的关联"。Wang（2023）分别在干预始终实施了两次这种反思性想象写作。Wang（2023）发现：在干预结束后，学生对自我未来的想象变得更加丰满，包含对未来使用法语的多样性场景描述，同时对"法语理想自我"的细节描述也更加精细且展示出对法语更强的情感依恋。这些都表明学生对于法语和个人生活的认知有所改变，也就是说学生对理想外语自我的反思和透视都有所加强。

第三节　多维度的"认同"研究框架

鉴于我们在文献回顾里探讨的两大理论流派和四种"认同"概念透镜，本书框架建立于如下三点汇合：一是"认同"存在于个体对于语言使用的态度里;二是"认同"与个人社会经历密切相关且受到自我反思的塑造;三是"认同"是个体在具体情境(如学习活动或社会互动)中的行为和决策。我们采用上述三体式理论模型也是希望能"从本体论和认识论上"为协调认同到底是心理特征、社会经历还是具体行动的争论提供一个解决方案(Fisher et al.,2020:462)。表2-2展示了本书的五种主要数据收集手段与上述三体式理论模型及两大理论流派的契合。

表2-2　本书的五种主要数据收集手段与三体式理论模型的关联

认同是个体对语言使用的态度	认同是一种社会经历和自我反思	认同是个体在具体情境中的行为和决策
文化本质主义	社会建构主义	社会建构主义
1. 双语认同调查问卷,共20个题目,均来自高一虹等(2013)针对"自我认同变化倾向"的问卷设计。我们选择聚焦以下四个变量:"削减性变化""附加性变化""生产性变化""分裂性变化"(详见第一章第二节小节一的中后部)。仅选择上述四个变量的主要考虑是:(1)有些课堂的样本量小,不适宜作多个变量;(2)减少题目量、提升受试的参与度;(3)有些变量跟本书课题以及国际大学的教学语境不是非常密切相关	2. 学生想象自己10年后的今天在做什么并撰写第一人称"我"的想象性小故事。我们的研究目的是观察学生在教学干预前后的想象性认同建构	3. 课堂里的小组讨论录音:用于在教学干预过程中观察学生如何在课堂互动及协同性讨论里操演多种角色。 4. 学生的英语论文:观察个体如何使用二语来建构具有读者意识和认知权威的作者认同。 5. 学生实施有声思维,记录自己的作业完成过程。我们的研究目的是观察学生如何调动自身的多元认同来实施知识建构、驱动批判性、创新性思考

第四节　数据收集、数据分析

表2-3和表2-4分别展示了在这四个课堂中收集的主要数据和辅助

数据及其分析手段。鉴于本书以定性研究为主,在下面我们将说明本书在定性数据收集和定性数据分析中的几个重点事项。第一,定性的教学干预研究需要多种数据来源和收集手段(即 triangulation)用以从多角度观察所研究的现象并提供详尽丰富的本地场景描述及背景透析(即 thick description),目的是将定性分析从单纯描述上升到具有深度的知情人视角进行解读(Croker, 2009)。第二,在定性的教学研究中,研究者和参与者(如学生)通常来自或位于相似、相同的课堂社群。其优势是研究者多年积累的知情人经验能帮助他们更好地洞悉本地文化及参与者视角,这也是 Van Lier(1988:5)所指的"基线"(base line),是定性的课堂研究"实施有效描述、分析的基石"。但同时,我们在分析数据时也有意识地去反思:自己作为教师,与学生的社会互动和相互定位是否影响了我们与学生在干预过程中展现的行为和话语,这是定性数据分析过程中十分重要的"自反性"(reflexivity)(Hood, 2009:84-85)。我们把上述反思都记录在教师日记中,在做数据分析时我们会回顾这些反思记录,用于矫正我们对学生话语的解读,避免偏执;在设计新一轮教学干预时我们也会参考这些反思,帮助我们调整课堂话语建模。第三,关于收集到的定性数据(英语论文、有声思维、10 年后的"我"小故事、课堂小组讨论),我们都实施了持续的、迭代式定性分析。其中,迭代式定性分析结合了归纳分析和演绎分析(Maxwell, 2013)。第四,根据定性案例研究中的常见做法,数据收集和数据分析同时开展(Hood, 2009)。我们利用从数据分析中获得的洞悉来调整下一轮数据收集的开展方式,如调整课堂任务设计、寻找更能调动学生认同资源的二语文本,或调整教师的课堂话语引导等。

在下一章我们将讨论如何根据这四个课堂的教学现状和主要教学目标来因地制宜地设计教学干预。虽然有学者呼吁在中国大学课堂里教师应给予学生发挥个性和调动认同的空间,但是目前展示具体任务设计的课堂研究比较少。二语教师面对的主要挑战是:如何把针对认同的教学干预有机融入本地教学目标、课程大纲及二语技能的培训中。

表2-3 四个课堂里收集的主要数据及其分析手段

	主要数据				
	双语认同调查问卷	学生的英语论文	学生在作业中实施的有声思维	小故事：想象10年后的"我"（多为英文课写，长度不等，少则100字以下，多则500字以上）	课堂小组讨论录音
	实验班和对照班均有收集；干预初始和终结各收集1次	实验班和对照班均有收集；干预初始阶段和尾端各收集1次。论文题目见表5-2	仅在实验班收集，次数不等；学生可使用中文或英文实施有声思维——说出写作业时的思考过程、所用资源和难题。作业题目见表6-1	仅在实验班收集1次。和终结各收集1次。小故事题目见附录1。未能在公共英语课堂收集此类数据	仅在实验班收集，每类课堂收集5~6次。未能在公共英语课堂收集此类数据。具体任务见表6-2、表2-6、表2-7、表2-8
CLIL课堂（大二）实验班109人，对照班115人	第1次：实验班79份有效问卷，对照班86份。第2次：实验班80份，对照班72份	第1次：实验班108篇，对照班110篇。第2次：实验班105篇，对照班105篇	第1次：共108份个人录制的有声思维，平均时长5分钟，学生录制干作业过程中或刚完成作业时，可能录制多次，但总共5分钟左右，以下同理。第2次：共106份。第3次：共105份	第1次：共107篇。第2次：共106篇	共收集6次，每次收集18~24个录音不等，共收集125个录音，每个时长介于25—35分钟

续表

课堂	第1次	第2次	主要数据	反思	录音
EAP课堂（大一）实验班25人，对照班25人	第1次：实验班24份，对照班23份。第2次：实验班18份，对照班15份	第1次：实验班23篇，对照班21篇。第2次：实验班23篇，对照班19篇	第1次：共12份学生个人录制的有声思维，平均时长3分钟（以下同理）。第2次：共13份	第1次：共23篇 第2次：共25篇。第3次：共17份	共收集5次，每次收集3~5个小组录音不等，共收集21个录音，时长大多介于10—20分钟
ESP课堂（大二）实验班23人，对照班23人	第1次：实验班23份，对照班20份。第2次：实验班19份，对照班20份	第1次：实验班22篇，对照班23篇。第2次：实验班19篇，对照班20篇	第1次：共13份学生个人录制的有声思维，时长1分多钟至4分多钟不等。第2次：共9份，时长1分多钟至7分多钟不等。第3次：共7份，时长2分多钟至10分多钟不等	第1次：共22篇 第2次：共23篇	共收集6次，每次收集2~4个小组录音不等，共收集19个录音，时长大多介于8—15分钟
公共英语课堂（大一）实验班67人，对照班66人	第1次：实验班63份，对照班60份。第2次：实验班59份，对照班60份	第1次：实验班67篇，对照班65篇。第2次：实验班67篇，对照班66篇	共收集10次，均为学生小组共同录制的有声思维（大多为小组成员在完成作业后的交流和反思）。每次均收集到16份小组录音，平均时长5分钟左右	未收集	未收集

续表

	主要数据		
分析手段 (运用于所有课堂里的相关数据)	使用 Mann-Whitney 检验来观察班和对照班在每一类自我认同（削减、附加、生产、分裂）总值上是否存在显著性差异	重点观察学生如何定位自己与读者的关系。我们选用 Hyland（2005）模型中的 7 类元话语并借助归纳分析构建子分类（详见第五章）。然后使用卡方独立性检验和卡方拟合优度检验来观察实验班和对照班之间是否存在显著性差异	采用社会认同视角，即认同体现于学生的知识构建行为里。我们对所有录音进行了转录，重点观察学生如何调动元话语并借助归纳分析和演绎分析来开展知识构建。我们结合了归纳分析和演绎分析。演绎分析借鉴并扩充了 Anderson & Zuiker（2010：295）提出的三个方向（详见第六章）。我们根据上述框架开展归纳分析，构建描述性编码	结合后结构主义和社会文化视角：利用前者分析故事里的权力关系、异质语使用、人物的投资行为，利用后者审视学生如何调动"我"的社群实践社群以及"我"的社群归属性。以内容分析为主：分析框架借鉴（2017）的"三维、三级叙事空间"（详见第四章）。采用社会话语分析和演绎分析。演绎分析借鉴了 Hamman（2018）提出的四个方向。我们在上述方向的指导下开展归纳分析，构建描述性编码	采用社会认知视角并基于会话分析框架来考察学生在课堂小组任务中实现协同认知的动态过程。我们先对录音进行转录，再提取转录里所有展现批判性小组讨论的超语片段，进而实施会话分析。以语篇分析为分析手段和演绎分析。演绎分析借鉴了 Fairclough（2003）来审视潜在意识形态

表2-4 四个课堂里收集的辅助数据及其分析目的

	辅助数据（都仅在实验班收集），主要用于观察教师干预的实施过程，以及课堂文化和社群活动对学生认同构建的影响				
	师生协同认知活动的录音：教师和学生共同研讨具体课堂活动内容。具体课堂活动见表6-3和表2-6，表2-7，表2-8，表2-9	所有课件	旁观者的课堂观察笔记	教师日记（备课心得、课中感受、课后反思）	教师对学生任务的评语和反馈
CLIL	共录制5次，每次时长15—20分钟	共12周课件	共6次	共12次	1. 对学生在干预前和干预10年后的"我"给予反馈，反馈主要针对故事里映射的自我认同，引导学生思考背后原因 2. 教师对学生作业和有声思维的双重反馈。CLIL，EAP，ESP课堂均为3次
EAP	共录制4次，时长介于5—15分钟	共10周课件	共5次	共10次	
ESP	共录制5次，时长介于5—15分钟	共16周课件	共6次	共16次	
公共英语	共录制10次，时长介于10—15分钟	共12周课件	共10次	共10次	教师对学生作业和有声思维的双重反馈，共10次
分析目的	辅助我们解读学生的课堂小组讨论	辅助我们理解教学干预的实施过程，获取内人洞察			辅助学生创作的10年后的"我"、学生的有声思维和英语论文

第 三 章

教学干预设计

第一节　CLIL 课堂：帮助学生连接以二语为载体的学科专业知识和以母语为载体的个人知识

Block & Moncada-Comas（2022：402）指出，在学术圈的国际化趋势下，众多 EFL 国家出现了"大学英语化"（Englishization in HE）现象，最值得注意的是英语媒介授课（EMI）在 EFL 语境的众多高校出现。在上述背景下，Block & Moncada-Comas（2022：403）认为 EMI 和 CLIL 本质上开始融合，这被他们称为"CLIL-ised EMI"。也就是说，在以英语为授课媒介的专业课中，教师不能"单纯地"认为学生仅需浸润在英语授课环境中就能同时获得学科知识和英语技能（Block & Moncada-Comas，2022：403）。Block & Moncada-Comas（2022：403）根据他们对现有 EMI 教学实践的观察，指出大多数 EMI 学科课堂的教学目的是单一的，即将学生领入学科族群；同时学科教师仅有的英语指导大多局限于学科词汇的翻译或解释。因此，EFL 大学生，尤其是英语素养还不够成熟的学生，并不能充分利用英语授课这种教学形式，甚至出现听不懂课或是英语能力停滞不前的问题。

鉴于上述研究，本书选择使用"CLIL 课堂"来界定大二第一学期的语言学专业课——学生的英语能力明显有限，需要教师培育。因此，为操演"学科专业课教师"和"英语教师"这个双重角色，我们采取的策略是连接课堂中以二语为主要载体的学科专业知识和学生以母语为主要载体的个人知识储备。这可以表现在以下两个方面。一方面，语言学这门学科是系统性研究语言使用规律的一门科学。因此，当我们操演"语言学教师"时，核心是帮助学生关联学科理论知识和他们在社会生活里对语言使用的观察，让学生成为能独立应用学科理论开展语言分析和语言再造（造词、语言游戏）的"知识创新者"。另一方面，学生是极具经验的母语使用者，他们对汉语语言学已有不少知识储备（中小学语文课、母语社会化经历）。因此，我们在操演"英语教师"时，有意调动学生对母语的认知（譬如语文课里会涉及的语义知识和句法划分）和学生既有的英语知识（如中小学英语课的核心内容——词汇、语法），让他们从词法、语义、语法、句法、语篇等多个角度来理解英语这门语言的多层架构，帮助他们成为具有敏感度的英语使用者。有关 CLIL 课堂在共 14 周的教学干预里的每周任务设置（教师建模、小组任务），见表 3-1。

表 3-1 　　CLIL 语言学课堂——在实验班的干预活动大纲

教学周	目标知识点	教师建模（teacher modelling），调动双语、多元认同来构建知识。每周时长 100 分钟	引导学生在小组任务里调动多元认同。每周时长 50 分钟
		主导教学法：超语教学、创造性认知	
1	语言与认知之间的关联	教师建立语言和认同之间的关联，譬如一个耶鲁大学的经济学家 Keith Chen 在 2012 年的 TED Global 演讲里提出时态（语言特征）与个人对未来的看法以及个人的存钱行为有关	引导学生思考：我们对未来生活的想象是否与我们掌控的语言资源（中文、英文等）相关？带领学生想象自己 10 年后的今天在做什么并撰写小故事：勾勒"我"的想象性认同
2	语义学基础概念	教师从个人经历、美术作品、影视作品里寻找素材，向学生展示语义和社会文化、个人视角及情感之间的联系	引导学生运用语义学基础概念来分析一个熟悉的词：MARRIAGE，学生将他们的社会认同（包括课外知识、社会经验及自我的社会定位等）投入上述语义分析中
3	形态学、构词法、词源学介绍	通过真实案例来展示造词和新生文化、社会人群之间的关联，譬如网络新生词、其起源和演变、涉及的社群和文化等	给予学生一个新生产品，带领学生操演产品开发者，设想客户需求、产品卖点和营销的文化，继而利用多种构词法和词素原料来为这个产品造词命名

续表

教学周	目标知识点	教师建模（teacher modelling），调动双语、多元认同来构建知识。每周时长 100 分钟	引导学生在小组任务里调动多元认同。每周时长 50 分钟
		主导教学法：超语教学、创造性认知	
4	语法、句法介绍	教师使用学生熟知的语料来展示语法和句法与社会认同之间的关联，譬如在 BBC 英剧 *Sherlock* 里 Sherlock Holmes 和其他人物使用了表征不同社会阶层的语法和句式	带领学生分析具有幽默效果的歧义句，找到其中的语言游戏，让学生从创造性语言使用者视角来分析歧义句的多种句法结构
5	句法	教师比较唐代古诗及其英文翻译，观察中英句法特征，调动自己对唐诗的了解，比较中英版本的意境和区别，并引导学生思考中英句法特征与中英文化、思维方式之间的潜在关联	带领学生使用句法来分析跨国企业产品（如可口可乐）的中英广告语。让学生调动中英文化认同，尤其是中国社会文化的知情人来思考这些广告语里体现的中英构句习惯和主流文化
6	语料库语言学	教师使用中英语料库来分析一系列具有社会、文化或性别涵义的中英词语（语义韵律、语义偏好、搭配词等）	教师构建了两个歌词语料库：（1）Taylor Swift 语料库；（2）Katy Perry 语料库。学生使用 Wordsmith4 的关键功能来对上述两个语料库实施分析。教师调动学生的流行音乐、流行文化粉丝认同来解读语料库分析结果
7	分析数据、设计新一轮的干预任务		
8	体裁、语篇分析	教师操演电影观赏者和小说读者，评论特定电影和小说体裁如何通过具体符号手段来实现体裁的三项元功能	比较两篇文本，其体裁分别为八卦小报和恐怖小说。学生在这两篇文本里找到所有的名词化结构（nominalisation），并调动自己对八卦小报和恐怖小说的内人观察来思考每篇文本里的名词化结构与目标体裁功能之间的关联

续表

教学周	目标知识点	教师建模（teacher modelling），调动双语、多元认同来构建知识。每周时长 100 分钟	引导学生在小组任务里调动多元认同。每周时长 50 分钟
		主导教学法：超语教学、创造性认知	
9	批判性话语分析	从 Gone Girl 这部电影切入，教师操演了一个电影评论员，从剧情和人物细节解读 Gone Girl 映射的意识形态和权力关系	学生对陈冠希的"艳照门"新闻发布会声明做批判性话语分析。作为这个事件和香港娱乐界的旁观者，学生分析上述文本如何使用社会话语手段来重新定义陈冠希的角色，改变公众对他的看法
10	语用学基础理论	教师调动认同（如电影观众）来观察一系列对话（经典影视对话、中学英语课本对话、以及名人访谈）中的言语行为、礼貌策略、会话含义等	学生调动名人访谈观众认同（对这类言语活动社会意图的认知），使用语用概念来分析 Taylor Swift 的电视访谈，洞悉对话里的言外行为和互动关系
11	会话分析	教师利用会话分析来审视中英真人秀对话（《奔跑吧兄弟》等），调动自己作为谈话者和真人秀资深观众的经验，洞悉对话中暗藏的联盟和对立	学生分析 Taylor Swift 参与过的一个英国综艺节目，激活自己的综艺观众经验和对 Taylor Swift 的了解，实施会话分析来洞悉对话中暗藏的合作和竞争
12	二语习得	教师回忆自己的英语学习经历和英语教学经历，从英语学习者和英语教师这两个视角来解读畅销英语教材中体现的二语习得理论	学生调动自己的英语学习者经验，选用一个二语教学法，设计一个英语课堂活动
13	认知语言学	教师调动双语文化认同，对比中英名言、流行话语背后的概念隐喻以及其中映射的中英文化意识形态	学生调动文学读者经验和中英文化认知，分析中英文名著节选里的概念隐喻（conceptual metaphor）
14	复习	学生再次想象自己 10 年后的今天在做什么并撰写小故事	

注：这门课每周总课时 3 个小时，都用于实施上述教学干预。

第二节　EAP 课堂：培养具有跨文化意识和自主思考能力的学术英语通用语使用者

在全球化趋势下，置身于 EFL 语境中的 EAP 课堂大多要面临一个抉择：是否要完全效仿西方的学术写作规范，将其置于学生的母语写作习俗之上？这是否会抹杀学生的多样用语技能和灵活思考、把学生变成被动的接收者？究竟什么是 EAP 课堂最重要的教学目标？有关上述问题，在现有 EAP 研究里我们大致能看出三种态度。

第一种态度倾向于将英语母语者的学术语篇特征视为规范。譬如，EAP 写作规范植根于欧美的教育传统，与中国传统思想（如儒家的"仁"）及论证修辞手段（如使用反问句、排比句等来提升论述力度）有差异（Hyland，2005）。若秉承上述这种态度，那么 EAP 课堂的教学目标就是让学生尽可能地模仿英语学术写作规则，最大程度地降低母语写作习俗的影响（Nathan，2016；Wei，2016；Zhao，2014）。

第二种态度则反映了批判教学法，认为 EAP 课程本质上推销了英语母语国家的文化价值观，因此是英美文化在全球的殖民扩张（Benesch，2009）。这类学者指出：虽然英语已是全球通用语，但是 EAP 课程常忽略 EFL 学生的母语资源并将他们定位为"学术及语言能力"尚不足的社会群体（Mortenson，2022：2），进而迫使 EFL 学生接受并服从英美主导的语篇规范（Benesch，2010；Canagarajah，1999）。目前，EAP 课程也开始在一些中国重点大学开设。为研究 EAP 课程在中国大学里的实施效果，有学者实施田野研究并发现中国学生在 EAP 课程里反而表现出被动、消极的态度（Li，2020）。譬如。有学生认为 EAP 课程主要教授学术技能而不是培养英语交际能力，而自己以后不会出国深造也不会从事学术研究，因此有些学生认为上 EAP 课程没有用（Li，2020）。再如，一些 EAP 课程采用全英文教学并使用进口教材，有中国学者指出这会疏远英语水平薄弱或对欧美文化陌生的学生，让他们感觉 EAP 课程脱离自己已有的语言社会化体验及社会认同（Rao，2018；Liu et al.，2020）。秉承批判教学法的学者倡导革新现有 EAP 课堂里的单一理念、设计实施"更加公平和包容的 EAP 教学活动"（Mortenson，2022：1），这也关联到下文将提到的第三种态度，也是我们在 EAP 课堂中实施教学干预的目标。

第三种态度的重点不在于推崇或讨伐英语母语规范，而是将重点放在培养二语学生的跨文化语篇意识上（Creese & Blackledge，2015）。譬如，Chen（2020：726）指出，中国学生的母语资源和文化认同可以是 EAP 课堂的"潜在教学资源"。相应地，我们的教学目标是让学生能调动自己的全方位语言和认同资源来构建措辞有效且能展现批判性思考的学术论述（Hyland，2018；Connor et al.，2022）。近几年，"学术英语通用语"（Academic ELF）这个理念得到越来越多地关注（Mauranen et al.，2016）。一个重要的背景因素是当下很多学术领域的"看门人"由更多的非英语母语学者扮演，因此学术界较以往更能接受多样化的语篇手段，且更倾向于认为学术写作的重中之重是知识创造和"应用知识来解决现实世界的问题"（Rozycki & Johnson，2013：165）。譬如，Connor et al.（2022：1）分析了中国和美国大学生获奖团队在国际数学及跨学科建模大赛上提交的学术论文，并发现中美大学生的"元话语实现手段和观测频率都存在明显区别"。根据上述发现，Connor et al.（2022）指出：一方面，在国际学术竞赛里，评委的关注点是论文能否清晰表达具有学术深度的构思和推理；另一方面，二语学术话语者虽然不需要完全效仿英语母语式写作，但若是具备横跨母语和二语的多样语篇手段，则能发挥更强的竞争力。正如 Hyland（2018）所说，EAP 课堂的职责是让学生意识到语篇规范是进入学术话语族群的"手段"和"资源"（Hyland，2018：394）。学术话语族群日渐多元，因此"任何一种体裁都有多样性且允许创新，但是我们只有掌握了规则才有能力去创新"（Hyland，2018：394）。譬如，反问句是中式论证中的常见修辞，虽然 Hyland（2005）指出英语学术写作通常规避使用反问句，但这并不是说反问句是必须摒弃的英语学术修辞。因为 Hyland 本人就曾在自己的学术写作里（如 Hyland，2018）策略性地使用反问句来激励读者审视、质疑某个观点（当然，Hyland 的学术权威及在 EAP 学科的认知地位是一个促进因素）。由上可见，EAP 教学不是让学生模仿或讨伐英语母语者学术规范，而是让学生能批判性思考、独立探究问题、有效表达个人观点，让学生能根据语境、体裁及具体的语用目的来"选择"最具说服力的论证及表达手段（Hyland，2018：394）。有关 EAP 课堂在共 11 周的教学干预里的每周任务设置（教师建模、小组任务），见表 3-2。

表 3-2　　　　EAP 课堂——在实验班的干预活动大纲

教学周	学术英语能力	教师建模，调动学生的双语者多元认同作为习得学术英语能力的有力媒介。每周时长 50 分钟	引导学生在小组任务里调动双语者认同。每周时长 50 分钟
		主导教学法：超语教学、创造性认知	
1	转述、总结、概括原始资料（sources）	教师展示《灰姑娘》的英文原著，激活自己和学生的童话读者认同，进而引导学生操演批判性读者来探讨故事的寓意和其中映射的意识形态。教师展示儿童简化版《灰姑娘》，引导学生比较上述两个版本的不同（读者群、语言、故事内容等）	教师将儿童简化版《灰姑娘》分解为 15 个场景，各配以动画片截图，利用视觉手段展示故事线，激活学生的影视观众认同。学生调动自己对《灰姑娘》的认知，从这 15 个场景里挑选出 6 个核心场景（即从原始资料里提炼关键信息）并在此基础上撰写精准短小的故事梗概
2	比较、评估原始资料	教师展示四则新闻片段（两则中文，两则英文），均有关学生熟知的人物事物，意在激活学生的新闻读者和社会时事知情人认同，并引导学生评估上述新闻的权威性、作者语气、目标读者群、趣味性等	教师设置比较方向（如权威性、作者态度），学生进而在每个方向下列出具体要点（如引用权威人物话语、使用主观评估话语），以此来批判性比较和评估这四则新闻的相同点和不同点，并在文中找到具体示例来支持自己的观察

续表

教学周	学术英语能力	教师建模,调动学生的双语者多元认同作为习得学术英语能力的有力媒介。每周时长 50 分钟	引导学生在小组任务里调动双语者认同。每周时长 50 分钟
		主导教学法:超语教学、创造性认知	
3	演讲技巧	教师带领学生从个人喜爱的电视主持人入手(国内为主),分析这些主持人吸引观众的原因。教师调动自己和学生共有的母语认同并操演国内流行综艺节目观众,引导学生思考这些主持人在话语内容、说话方式、肢体语言、与观众互动等具体方面展现出的特征技巧	学生观看何炅和杜海涛的主持片段,在教师设定的方向下观察并记录这两人的主持技巧。教师继而播放两个优良的演讲视频(个人、小组演讲),学生在之前的观察基础之上分析演讲技巧并捕捉视频里的细节和具体示例
4	察觉视角操纵,做批判性读者	教师介绍媒体的轰动效应和媒体偏见,并通过学生熟知的新闻广告例子(调动共有的母语文化背景)来说明上述两个现象。教师展示四则有关中外明星、名人的新闻(包括胡歌),激活学生的粉丝认同和新闻读者认同,并带领学生审视具体语言使用(夸张修辞、情感呼吁、内涵用语、误导性话语等)来捕捉轰动效应、媒体偏见	教师让学生使用手机新闻 App 选取新闻(操演手机新闻读者),学生从之前教师建模时诠释过的具体方面来观察文本里制造轰动效应、媒体偏见的语言手段

续表

教学周			
	学术英语能力	教师建模，调动学生的双语者多元认同作为习得学术英语能力的有力媒介。每周时长 50 分钟	引导学生在小组任务里调动双语者认同。每周时长 50 分钟
		主导教学法：超语教学、创造性认知	
5	批判性比较、对比人物、事物	教师首先向学生输入语言手段，然后引导学生使用批判性、创新性视角来实施比较、对比。教师选用学生熟悉的事物来建模，譬如对比中餐和西餐、读书和看电影（调动学生的社会参与者认同），并使用目标语言来建模具有深度和新意的对比观察	学生使用目标语言工具并调动批判性思维——构建比较框架、在貌似不相关的事物间寻找关联、规避最容易想到的比较方向等——来比较一些熟知事物人物，如章子怡和成龙（重点是规避性别等明显的比较点）。学生可使用网络搜索信息、头脑风暴
6	实施调查问卷、分析数据	教师调动学生的影视观众认同，带领学生设计调查问卷来研究一个课题——"大学生的看电视偏好"。教师引导学生将研究课题分解为具体方向（如偏好的节目体裁），并根据目标方向思考可选的问卷题目类型，最后一起撰写题目	学生使用之前全班一起设计的调查问卷，在班里实施调查、收集数据。然后每个小组分析收集到的数据，找到可见趋势（统计频率、做主题分析），并利用内人视角思考趋势背后的社会文化原因和启示
7		分析数据、设计新一轮的干预任务	
8	批判性比较	教师引入"性别刻板印象"这个话题，教师激活学生的迪士尼动画观众认同来比较《灰姑娘》和《冰雪奇缘》中对女性角色的刻画。教师回顾并利用第五周学过的语言手段和建模过的批判性思维，来比较上述两个动画片在性别关系构建上的相似和不同。在此基础上，学生讨论曾在其他影视作品里观察到的性别刻板印象并举例说明	学生观看两个有关性别刻板印象的讲座片并做笔记。小组合并笔记中的关键点并根据这些关键点来系统性比较《灰姑娘》和《冰雪奇缘》中映射的性别刻板印象并列出大纲。在此基础上，小组共同撰写一段核心论述来展示上述讨论成果，须使用已习得的语言手段（包括修辞语步）和批判性思维

续表

教学周			
	学术英语能力	教师建模，调动学生的双语者多元认同作为习得学术英语能力的有力媒介。每周时长50分钟	引导学生在小组任务里调动双语者认同。每周时长50分钟
		主导教学法：超语教学、创造性认知	
9	根据课题自主设计调查问卷	教师回顾第六周的知识点——根据课题和研究目的来撰写问卷题目。教师调动学生的宿舍居住者认同，带领学生评估一份旨在收集学生对住宿环境态度的调查问卷。教师引导学生评估题目类型、题目相关性和有效性，以及如何改进问卷	小组合作设计一份调查问卷，目的仍是收集学生对住宿环境的态度。学生假设自己受雇于宿舍管理层，而调查问卷的最终目的是从学生群体收集有效反馈，以改善宿舍的生活条件。学生须根据教师之前的建模来设计具有原创性的问卷
10	俚语（slang）和社会文化	教师介绍"俚语"这个概念，通过举例当下中文社媒中的时兴俚语，教师激活学生的俚语使用者认同，引导学生思考中国年轻人使用俚语的社会原因、俚语的创造机理、俚语与新生文化之间的关联	学生分析两则英文对话，一则是两个学生在备考阶段的宣泄，另一则是约会后的吐槽。教师意在激活学生的相关认同。学生根据语境猜出每则对话中的俚语含义，并在母语里找到具有类似含义的俚语，进而讨论对话中映射的社群文化、社会现象、价值观
11	习语（idioms）和人际关系	教师介绍习语，调动学生的母语交际者认同，引导学生思考汉语里的成语和谚语使用在人际互动中的功能（如制造幽默效果）。教师进而展示几个典型的英文习语，并通过对话实例引导学生观察习语使用在多种社交场景里的作用	教师展示两个大学生好友间的电话对话，配有丰富的语境描述，但是对话中有空缺需要学生填补。教师同时发放列有多个英语习语的讲义。学生须斟酌语境和人物关系，并根据交际意图来填补空缺；学生选用合适的习语并配以自己的原创话语

注：这门课每周总课时9个小时，其中2个小时用于实施上述教学干预。

第三节　ESP 课堂：培养能洞察和利用商科体裁语篇手段的商科领域话语者学徒

ESP 研究的发展趋势是更加关注具体语境中的特定职业、学术语篇的体裁特征（Hu & Xu，2020）；同时 ESP 研究也更加关注跨文化交流下产生的新生体裁及传统体裁的变体（Connor et al.，2022；Zou & Hyland，2020）。我们在 ESP 课堂的教学干预目标是带动这些商科 ESP 学生观察多样的商科体裁，进而帮助学生理解和观察商科体裁与社会语境（如文本的商业用途、读者群或作者与读者的职业身份、权力地位等）之间的关联（Zhang，2017）。Bremner（2008）指出，ESP 教师需要让学生意识到任何职业或专业用途写作都与业界活动、人际架构、公司或行业的理念文化或已有话语、已发生事件密不可分。也就是说，ESP 语篇根植于"更广阔且不断发展、互有关联的行业话语使用中"（Bremner，2008：319）。譬如，Bremner & Costley（2018）发现来自特定企业文化的作者会更倾向于使用某些修辞语步。因此，ESP 商科写作需要让学生了解相关企业、职业的"理念、存在的意义、其发展历史及宏观社会文化背景"（Ngai et al.，2020：81），因为只有这样 ESP 教师才能引导学生反思作者与读者之间的供需关系，以及作者该以何种渠道和方式寻找并提供读者需要的信息（Ngai et al.，2020）。相应地，在教师的引导下，学生逐渐学会将 ESP 写作及对体裁的习得视为特定职业领域中的一种"社会化过程"及职业认同建构（Parkinson et al.，2017）。

然而，虽然 ESP 教师大多承认行业语篇的社会性（Hyland & Hamp-Lyons，2002），但是上述教学方法在 ESP 课堂使用得还不够（Ngai et al.，2020）。有学者指出 ESP 课堂仍侧重于常规、基础性 EAP 技能，或是形式化、标准化教学，缺乏对本地化行业、职场现实及特定语境的批判性讨论（Ngai et al.，2020；Cheng et al.，2019）。上述 ESP 教学现状跟现实约束有关。第一，Wette（2019）发现学科教师大多不情愿花费额外时间和精力与 ESP 教师联合开发针对特定专业的 ESP 课程。尤其是每一门学科都涉及繁杂的流派和最新发展，让学科教师长期、持续地参与 ESP 课程的设计和开发难度很大。第二，相当一部分 ESP 教师认为自己并不是学科专业人士，所以课堂教学不必触及学科内容（Anthony，2011；Ferguson，2002）。譬如，在 Atai & Fatahi-Majd（2014）的教学干预中，英语教师和学科教师共同负责一门针对医学专业的 ESP 阅读课。Atai & Fatahi-Majd（2014：36）发现所有的英语教师一致认为自己的主要职责是"指导学术技能和帮助学生在学术阅读中运用经典的阅读理解技巧"，并不认为自己有必要涉及学科术语。由上可见，ESP 教师的自我认同也会影响他们的教学内容：鉴于 ESP 教师的学科圈外人认同，有些教师认为自己不能真正理解学科、行业语篇用语，并就此担心教学内容会缺乏根基或在学生面前丧失认知权威（Chun，2015）。第三，在一些大学里 ESP 课程并非为每一个专业独立设立，而是承载一个领域大类，如本书中的 ESP 课堂针对商科领域这个大类，学生来自 10 个不同的商科专业。因此，这更加提升了教学难度——如何针对多个专业的需求（专业术语、族群文化、语篇习俗等）设计连贯有效的 ESP 课程？另外，Aspinall（2013）指出：学科教师通常享有较大的学术自由，有权自主制定、修正授课内容，因此 ESP 教研组很难将课堂活动设计与具体专业课挂钩，或陷于疲于学习新内容、不断改变课件的困境中。第四，有关商科 ESP，现有的英语商科语料库很少，几乎没有一个可以广泛公开使用。即使是跨国企业的运营企划、市场调查报告、内部会议记录或公务邮件也不会对外展示。因此，针对商科体裁的语料研究以营销体裁（如广告、社交媒体软文等）及公司网站上可公开查阅的资源为主（如公司年度报告、企业文化介绍、致股东的信、企业领导寄语、企业新闻发布会等）。商科 ESP 教师会发现能在课堂里分享的行业语篇种类比较狭窄，这进一步增加了课程设计难度，尤其是 ESP 体裁教学法的核心之一就是选取丰富的、来自真实职场或学科语境的文本。第五，很多商科 ESP 教材缺乏对真实职场中的社会因素及人际沟通模式的清晰讲解。Cheng et al.（2019）分析了四套香港高中学生使用的进口商科 ESP 教材，并发现这些教材虽然向学生呈现了多种职场文本类型以及一些常用的工作讨论用语，但是没有对语言使用细节提供太多明确的讲解，部分缘由是这些教材没有针对职场语境里的权力地位、工作模式和人际关系提供知情人视角的描述。

　　针对上述现实约束，我们尝试以下教学手段作为应对方案。第一，我们在 ESP 实验班有意调动学生或多或少拥有的商业洞察尤其是与产品、服务供需相关的商科学习、社会经历，譬如学生接触过的营销类语篇、创业引资演讲等。我们的目的是激活学生的"商科族群成员"和"商业体裁洞悉者"认同。第二，我们决定将重点放在 Lockwood（2012）的指导上：ESP 课堂应让学生认识到 ESP 语篇背后潜藏的权力关系、意识形态、隐蔽性说服和观念操纵。上述认知能激励学生使用学科知识及社会经验来批判性审读商科体裁用语，并在写作中建构更具赋权性的作者认同。正如 St. John（1996：33）所说，商科 ESP 课堂应怀有多元教学目的，激发学生运用多种知识，包括"语言、人际沟通技巧、商科知识和文化"。这种多元化教学可以为 ESP 教师提供一个批判性分析商科语篇的切入点。具体来说，通过审读现有的商科体裁语料研究（Lin，2021；Ngai et al.，2020）和商科入门教材，ESP 教师能对商科语篇的语言特征及语境因素有一个初始了解。然后，在上述阅读的指导下，教师可以在自己和学生都熟悉的社会语境中搜集英文商科类文本，如宜家广告、可口可乐公司的年度报告、华为官网的公司介绍、明星广告短视频、市场策划类真人秀节目（如 *The Apprentice*）中的团体讨论和投标介绍等。ESP 教师凭借自己对体裁和语境的敏锐观察以及从网络及商科语料研究中收集的信息，来设计专注于语篇细节的课堂任务。正如其他侧重培养学生体裁意识的 ESP 教学研究一样（Ngai et al.，2020；Weninger & Kan，2013），课堂任务的重点是引导学生开展批判性语篇分析，并为学生成为独立思考者创造机会。表 3－3 展示了我们设想的批判性多元化 ESP 教学所涉及的四个关键方面。

表 3-3　　　　　　　　　　批判性多元化 ESP 教学

批判性审视商科语篇的社会意图和社会功能
1. 当下文本为了展现所属体裁的商务功能和行业特征，文本作者（包括话语者）调动了什么商科知识？教师需调动学生的专业课知识作为他们参与批判性文本分析和讨论的象征性资本，进而让学生建构具有认知权威的分析者认同
2. 文本作者为了实现所属体裁的社会功能和作者意图，使用了什么语篇手段？教师向学生针对性教授语篇手段，在此基础上带领学生观察此语篇手段在当下商科文本中的应用，同时和学生一起探讨此文本所处的社会情境，涉及的人物和权力关系、背后的意识形态等
3. 思考语篇手段与行业族群文化之间的潜在关联。引导学生动用自己的商科知识储备来观察文本作者如何根据自己与受众在行业族群活动中的定位来战略性使用语篇手段
4. ESP 教师通过显式和隐式教学活动实施具有针对性的语言教学，让学生意识到语言、语篇手段与行业活动及权力关系之间的关联，培养学生的批判性体裁意识

我们在 ESP 课堂中进行干预目的是让学生有意识地去反思语篇背后的社会意图。正如 Johnson & Lyddon（2016）在一个计算机 ESP 课程中所观察到的，ESP 教材若仅仅告知学生某类体裁不适合使用被动语态或者仅给予笼统解释（譬如使用被动语态会降低表达强度），学生并不能体会如何在计算机族群文本中策略性地使用被动语态，也就是说学生并不能调动被动语态作为建构行业认同的社会符号。因此，通过批判性体裁教学，我们希望学生未来能在以英语为媒介的国际职业社群中获取"更公平的机会"（Mortenson，2022：2），在未来的商务交际中能建构赋权性认同（Feng & Du-Babcock，2016）。有关 ESP 课堂在共 17 周的教学干预里的每周任务设置（教师建模、小组任务），见表 3-4。

表 3-4　　　　　ESP 课堂——在实验班的干预活动大纲

教学周			
	批判性体裁意识	教师建模，带领学生操演"商业体裁的知晓者"和"特定价值观持有者"来开展批判性体裁分析。每周时长 25—30 分钟	引导学生在小组任务里调动商科认同开展体裁分析、撰写任务。每周时长大多在 25—30 分钟
		主导教学法：批判性体裁教学、超语教学	
1	体裁与认同	教师带领学生观察身边的中英文商务体裁（校园活动海报、招新文案），引入文本特征和地域文化、作者认同之间的关联	学生想象自己 10 年后的今天在做什么并撰写小故事：勾勒"我"的想象性认同
2	体裁和营销策略	带领学生观察宜家广告，分析文本特征（图片、语言）里映射的目标客户群、文化价值观和品牌推广策略	学生从教师提供的跨国企业里选择一家并思考：为评估这家跨国企业在中国的营销策略，应收集哪些营销体裁文本；每类体裁能提供什么信息
3	体裁和营销活动设计	观看商业真人秀《学徒》中的 1 个片段——一个创业团队面对潜在合作商的营销演讲。教师提供演讲转录并带领学生观察演讲结构以及引导观众注意力的话语，思考演讲者旨在向观众制造的自我形象	小组设计一个两分钟、以吸引投资者和推销创业产品为目的的演讲，并起草关键话语——运用体裁结构，制定启动资金和回报率
4	广告中的作者读者关系	观察一系列中英广告（平面广告、视频广告），思考每个广告意在让观众有怎样的感受；为达到上述目的，广告使用了哪些符号资源	小组修改上周起草的创业投资演讲稿并制作 PPT，着重思考观众需求和旨在营造的人际关系

续表

教学周			
	批判性体裁意识	教师建模，带领学生操演"商业体裁的知晓者"和"特定价值观持有者"来开展批判性体裁分析。每周时长25—30分钟	引导学生在小组任务里调动商科认同开展体裁分析、撰写任务。每周时长大多在25—30分钟
		主导教学法：批判性体裁教学、超语教学	
5	广告中的文化价值观	观察一系列中英广告，思考为达到营销目的，每个广告调动了什么文化价值观；使用了哪些符号资源	每个小组扮演创业者，实施前两周起草和修改的演讲，同学和老师扮演投资者
6	在商务语境中给予评估建议	观看《学徒》中的1个片段，即团队讨论，组员对同伴的想法给予评估和建议。教师提供会话转录并带领学生观察其中的情态话语（认知情态、道义情态），思考上述使用与商务社群文化的潜在关联	阅读一份市场营销分析报告中的"建议"部分，观察其中的情态话语使用，讨论上述使用与商务社群文化的潜在关联
7		分析数据、设计新一轮的干预任务	
8	评估、建议类体裁	引导学生分析一家跨国企业在中国的营销策略并撰写"评估和建议"章节（200—350字）。调动学生的商科知识，讨论营销分析报告的社会功能、目标读者等，观察"评估"和"建议"的修辞语步	学生针对一家跨国企业的营销策略撰写"评估和建议"，教师给予一对一反馈
9	领导者话语	观看《学徒》中的1个片段即策划产品定位的小组讨论。教师提供会话转录并带领学生观察小组领导者的话语特征及其构建的领导者形象和人际关系	学生识别本周会话转录里的态度标记和介入标记，并评估小组领导者的管理、沟通策略

续表

教学周			
	批判性体裁意识	教师建模，带领学生操演"商业体裁的知晓者"和"特定价值观持有者"来开展批判性体裁分析。每周时长25—30分钟	引导学生在小组任务里调动商科认同开展体裁分析、撰写任务。每周时长大多在25—30分钟
		主导教学法：批判性体裁教学、超语教学	
10	简历和自我营销	比较两篇为应聘国际公司管理职位而作的英文简历。观察这两份简历的相同点和不同点，思考背后原因（群体文化、读者需求、作者意图）。若你是招聘者，会选择谁	学校的国际办公室招聘活动组织者，假设自己本科刚毕业，小组共同撰写一份简短的英文简历（斟酌语境，使用体裁手段）
11	复习、反馈	学生修改第8周撰写的"评估和建议"，制作PPT来呈现自己对企业营销策略的分析，并在演讲中加入公司理念介绍和分析结论环节	
第一学期的教学干预结束，以下为第二学期实施的新一轮教学干预			
12	发表看法、表达认同和反对	观看《学徒》中的1个片段——会议室中的激烈辩论。教师提供对话转录，并带领学生观察会议室里的人在表达立场时使用的措辞，其言外行为和言后之果	学生回忆自己常买的国际品牌，使用表达看法的话语手段就下述话题构建个人观点：这个品牌的企业社会责任感是否会影响自己对其产品的购买行为。学生在课程论坛上发表个人观点（200字）
13	主题分析	教师汇总上周论坛里发表的所有观点（共23条），将其视为定性研究收集的问卷数据，带领学生开展主题分析，构建描述性编码	小组在课下合作完成对23条数据的主题分析，分析结果带入课堂并与全班分享

续表

教学周			
	批判性体裁意识	教师建模，带领学生操演"商业体裁的知晓者"和"特定价值观持有者"来开展批判性体裁分析。每周时长 25—30 分钟	引导学生在小组任务里调动商科认同开展体裁分析、撰写任务。每周时长大多在 25—30 分钟
		主导教学法：批判性体裁教学、超语教学	
14	商科研究报告	比较两篇以"企业社会责任"为论题的商科研究报告，观察其方法论章节的修辞语步——相同点、不同点；引导学生思考背后原因（目标读者、作者意图）。让学生探讨他们更偏向使用哪篇文本的结构	学生审读两篇以"企业社会责任"为论题的商科研究报告的引言段落，观察其修辞语步。思考哪篇更能引起阅读欲望，哪篇更具学术感，是否与修辞语步有关
15	目标读者	比较两个"分析、解读"的文本片段，一篇取自可口可乐公司的年度报告，另一篇取自以"企业社会责任"为论题的学术研究报告，均涉及对定量数据的解读，比较它们的论证手段，并关联目标读者	学生回顾第 13 周的定性数据和主题分析，撰写两个版本的"结果与讨论"（200 字）——目标读者不同。一些小组的读者设定为学者，其余小组设定为企业管理者。学生斟酌论证手段
16	介绍	比较两个"引言"段落，一篇取自华为官网的公司介绍（英文），另一篇取自商科研究报告。比较这两篇文本的结构和主要话题，并关联每篇文本的目标读者和社会功能	学生回顾 15 周撰写的"结果与讨论"，为其撰写"引言"（150 字），目标读者为公司管理者，体裁仍是研究报告
17	访谈	教师展示《鲁豫有约》针对不同商界人物的访谈问题，带领学生思考这些问题旨在探究的深层话题，观察鲁豫的问题设计（打开谈话、循序渐进）和相对于被访者的自我定位	小组设计访谈问题，研究课题是当代大学生的工作期望。学生带入内人视角，思考如何激活与被访者共有的社会认同来构建采访问题以获得具有意义和深度的数据

注：这门课每周总课时 4 个小时，其中 1 个小时用于实施上述教学干预。

第四节　公共英语课堂：培养拥有多样语言资源和语用意识的双语者

我们需要先确定教学目标，即培养母语媒介授课环境中非英专大学生的语用意识和英语交际能力（写作交际、会话交际）。Feng & Du-Babcock（2016）指出，中国高校本科生语用意识偏薄弱。Feng & Du-Babcock（2016：37-38）研究了 65 个中国本科生的英语写作过程。他们发现学生有盲目遵循欧美交际习俗和一味规避中国传统修辞的趋势。通过分析这些高校学生在写作前的小组讨论、创作的写作文本以及写作后的个人反思，Feng & Du-Babcock（2016：38）发现不少学生在汉语和英语文化认同之间游移和挣扎，甚至表露出"母语文化冻结及文化自卑"。一个可见趋势是，学生为了在写作中展现西方的个人主义文化，会特意使用"咄咄逼人"的口吻，但这并不一定能有效实现交际目的，甚至还可能冒犯读者（Feng & Du-Babcock，2016：40）。周惠（2021：58）有类似发现，中国本科生在英语论文中倾向于使用情态动词作为"一种施为资源"，而不是"人际资源"，用于展示强势、"生硬"和"居高临下"的语气。但是，这种使用忽视了作者与读者的社会关系以及社交中的礼貌需求，也缺乏对"语篇外权势关系"和"社会角色"的斟酌。Feng & Du-Babcock（2016）指出，导致上述现象的根本原因在于中国高校英语学习者对于文化的片面理解：将英语文化认同等同于特定的交际模式，学生并不能根据语境来选择措辞，也就是缺乏元语用意识。Feng & Du-Babcock 认为，上述问题在中国高校英语学习者中具有一定的代表性。因此我们在公共英语课堂将调动学生的"社会经历者"和"日常话语者"认同，使用二语剧本作为教学工具来驱动学生观察、体会语言手段和交际情景及话者潜在意图之间的关联，让学生发展多元、成熟的语用意识。关于公共英语课堂在共 13 周的教学干预里的每周任务设置（师生协同认知、课下小组作业），见表 3-5。

表3-5　　　公共英语课堂——在实验班的干预活动大纲

教学周	教授的言语行为	教师分析剧本片段：（1）植入语用意识；（2）利用教学文体学透析场景氛围和人物构建；（3）利用创造性认知激发学生构建具有新意的剧本。每周时长45分钟	学生课后小组作业：创作英语剧本片段，具体场景和考核的语用知识点如下所示
		主导教学法：语用意识为导向、教学文体学、创造性认知	
1	表达想法	节选自 Harry Potter，分析对话场合会如何影响 Hermione 的话轮转换以及表达想法的措辞	在未来某日，Hermione 和 Ron 拜访 Harry，通知 Harry 他们已订婚，希望 Harry 出席他们的婚礼并作为挚友发言。学生需要根据人物性格和对话场合来斟酌 Hermione 和 Ron 如何提出上述请求，以及这三人在对话中的话轮转换
2	给予回应	节选自 Sherlock Holmes，分析对话者的社会关系会如何影响他们的交互模式，尤其是以什么方式回应对方	修改上周的创作，重点是根据人物关系来区分不同人物之间的交互模式，尤其是表达请求或给予回应时的语气和直接程度
3	话语修补	两个剧本片段，均展示男主人公与女主人公首次见面时的攀谈。教师分析了对话里的话语补充和修补，引导学生观察上述言语行为的潜在意图	男主人公要向女主澄清之前的一个误会。这个场景的剧本提供给了学生，但是男主提供澄清的地方留有空白，需要学生填补，并植入言外行为：男主不仅仅是解释误会，也想赢得女主的关注

续表

教学周			
	教授的言语行为	教师分析剧本片段：（1）植入语用意识；（2）利用教学文体学透析场景氛围和人物构建；（3）利用创造性认知激发学生构建具有新意的剧本。每周时长45分钟	学生课后小组作业：创作英语剧本片段，具体场景和考核的语用知识点如下所示
		主导教学法：语用意识为导向、教学文体学、创造性认知	
4	电话对话的核心步骤	两个剧本片段，均为好友间的电话对话，观察这类电话对话的内部结构和核心言语行为	两个好友间的电话对话：A安慰失恋的B，并邀请B参与好友的生日派对，想让B认识新的朋友。这个场景的剧本和对话目的都提供给了学生，但是会话中的核心言语行为（问候、安慰、调侃、邀请、拒绝、再次邀请等）留有空白。学生在填补空缺时需要利用朋友间电话的常见步骤（会话序列）并根据人物关系适当措辞
5	提问的言外行为	节选自惊悚片 *Get Out* 中的三个对话，都看似正常但是藏有暗流。教师聚焦于对话中的提问，并根据对话类型（氛围、正式程度）和对方的回答来洞悉这些提问的言外行为	你在飞机上想和一个陌生人换座位，如何表述请求？如果对方表现出犹豫，你如何采用间接方式去说服他，以避免引起对方的抵触情绪？对方终于同意和你换位，你如何以真诚的方式表达感谢？场景描述以及这个对话的概述都提供给了学生，学生需要创作具体对话。学生在创作时需要考虑对话氛围（和谐）和语域（不能太随意）

续表

教学周	教授的言语行为	教师分析剧本片段：（1）植入语用意识；（2）利用教学文体学透析场景氛围和人物构建；（3）利用创造性认知激发学生构建具有新意的剧本。每周时长45分钟	学生课后小组作业：创作英语剧本片段，具体场景和考核的语用知识点如下所示
		主导教学法：语用意识为导向、教学文体学、创造性认知	
6	礼貌和面子威胁行为	两个剧本片段：一个看似礼貌但实际藏有面子威胁行为，另一个看似粗鲁但实际为积极礼貌策略。教师分析文化习俗与礼貌之间的关联	—
7	分析数据、设计新一轮的干预任务		
8	提请求	三个剧本片段，均围绕"请求"展开。教师分析对话场合和人物关系与话题管理、序列组织以及请求的具体措辞之间的关联	作为报社记者的女主去调查10年前的一起悬案。她找到了当时的CIA调查员，希望从他那里获得一些有用信息。但是对方在开始并不配合，女主不愿放弃，在对话过程中总共提出三次请求（不同方式）。这个场景的剧本提供给了学生，但是这三次请求处留有空白。学生需要考虑序列结构（对话进展）和话题管理，进而创作女主的这三次请求
9	赞扬	两个剧本片段，均描述了一群朋友的社交活动，对话里均使用"赞扬"来建立同盟、客套问候，或是引导话题方向。教师引导学生观察话轮转换以及"赞扬"的言外行为，进而推断人物间的社会距离和权力关系	女主和男主是邻居，但并不熟悉。男主内向，女主外向。他们同乘电梯并展开闲聊。这个场景的剧本提供给了学生，但其中留有四处空白。学生需要根据人物性格、社会关系和对话场合来填补空白：女主如何利用赞扬话语打开话题并展开闲聊，男主又会如何回应

续表

教学周	教授的言语行为	教师分析剧本片段：（1）植入语用意识；（2）利用教学文体学透析场景氛围和人物构建；（3）利用创造性认知激发学生构建具有新意的剧本。每周时长 45 分钟	学生课后小组作业：创作英语剧本片段，具体场景和考核的语用知识点如下所示
		主导教学法：语用意识为导向、教学文体学、创造性认知	
10	要求澄清、话语修补	两个剧本片段，均包含明显的话语澄清要求和话语修补行为。教师引导学生观察其具体实施过程，并推断人物关系和话语者的潜在目的	"你"在柬埔寨当志愿者，然而，你的外国室友常在晚上举办聚会，让你备受困扰。你决定向他/她投诉。这个对话包括三个话轮：（1）你提出投诉；（2）室友感到困惑；（3）你给予话语修补并再次投诉。学生需要根据话者者的个人意图来设计每个话轮的言外行为
11	道歉	四个剧本片段，均围绕"道歉"展开。教师分析表达抱歉和接受抱歉的方式和措辞与谈话体裁（如恋人聊天、夫妻吵架、交易商讨等）之间的关联	"你"在外企实习，无意中冒犯了直属经理（海归），你决定向他道歉。这个对话包括三个话轮：（1）你的道歉；（2）经理的反应；（3）你的回应以及对之前道歉的巩固。学生需要利用外企话语体裁并根据人物间的权力关系来设计相邻对和回应标记
12	提出异议	节选 *Love Actually* 中的三个片段，均含有异议表达。教师引导学生观察人物提出异议的方式与对话氛围（调侃互损、拘谨正式、平和温情）以及语域（如年轻人间的日常口语、商务用语等）之间的关联	"你"的外国朋友一时兴起为你做了一顿中餐。味道虽然一般，但你也赞扬有加。朋友备受鼓舞并告诉你他/她会为中国女朋友/男朋友的父母也做这道菜。你这时提出异议。这个对话包括三个话轮。学生需要使用标记性非偏好回应（marked disprefered response）和非正式口语来达到婉转提出异议且不破坏友好氛围的目的

续表

教学周			
	教授的言语行为	教师分析剧本片段：（1）植入语用意识；（2）利用教学文体学透析场景氛围和人物构建；（3）利用创造性认知激发学生构建具有新意的剧本。每周时长45分钟	学生课后小组作业：创作英语剧本片段，具体场景和考核的语用知识点如下所示
		主导教学法：语用意识为导向、教学文体学、创造性认知	
13	复习	复习上述言语行为，教师选用之前看过的剧本片段，着重引导学生观察社会文化规范如何体现于对话中含有特定言语行为的相邻对的构建	—

注：这门课每周总课时90分钟，上述教学干预=45分钟课时+学生课后小组作业。

第四章

教学干预前后的自我认同变化

第一节　有关双语认同调查问卷的结果和讨论

本节回答的研究子问题为：

1. 教学干预前，在每类课堂里，实验班和对照班在自我认同（削减、附加、生产、分裂）上是否存在显著性差异？

2. 教学干预后，在每类课堂里，实验班和对照班在自我认同（削减、附加、生产、分裂）上是否存在显著性差异？

为回答上述研究问题，我们在四类课堂里实施问卷调查（具体见表4-1）。研究问卷共包括20个题目，针对以下四个变量："削减性变化""附加性变化""生产性变化""分裂性变化"，题目均取自高一虹等（2013）针对"自我认同变化倾向"的问卷设计。

表4-1　　　　　　　问卷样本情况一览

课堂类型	测试时间点	被邀受试人数	有效问卷数量
CLIL课堂	起始	实验班：109 对照班：115	实验班：79 对照班：86
	终结		实验班：80 对照班：72
EAP课堂	起始	实验班：25 对照班：25	实验班：24 对照班：23
	终结		实验班：18 对照班：15

续表

课堂类型	测试时间点	被邀受试人数	有效问卷数量
ESP 课堂	起始	实验班：23 对照班：23	实验班：23 对照班：20
	终结		实验班：19 对照班：20
公共英语课堂	起始	实验班：67 对照班：66	实验班：63 对照班：60
	终结		实验班：59 对照班：60

通过使用 Shapiro-Wilk 检验每个班在干预前后的问卷数据，我们发现 p 值多数 < 0.05，显示数据大多呈现非正态分布。这在一定程度上可能是因为样本量偏小。问卷为学生课外自愿完成的；此外 EAP 和 ESP 均采用小班教学，因此学生人数本身较少。因此，我们选择使用非参数检验法 Mann-Whitney U。所有数据均为独立样本（即实验班 vs. 对照班）且满足 Mann-Whitney 检验的关键假设（Coolican，2004）。我们使用 Mann-Whitney 检验来比较实验班和对照班在每一类自我认同（削减、附加、生产、分裂）总值上是否具有显著性差异（$p < 0.05$）。若呈现显著性差异则进一步统计效应量 r；根据 Cohen 的划分，$r = 0.1$、0.3 和 0.5 分别为小、中和大效应量的阈值（Pallant，2010：230）。

鉴于此调查问卷由高一虹等（2013）设计和考核，用于对中国五所高校中的 1300 余名学生实施历时四年的跟踪调查，具备效度。我们这里选择使用 Cronbach's α 来检验每一个认同维度（削减、附加、生产、分裂）的内部一致性，也就是信度。我们选择针对每个维度分别检验信度，原因是有学者提出的：(1) Cronbach's α 更适于检验单一维度；(2) 当使用 Cronbach's α 来检验多维度量表时，其系数可能会被低估，尤其是当样本量偏小的时候（Taber 2018：1285）。信度检验结果见表 4-2，Cronbach's α 值基本介于 0.8—0.9。

表 4-2　　　　　四类课堂在干预起始和终结测试中的
　　　　　　　　问卷信度（Cronbach's α）

	CLIL 课堂*		EAP 课堂*		ESP 课堂*		公共英语课堂*	
	起始	终结	起始	终结	起始	终结	起始	终结
削减性	0.879	0.877	0.840	0.816	0.886	0.890	0.836	0.813
附加性	0.855	0.856	0.851	0.887	0.879	0.888	0.825	0.841
生产性	0.833	0.841	0.801	0.867	0.828	0.840	0.834	0.841
分裂性	0.830	0.831	0.827	0.913	0.881	0.891	0.826	0.840

注：*表示样本量包括实验班和对照班。

Mann Whitney 检验结果显示（具体见表 4-3 至表 4-10）：在这四类课堂中，干预起始时，实验班和对照班之间没有任何显著性差异；在干预结束时，每一类课堂中都出现了一些显著性差异；总体来看，效应量多为中和小。其中，CLIL 课堂在四个自我认同维度上都出现了显著性差异，但都为小效应量。EAP 课堂仅在分裂性认同上呈现显著性差异，效应量为中。ESP 课堂和公共英语课堂都在除附加性认同以外的其他三个认同维度上出现了显著性差异；ESP 课堂呈现中—大效应量，公共英语课堂呈现小—中效应量。

表 4-3　　　比较 CLIL 实验班和对照班在干预起始时的
　　　　　　自我认同：Mann-Whitney 检验结果

	p 值	U 值	Z 值
削减性	0.716	3285.500	-0.364
附加性	0.764	3305.000	-0.301
生产性	0.227	3027.500	-1.208
分裂性	0.740	3295.500	-0.332

表4-4　　　　比较 CLIL 实验班和对照班在干预终结时的
自我认同：Mann-Whitney 检验结果

	p 值	U 值	Z 值	效应量 r
削减性	0.001	2017.500	-3.188	-0.26
附加性	0.010	2185.000	-2.569	-0.21
生产性	<0.001	1981.500	-3.322	-0.27
分裂性	0.018	2238.500	-2.372	-0.19

CLIL 课堂对照班的削减性认同总值（平均秩次=88.48）显著高于实验班（平均秩次=65.72）；对照班的附加性认同总值（平均秩次=66.85）显著低于实验班（平均秩次=85.19）；对照班的生产性认同总值（平均秩次=64.02）显著低于实验班（平均秩次=87.73）；对照班的分裂性认同总值（平均秩次=85.41）显著高于实验班（平均秩次=68.48）。鉴于效应量均为小，上述区别目前仅展露出一些苗头。我们在 CLIL 实验班的教学干预意在连接课堂里以二语为主要载体的学科专业知识和学生以母语为主要载体的个人知识储备并激励学生应用理论知识开展有关汉语和英语的语言学分析。因此，我们的解读如下。未接受教学干预的 CLIL 对照班，相比实验班，学生更倾向认为中英语言、文化是分离甚至对立的知识结构体系。而 CLIL 实验班，相比对照班，学生更倾向认为自己在语言学分析和语言再造任务中能够利用甚至结合中英这两套知识体系（包括社会文化体验）。

表4-5　　　　比较 EAP 实验班和对照班在干预起始时的
自我认同：Mann-Whitney 检验结果

	p 值	U 值	Z 值
削减性	0.306	228.000	-1.024
附加性	0.782	263.000	-0.277
生产性	0.291	226.500	-1.057
分裂性	0.572	249.500	-0.566

表 4-6　　比较 EAP 实验班和对照班在干预终结时的
自我认同：Mann-Whitney 检验结果

	p 值*	U 值	Z 值	效应量 r
削减性	0.062	83.000	-1.888	—
附加性	0.145	94.000	-1.487	—
生产性	0.062	83.500	-1.868	—
分裂性	0.027	74.000	-2.212	-0.39

注：*表示由于样本量偏小，我们选择使用精确显著性而非渐近显著性。

在干预结束后，EAP 实验班和对照班仅在分裂性认同总值上出现显著性差异——对照班（平均秩次 = 21.07）显著高于实验班（平均秩次 = 13.61），效应量为中。我们的解读是：在大一的 EAP 课堂里，大多数学生正在经历从中国公立高中学生到英语媒介大学本科生的巨大转变；大部分的课程和教学资源都以英语为传授媒介，这也是一个学习挑战。在这个转变阶段，很多学生开始有意积累二语文化资本，将自己沉浸在英语文化里，模仿英语母语者学术话语。由于学生才开始接触英语学术话语，还不能自信地评估语境，因此会倾向认为效仿英语文化会让自己的英语学术写作更加规范。因此，我们的干预效果仅限于让 EAP 实验班的学生更加认识到中英观念并不冲突，但并未让实验班的学生表现出与对照班有显著区别的双语者认同。

表 4-7　　比较 ESP 实验班和对照班在干预起始时的
自我认同：Mann-Whitney 检验结果

	p 值	U 值	Z 值
削减性	0.942	227.000	-0.073
附加性	0.760	217.500	-0.305
生产性	0.788	219.000	-0.269
分裂性	0.660	212.000	-0.440

表 4–8　　　　比较 ESP 实验班和对照班在干预终结时的
自我认同：Mann-Whitney 检验结果

	p 值*	U 值	Z 值	效应量 r
削减性	<0.001	73.500	-3.281	-0.53
附加性	0.54	121.500	-1.931	—
生产性	0.002	84.500	-2.974	-0.48
分裂性	0.026	111.000	-2.226	-0.36

注：*表示由于样本量偏小，我们选择使用精确显著性而非渐近显著性。

ESP 课堂对照班的削减性认同总值（平均秩次 = 25.83）显著高于实验班（平均秩次 = 13.87）；对照班的生产性认同总值（平均秩次 = 14.73）显著低于实验班（平均秩次 = 25.55）；对照班的分裂性认同总值（平均秩次 = 23.95）显著高于实验班（平均秩次 = 15.84）。ESP 的教学干预历时最长，共 17 周（相比其他课堂的 11 周、13 周或 14 周），这也许解释了 ESP 两班显著性差异出现的中—大效应量。高一虹（2013）等发现，中国大学生的附加性自我认同会随着英语素养的提升而增强。值得注意的是，ESP 课堂的教学干预于大二第二学期期中结束；这时学生已有小两年的英语媒介学习经历，这可能在一定程度上解释了 ESP 对照班和实验班在附加性认同上未呈现显著性差异。此外，ESP 两班在其他三项认同上的显著性差异似乎表明我们的教学干预（即调动学生的商科知识和既有商业话语经验来培养学生对商务文本的批判性体裁意识）让实验班的学生更加重视自己的母语媒介资本。实验班的学生更倾向认为自己可以在个人的多种语言文化认同之间构建关联（譬如，既是中国年轻一代消费者、未来的创业者、职场人，同时也是在英语媒介大学就读的 EFL 商科学生）。

表 4-9 比较公共英语实验班和对照班在干预起始时的自我认同：Mann-Whitney 检验结果

	p 值	U 值	Z 值
削减性	0.173	1621.000	-1.364
附加性	0.780	1835.000	-0.279
生产性	0.861	1855.500	-0.175
分裂性	0.747	1826.500	-0.322

表 4-10 比较公共英语实验班和对照班在干预终结时的自我认同：Mann-Whitney 检验结果

	p 值	U 值	Z 值	效应量 r
削减性	0.003	1212.000	-2.973	-0.27
附加性	0.108	1468.000	-1.609	—
生产性	<0.001	1090.500	-3.619	-0.33
分裂性	0.016	1316.500	-2.417	-0.22

公共英语课堂对照班的削减性认同总值（平均秩次＝69.30）显著高于实验班（平均秩次＝50.54）；对照班的生产性认同总值（平均秩次＝48.68）显著低于实验班（平均秩次＝71.52）；对照班的分裂性认同总值（平均秩次＝67.56）显著高于实验班（平均秩次＝52.31）。公共英语课堂的认同变化趋势和 ESP 课堂十分相似；但须指明的是，虽然公共英语两班的附加性认同也不具有显著性差异，但是背后的原因可能和 ESP 课堂并不一样。我们的解读如下：非英语专业的大一学生大多认为自己的英语能力和英语社会化经历有限；除去公共英语课，学生在其他课里基本不使用英语。此外，学生在课外的英语学习多为应对英语课作业和四级考试，很少自主摄入英语或英语国家文化（如英语小说阅读、英文字幕原声影视、与外国友人交流等）。因此，一方面，实验班的学生在接受了以培养语用意识为主导的教学干预后展现出融合中、英资源的认同倾

向——实验班有显著高于对照班的生产性认同变化，实验班也展现出比对照班更微弱的中、英认同分裂和英语至上观念倾向。但是另一方面，这些大一非英专学生可能不认为自己对英语有足够的知识储备（词汇储备、口语能力等），因此他们不认为自己具备在中英两套语言和文化之间自由切换的能力，这可能解释了为何实验班和对照班在附加性认同上没有展现出显著区别。

至此，我们完成了对四个课堂里双语认同调查问卷结果的分析和讨论，在下一节我们将呈现针对学生在教学干预前后分别创作的 10 年后的"我"的想象性故事的分析，以及我们对学生所建构的"想象性自我认同"的解读。

第二节　有关 10 年后的"我"的想象性小故事的分析和讨论

本节回答的研究子问题为：每类课堂里（公共英语课堂除外，因为未收集此数据），小故事中展现的"想象性认同"建构在干预前和干预后各有什么趋势？干预后的主要变化发生在哪里？

为回答上述研究问题，我们撰写了细致的小故事题目和步骤提示（见附录 1）来引导学生设想丰富细节并描述人物行为和场景来想象、展现未来自我。

一　分析框架和总体结果呈现

我们的分析框架借鉴并改进了 Barkhuizen（2017）提出的"三维、三级叙事空间"（详见第一章第三节小节五）。我们对上述框架的主要调整是把三维里的"故事时间线"替换为"物品、事物"，主要原因如下。首先，这个想象未来自我的故事任务与传统自传体文本并不相同，重点是"想象"，而不是"回忆"，学生不会过多谈及过去和当下，因此"时间"维度不太用得上。此外，有关研究"物品、事物"这一维度的原因我们在第一章第三节小节五给予过解释。我们对小故事文本的系统性分析过程借鉴了 Barkhuizen（2017），即先将每个故事分解为意思模块，然后在每个意思模块中，我们使用"三维"（人物群体、地点、物品事物）、"三级"（story、Story、STORY）加以编码。分析示例请见本节的表 4-14 至表 4-27。借助迭代式归纳分析，我们在 Story 和 STORY 这两级的三个维度里（即人物群体、地点、物品事物）都构建了子项目。然后，针对 Story 和 STORY 级别下每一个维度的子项目在每类课堂故事写作里的总频数，我们加以统计并将子项目按照其总频数由高到低排位，统计结果见表 4-11、表 4-12、表 4-13。

　　需要指出的是，后结构主义和社会文化视角浸透于我们对每一个维度下的子项目的创建中。譬如，"人物、社群"这个维度在 Story 一级的子项目大多为各种社群，如"使用英语的职业人士""外国同事、客户、国际化团队"等。此外，有关 Story 一级的"物品、事物"这一维度，根据具体语境，其子项目既能映射"我"所处的环境（如"室内装饰、装修、家具、物品"）或活动（如"学术、探索、创意、专业类活动"），其子项目也能映射权力（如"职场地位"或特定事物给个人的"心理投射"）、异质语使用（如"多语、多元文化之间的相融"）或是"我"拥有的象征性资本以及投资行为等（如投资于"服饰、化妆品"来实现具有价值的认同角色）。

　　同样值得一提的是，STORY 一级的子项目是对后结构主义以及社会文化视角核心理念的具体呈现。首先，STORY 的子项目是对后结构主义关键概念的本地化构建：包括"相异文化、权力关系"和个人在社会约束中感受到的"自我无权感"，也有展示主流和边缘的意识形态如"英语是世界通用语""与主流、大众不同的自我定位"等，还有凸显个人主体性的子项目如"母语社会认同、母语社会经历"里养成的习性以及"双语、多语素养者"常具备的认知和话语倾向。其次，STORY 的子项目也包含对社会文化视角的本地化构建：包括凸显社群影响力的"职业社群归属性"或"地域归属感"、社群为个人提供的"社会关系"，或是能映射社群架构的"社会主流观念"等。

表4-11　CLIL 课堂干预前、干预后的小故事分析结果

	CLIL 干预前（共107个故事）			CLIL 干预后（共106个故事）		
	人物、群体（1189）	地点（224）	事物（1488）	人物、群体（1201）	地点（223）	事物（1356）
Story	使用英语的职业人士（288）；英语使用者、外国文化实践者、欣赏者、知晓他国者、出国者、旅居他国者（174）；外国同事、客户、国际化团队（91）；中国家人、朋友或遇到的人（74）；跨文化工作者、交流者、观察者（46）；有社交网络的人（39）；体味生活的人（37）；创意类、思想性工作者（36）；有工作热情、野心勃勃的人（25）；非英语文化群体（24）；忙碌的打工者（24）；普通人（24）；外国家人、朋友或遇到的人（23）；多语多谋、足智多谋、排忧解难的人（16）；脑力劳动者（14）；中国文化社群（13）；外语学习者（12）	欧美城市、国家（41）；个人办公区域、个人住所（36）；家、家里房间（33）；国内的相融或不融合处所、国外企业或办公场所（26）；国外小地方、休闲场所（19）；亚洲国家（18）；现代化办公场所（17）；国内企业（8）；国内小城市（8）；国内小地方或未说明位置的小地方（7）	外国文化产物、英语媒介产物（206）；英语（200）；外国餐饮（184）；电子产品、技术软件、交际途径（169）；室内装饰、装修家具、物品（155）；气候、景色、街景（80）；书籍、写作、音乐、影视等（79）；动植物（62）；国际企业、产品服务（44）；服饰、化妆品（57）；多元文化产物（40）；双语产物（39）；学术、探索、专业类活动（32）；汉语（29）；多语、多元文化之间的相融或不融（22）；中国文化产物、汉语媒介产物（21）；英语教学物品（18）；心理投射（18）；儿童活动（13）；普通工作、活动（9）；其他（5）	使用英语的职业人士（240）；外国同事、客户、国际化团队（129）；英语使用者、外国文化实践者、欣赏者、知晓他国者（121）；出国者、旅居他国者（104）；多语、多元文化的人群（90）；中国家人、朋友或遇到的人（88）；创意类、思想性工作者（72）；外国家人、朋友或遇到的人（57）；有社交网络的人（54）；跨文化工作者、交流者、观察者（51）；体味生活的人（47）；忙碌的打工者（41）；非英语文化群体（39）；中国文化社群（32）；足智多谋、排忧解难的人（12）；有工作热情、野心勃勃的人（9）；外语学习者（9）；其他（7）	欧美城市、国家（49）；个人办公区域、个人住所（46）；国内城市（34）；家、家里房间（27）；国内的相融或不融合处所、国外企业或办公场所（19）；亚洲国家（14）；休闲场所（12）；现代化办公场所（9）；国外小地方（8）；其他（5）	电子产品、技术软件、交际途径（181）；外国文化产物、英语媒介产物（156）；室内装饰、装修家具、物品（124）；外国景色、街景（89）；气候（84）；学术、探索、创意、专业类活动（78）；书籍、写作、音乐、影视等（65）；多语、多元文化之间的相融或不融（61）；汉语（59）；服饰、化妆品（57）；中国文化产物、汉语媒介产物（52）；国际企业、产品服务（48）；餐饮（47）；动植物（43）；双语产物（40）；多元文化产物、多元文化地位（38）；职场活动（16）；儿童物品、活动（14）；心理投射（12）；其他（9）

第四章　教学干预前后的自我认同变化

续表

	CLII. 干预前（共107个故事）			CLII. 干预后（共106个故事）		
	人物、群体 (1189)*	地点 (224)	物品、事物 (1488)	人物、群体 (1201)	地点 (223)	物品、事物 (1356)
STORY	经济社会地位、文化或知识资本 (273)；英语投资、外国文化元素、国际视野 (202)；人文或文艺气息、社会关系 (159)；人文或创造力 (154)；充实、稳定的工作生活 (105)；跨文化职业 (87)；削减性认同 (66)；自我权利感、创意视角 (43)；文化多样性 (31)；多语素养者 (22)；双语、大众不同的自我定位 (5)	灵感、艺术、时尚 (49)；英语文化 (48)；社会地位、经济独立 (41)；个人空间、远离尘嚣 (30)；温暖港湾 (29)；地域归属感 (10)；文化资本 (9)；梦想之地 (5)；其他 (3)	英语资本、外国文化元素、本质化观念 (321)；温馨、自主、具有人文气息的生活或环境 (307)；国际化、赋权感、社会经济地位 (285)；削减性认同 (159)；意境、理想境地 (82)；跨文化、国际性职场交流或知识研讨 (74)；英语等干有趣性、多样性、知识性、创新性 (58)；多语、多元文化 (38)；英语是世界通用语 (27)；母语社会经历认同 (20)；相异文化、权力关系 (20)；社会主流观念 (19)；英语教学理念 (7)	经济社会地位、文化或知识资本 (214)；英语投资、外国文化元素、国际视野 (154)；文化多样性、创意视角 (115)；双语、多语素养者 (102)；职业社群归属性 (95)；跨文化职场 (84)；社会关系 (81)；充实、稳定的工作生活 (80)；人文或文艺气息、时尚或创造力 (77)；削减性认同 (63)；自我权利感 (49)；个人能动性 (33)；与主流、大众不同的自我定位 (28)；爱好即是职业 (26)	社会地位、经济独立 (61)；灵感、艺术、时尚 (56)；温暖港湾 (28)；个人空间、远离尘嚣 (27)；英语文化 (20)；地域归属感 (17)；文化资本 (7)；梦想之地 (7)	英语资本、外国文化元素、本质化观念 (288)；温馨、自主、具有人文气息的生活或环境 (196)；赋权感、社会经济地位 (147)；多语、多元文化等干有趣性、多样性、创新性 (95)；专业技术、知识性 (94)；跨文化、国际性职场交流认知 (87)；母语社会经历认同 (82)；国际化 (78)；削减性认同 (73)；相异文化、权力关系 (54)；英语等干有趣性、多样性、创新性 (50)；意境、理想境地 (49)；社会主流观念 (33)；英语是世界通用语 (30)

注：括号内均为相关频数。表4-12、表4-13同理。

表4-12　EAP课堂干预前、干预后的小故事分析结果

<table>
<tr><th colspan="4">EAP干预前（共25个故事）</th><th colspan="3">EAP干预后（共23个故事）</th></tr>
<tr><th colspan="2">人物、群体（198）</th><th>地点（46）</th><th>物品、事物（264）</th><th>人物、群体（211）</th><th>地点（46）</th><th>物品、事物（277）</th></tr>
<tr><td rowspan="2">Story</td><td>出国者、旅居他国者(37)；英语使用者、外国文化实践者、欣赏者、使用英语的职业人士(32)；外国同事、朋友、客户、国际化团队(25)；有社交网络的人(16)；中国家人、朋友、同事或遇到的人(13)；跨文化工作者、交流者、观察者(12)；多元语言、具有多元文化的人群(9)；创意类、思想类、脑力劳动工作者(7)；中国文化社群(6)；其他(3)</td><td>欧美城市、国家(9)；国内、国外企业或办公场所(9)；休闲场所(8)；家、家里房间(7)；国内城市(6)；个人办公区域(5)；个人住所(5)；其他(2)</td><td>英语(37)；室内装饰、装修、家具、物品(35)；外国文化产物、英语媒介产物(34)；外国餐饮(26)；电子产品、技术软件、交际途径(24)；学术、探索、创意、专业类活动(19)；国际企业、产品服务(16)；书籍、写作、音乐等(14)；多语、多元文化之间的相融或不融(13)；中国(11)；汉语(10)；中国文化产物、汉语媒介产物(9)；服饰、化妆品(6)；动植物(5)；其他(5)</td><td>使用英语的职业人士(42)；外国同事、朋友、客户、国际化团队(34)；英语使用者、外国文化实践者、欣赏者、知晓者(27)；多语者、具有多元文化的人群(24)；跨文化交流者、观察者(18)；跨文化工作者、交流者、观察者(17)；创意类、思想类、脑力劳动工作者(14)；中国家人、朋友、旅居他国者(11)；出国者、旅居他国者(9)；非英语社群(8)；中国文化社群(5)；其他(2)</td><td>国内、国外企业或办公场所(13)；个人办公区域(12)；个人住所(12)；家、家里房间(9)；休闲场所(7)；欧美城市、国家(3)；国内城市(2)</td><td>电子产品、技术软件、交际途径(40)；学术、探索、创意、专业类活动(34)；多语、多元文化之间的相融或不融(33)；室内装饰、装修、家具、物品(32)；英语(30)；外国文化产物、英语媒介产物(26)；中国文化产物、汉语媒介产物(21)；书籍、写作、音乐等(13)；汉语(8)；职场地位(7)；心理投射(6)；餐饮(4)；其他(4)</td></tr>
</table>

续表

	EAP 干预前（共25个故事）			EAP 干预后（共23个故事）		
STORY	人物、群体 (198)	地点 (46)	物品、事物 (264)	人物、群体 (211)	地点 (46)	物品、事物 (277)
	英语投资、外国文化元素、国际视野 (45)；经济社会地位、文化资本 (43)；社会关系 (30)；充实、稳定的工作生活 (17)；削减性认同 (16)；跨文化职场 (13)；人文或文艺气息、时尚或创造力 (12)；自我创意视角 (9)；双语、多语素养者 (6)；与主流、大众不同的自我定位 (3)	英语文化 (18)；社会地位、经济独立 (13)；灵感、艺术、时尚 (6)；个人空间 (6)；地域归属感 (3)	英语资本、本质化元素、外国文化观念 (53)；国际化、赋权感、社会经济地位 (49)；跨文化、国际性职场交流或知识研讨 (38)；英语是世界通用语 (32)；专业技术性、知识性 (29)；温馨、自主、具有人文气息的生活或环境 (22)；母语社会经历 (12)；削减性认同 (13)；英语等干有趣性、创新性 (10)；多语、多元文化等干有趣性、多样性 (6)	经济社会地位、文化资本、外国文化元素、国际视野 (40)；英语投资、文化或国际性视角 (29)；双语、多语文化职场 (26)；跨文化职场 (23)；充实、稳定的工作生活 (22)；无形关系 (20)；文化多样性、创意视角 (15)；职业生活 (11)；人文或文艺气息、个人时尚或创造力 (9)；能动性 (8)；削减性认同 (3)；自我无权感 (3)；与主流、大众不同的自我定位 (2)	社会地位、经济独立 (12)；个人空间 (11)；英语文化 (8)；灵感、艺术、时尚 (8)；文化资本 (5)；地域归属感 (2)	赋权感、社会经济地位 (44)；跨文化、国际性职场交流或知识研讨 (35)；专业技术性、知识性 (34)；外国文化元素、本质化观念 (26)；温馨、自主、具有人文气息的生活或环境 (23)；国际化 (22)；多语、多元文化等干有趣性、多样性、创新性 (20)；相异文化、权力关系 (17)；母语社会认同 (16)；社会主流观念 (13)；英语是世界通用语 (10)；削减性认同 (9)；英语等干有趣性、多样性、创新性 (8)

表4-13　ESP课堂干预前、干预后的小故事分析结果

	ESP干预前（共23个故事）			ESP干预后（共22个故事）		
	人物、群体 (171)	地点 (35)	物品、事物 (225)	人物、群体 (189)	地点 (44)	物品、事物 (256)
Story	使用英语的职业人士 (23)；有家庭或社交网络的人 (22)；外国同事、客户、国际化团队 (15)；英语使用者、欣赏者、知晓者 (15)；休闲生活的人 (14)；同事、客户 (12)；中国家人、认识到的人 (11)；出国者、旅居他国者 (9)；脑力劳动者 (8)；创意类、思想性工作者 (8)；中国文化社群 (7)；外国家人、认识到的人 (6)；跨文化工作者、多语者、具有多元文化的人群 (4)	国内、国外企业或办公场所 (6)；个人办公区域、个人住所 (5)；家、家里房间 (5)；企业 (4)；国外国家、城市 (3)；办公场所、休闲场所 (3)；街道或其他公共场所 (2)；国内城市 (2)；其他 (2)	室内装饰、装修、家具、物品 (29)；英语 (24)；餐饮 (20)；电子产品、技术软件、交际途径 (20)；外国文化产物、英语媒介企业 (19)；国际事、产品服务 (18)；心理投射 (10)；动植物 (8)；学术、探索、创意、专业类 (8)；服饰、化妆品 (8)；外国餐饮活动 (7)；中国文化产物、汉语媒介产物 (7)；气候、景色、街景 (6)；儿童物品 (6)；教学物品、活动 (5)；职场地位 (5)；书籍、写作、普通工作 (4)；音乐、影视等 (3)；其他 (2)	跨文化工作者、多语者、多元文化的人群 (20)；使用英语的职业人士 (19)；有家庭或社交网络的人 (18)；外国同事、客户、国际化团队 (18)；创意类、思想性工作者 (17)；英语实践者、欣赏者、知晓者 (16)；同事、客户 (14)；中国家人或认识到的人 (11)；职业人士 (10)；出国者、旅居他国者 (9)；独立经营者 (8)；外国家人、认识到的人 (7)；普通人 (7)；脑力劳动者 (5)	办公场所 (6)；个人办公区域 (6)；个人住所 (6)；国内、国外企业或办公场所 (5)；家、家里房间 (5)；街道或其他公共场所 (4)；国外国家、城市 (4)；自然风景 (4)；休闲场所 (3)；国内城市 (3)	多语、多元文化之间的相融或不融 (29)；电子产品、技术软件、交际途径 (26)；学术、探索、创意、专业类活动 (25)；外国文化产物、英语媒介企业 (22)；室内装饰、装修、家具、物品 (20)；国际事、产品服务 (18)；心理投射 (13)；英语 (13)；餐饮 (12)；气候、景色、街景 (12)；外国餐饮 (11)；动植物 (10)；中国文化产物、汉语媒介产物 (7)；服饰、化妆品 (7)；书籍、音乐、影视等 (6)；写作、娱乐活动 (5)；普通工作 (5)；汉语 (3)；其他 (2)

第四章 教学干预前后的自我认同变化　109

续表

	ESP 干预前（共23个故事）			ESP 干预后（共22个故事）		
	人物、群体 (171)	地点 (35)	物品、事物 (225)	人物、群体 (189)	地点 (44)	物品、事物 (256)
STORY	经济社会地位、文化或知识资本 (36)；英语投资、国际视野 (30)；社会关系 (27)；充实、稳定的工作生活 (20)；削减歧视认同 (17)；人文或气息、大众文化 (9)；爱好即是职业 (8)；跨文化职场 (6)；自我无权感 (6)；双语、多语素养者 (4)；职业社群归属性 (4)；与主流、大众不同的自我定位 (3)	社会地位、经济独立 (9)；个人空间、远离尘嚣 (6)；英语是世界通用语 (5)；温暖港湾 (4)；梦想之地 (3)；灵感、艺术、时尚 (3)；文化资本 (3)；地域归属感 (2)	英语资本、外国文化元素、本质化观念 (37)；社会经济地位 (33)；国际化 (31)；英语是世界通用语 (20)；具有人文气息的生活或环境 (18)；母语社会经历 (17)；母语社会主流观念 (16)；削减歧视认同 (15)；意境、理想境地 (10)；赋权感 (7)；专业技术性、知识性 (6)；跨文化、国际性 (6)；职场交流或知识研讨 (6)；相异文化、权力关系 (5)；英语等于有趣性、多样性、创新性 (4)	经济社会地位、文化或知识资本 (30)；跨文化职场 (26)；职业社群归属性 (21)；社会关系 (20)；双语、多语素养者 (17)；英语投资、外国文化元素、国际视野 (16)；人文或气息、时尚或创造力 (15)；充实、稳定的工作生活 (9)；文化多样性、创意视角 (8)；爱好即是职业 (6)；个人能动性 (6)；自我无权感 (5)；削减歧视认同 (5)；与主流、大众不同的自我定位 (5)	社会地位、经济独立 (10)；英语文化 (8)；文化资本 (6)；灵感、艺术、时尚 (5)；个人空间、远离尘嚣 (5)；温暖港湾 (4)；梦想之地 (4)；地域归属感 (2)	专业技术性、知识性 (35)；跨文化、国际性 (34)；职场交流或知识研讨 (30)；英语资本、外国文化元素、本质化观念 (28)；国际化 (25)；多语、多元文化等于有趣性、多样性、创新性 (21)；赋权感 (14)；英语是世界通用语 (12)；母语社会认同、母语社会经历 (11)；相异文化、社会主流观念 (9)；权力关系 (9)；意境、理想境地 (8)；英语等于自主、具有人文气息的生活或环境 (7)；多样性、温馨 (7)；大众文化 (6)

接下来，我们将讨论每一个课堂在干预前和干预后的小故事中有关想象性认同的建构趋势。我们会借助社会话语分析手段（Fairclough，2003）来审视具有特点的小故事片段。在对这些有特点的小故事片段展开语篇分析时，我们也借鉴了Menard-Warwick（2019）中对故事讲述者所使用具体词汇的关注，尤其是能建构个人社会归属性、渗透某种时代或圈子文化特色的词汇。Menard-Warwick（2019：87）指出，故事讲述者"选择使用的词汇必然将他们呈现为某种类型的人"，譬如讲述者可能会提及特定食物、物件、某种行为或心情状态、某类社群组织或是能展现社会归属性的指代词。

第二节　CLIL课堂干预前的小故事

表4-11的统计结果展现出以下几项可见趋势：第一，有关"人物、群体"这一维度，Story这一级的前三项显示学生想象在未来成为二语职业人士、二语文化圈里的一员，或是具有海外经历的二语者；而更高一级的STORY的前三项显示学生想象在未来成为具有社会地位、能掌控二语文化视角，或是拥有一定社会关系网的人。由上可见，在Story这级，学生想象二语能帮助自己加入职业精英社群、拥有英语或外国文化资本，或者获得在全球的移动性。而在STORY这级，学生想象的赋权性自我主要来源于个人在中外社会和二语文化圈里占据的资本和地位。另外，值得注意的是，在"人物"这一维度上学生的母语类认同主要体现在排名第五的"中国家人、朋友或遇到的人"，对于其他的中国文化社群及多元文化社群则描绘甚少。

第二，有关"地点"这一维度，Story这一级的前三项显示学生想象自己旅居或去过"欧美"，或是自己处于"个人空间"或"家"里。而更高一级的STORY的前三项显示，故事中的地点最常为彰显前卫、创意文化（"灵感、艺术、时尚"）、"英语文化"或是个人地位（"社会地位、经济独立"）的环境。值得注意的是，不论是在Story还是STORY级别，欧美国家或英语文化都与象征个人主权或地位的社会空间并驾齐驱。

第三，有关"物品、事物"这一维度，Story这一级的前三项均与二语有关，而年轻人最熟悉的"电子产品、技术软件、交际途径"仅名列第四。

更高一级的 STORY 的前三项显示与二语有关的意识形态占据至少两项，包括英语和外国文化资本，以及国际化带来的赋权感。在下文，我们将细读有特点的故事片段来展示 CLIL 课堂干预前故事写作时浮现的主题。

（一）英语给"我"带来社会地位或是与英语母语者的社交

这是 CLIL 课堂在干预前的故事写作中最为明显的主题，片段（1）和（2）都极具代表性。片段（1）中的"她"（学生选择从上帝视角描述想象性自我）是一个国际化职场精英：拥有海外生活经历、英语文化认同和社会地位。我们在分析片段（1）时，把其分解成三个意思模块（见分隔符 ‖ 和每个模块结尾处的编号）。在每一个意思模块中，我们根据"人物""地点""物品、事物"这三维摘取特定内容，然后对每一个维度下的每一项特定内容再根据"story""Story""STORY"这三级做分析（见表 4-14）。表 4-14 的分析显示：每个模块里学生都融入了表征西式观念或国际视野的人物和事物，构建了一个影视剧里常见的外企精英形象。也就是说，我们认为学生使用了偏于"简化"（reductionist）和"本质化"（essentialist）的英语认同建构手段（Huang，2022：248），将个人在外企的职业成功"等同于"（logic of equivalence）（Fairclough，2003：88）国际化风格和英语技能。譬如，片段（1）中"capable guy"与"non-Japanese style characteristics"的前后修饰关系，是否暗示了工作能力与国际范处事风格之间的关联？本节中的所有故事片段均为原文呈现，其中的语言问题未作任何修正。

片段（1）：

She nods to everyone greeted her but keep attention to the phone call with her Japanese secretary, a young but capable guy of non-Japanese style characteristics.[1] ‖ Although she had lived in Japan for several years, she still prefer to speaking English during work time.[2] ‖ Because English make her feel confident, just like the high-heel shoes and Jo Malone perfume she wears today.[3] ‖ （CLIL 干预前—故事 2）

表4-14　片段（1）的三维三级编码

模块	人物	地点	物品、事物
1	story：公关公司女高管 Story：使用英语的职业人士 STORY：经济社会地位 story：国际范的日本男秘书 Story：外国同事 STORY：国际视野 story：下属 Story：国际化团队 STORY：国际视野	—	story：打电话 Story：交际途径 STORY：国际性职场交流
2	story：在日本生活过的人 Story：旅居他国者 STORY：文化资本 story：工作使用英语的人 Story：英语使用者 STORY：国际视野	story：日本 Story：亚洲国家 STORY：时尚	story：说英语 Story：英语 STORY：国际化、赋权感
3	story：说英语、穿高跟鞋、喷英国高档香水的女人 Story：英语使用者、外国文化实践者 STORY：外国文化元素、国际视野	—	story：说英语 Story：英语 STORY：国际化、赋权感 story：高跟鞋 Story：服饰 STORY：国际化、赋权感 story：英国香水 Story：化妆品 STORY：国际化、赋权感

此主题下的另外一个示例为片段（2），学生想象自己在未来融入英语文化社群，与英语母语者成为同事并产生默契和友谊，采用西式健康餐饮。值得注意的是，学生对英国同事 Emily 的外貌和沙拉午餐都有做细致描述（见下划线）。上述两者，正如片段（1）中的"high-heel shoes and Jo Malone perfume"，似乎被呈现为主人公的象征性资本（社交资本、文化资本）。但同时，片段（2）中对"我"的母语认同未作描述，对于"我"如何在与 Emily 的社交中融入个人既有知识也未作描述，这和对 Emily 及沙拉的细致描述形成鲜明对比。这似乎显示学生还未能在故事中为"我"构建协调多元认同的能动性。

片段（2）：

Emily is my British colleague, who is skinny and nicely tanned with curly blonde hair. After returning to our office, we couldn't wait to open the plastic bag, from which the smell of freshly toasted beef had already oozed out and filled the whole room. On the round café table lay two boxes of toasted salad, with little toasted potatoes, steamed mushrooms, tomato slices, cabbages, peppers and sesames on the top. We started our lunch, chit chatting with each other.（CLIL 干预前—故事 20）

最后，片段（3）展现出二语工具型意识形态会带动学生建构以二语技能为导向的自我认同。其中的"我"是双语电视台的节目策划（具有社会地位、使用英语的职业人士），工作内容是利用英语来搜索国外资源，学习国外优秀节目，寻找灵感。但是，故事中并没有展现"我"如何在工作中结合多元文化元素进行创新。片段（3）中的最后一句话提到了以下两件事物："information which I think could help me come up with some creative ideas"和"a sentence hard to understand"（见下划线）。在上述片段中，学生将"我"的创新想法和英语阅读能力加以关联。这映射出英语的工具型利益导向："我"的英语水平，相比个人可能拥有的其他象征性资本（如对中、英电视节目的观赏量和洞察力）是个人在职业领域获取创新点子的重要工具。

片段（3）：

I work for a bilingual channel (Chinese and English), devoting to TV programme planning. I usually search for some information in English and gain some inspiration from foreign programmes by watching several famous and excellent programmes. Now I am sitting in front of my computer and considering about a new programme. When I take a look at one of the <u>information which I think could help me come up with some creative ideas</u> on the new programme, <u>I suddenly find a sentence hard to understand</u>. （CLIL 干预前—故事85）

（二）削减性认同变化

我们在干预前的 CLIL 课堂中发现的第二个主题是，小故事展现出削减性认同变化，如片段（4）、（5）所示。首先，在片段（4）中，学生对伦敦街上的人和物实施了一系列积极评估（见下划线）。借用批判性话语分析，我们的分析重点是，片段（4）显露出怎样的意识形态？换句话说，片段（4）是否呈现出对伦敦的片面描述，譬如汽车是否都有序行驶？行人是否都遵守交通规则或是都在愉悦交谈？此外，为什么学生在想象伦敦时会选择描述上述事物，而不是其他方面（譬如伦敦的多元文化）？一种解读是学生认为上述事物是伦敦特色，其预设（presupposition）是这些事物是英语文化社群与母语文化社群的区分点，而这可能暗示了学生的削减性认同变化（高一虹等，2013）。

片段（4）：

One day, I am walking alone on the street in London. On the street, I see walkers passing by chat with each other <u>in delight</u>. The stores <u>open constantly</u>, and sunshine is <u>warm through trees</u>. Cars are driven <u>in order</u> and walkers <u>obey instructions and signs</u>. （CLIL 干预前—故事105）

另一个示例为片段（5），这里学生描述了"我"——一个旅居伦敦的人——与一个中国老友的偶遇。如表4-15的分析所示，在这段描述中学生构建了如下"对比"（logic of difference）（Fairclough, 2003：88）：热情大方、英语地道的"我"vs. 拘谨尴尬、中式英语的老友。首先，从互文性上看，"Hi, how are you"以及"我"的肢体动作展现出英美口语里的松弛和自信。值得注意的是，面对中国老友，"我"却选择说英语，展示"我"已融入二语社会。而上述话语策略似乎让"我"在这段社会关系中构建了赋权性自我和社交高位。但是，若是学生将地道二语口语等同于二语社群成员身份，这可能透露出本质化认同建构手段，因为语言能力并不是二语族群成员的唯一甚至是主要资本（还有个人在二语专业族群的知识资本等）。其次，"Just so so"是对"一般般"的直译。在英本主义观念下（English native speakerism），这很可能被视为母语负向迁移。但是，在双语主义视角下，这有可能被视为具有交际意义的超语行为，譬如，唤起和对方共有的母语文化，拉近距离。但是在片段（5）中，"Just so so"与"embarrassed smile"并列放置，似乎建立了对等关系：呈现老友措手不及，中式英语脱口而出。因此，松弛自信的"我"和拘谨尴尬的老友之间形成对比，而这种对比可能暗示了学生的英本主义观念和削减性认同。

片段（5）：

When I pull the door, I see a Chinese boy in white in the sunshine. He is 21 years old, who seems to be my old friend, and we haven't seen for so many years. I walk towards him and tap his shoulder saying "Hi, how are you?" He responds with embarrassed smile, "Just so so."[1] ‖（CLIL干预前—故事54）

表4-15　　　　　　　片段（5）的三维三级编码

模块	人物	地点	物品、事物
1	story：旅居伦敦的人 Story：英语使用者、外国文化实践者 STORY：英语文化资本	story：多年未见老友 Story：中国朋友 STORY：中国文化社群	story：伦敦咖啡馆 Story：欧洲城市 STORY：英语文化	story：地道英语热情问候 Story：英语 STORY：本质化观念	story：中式英语尴尬回答 Story：汉语 STORY：削减性认同

(三) 对未来的焦虑、不知如何协调个人的多元认同

我们在干预前的 CLIL 课堂里发现的第三个主题是，一些故事确实展现出母语认同和二语认同之间的互动，但是"我"的心境和经历却是偏负面、消极的，譬如片段（6）、（7）、（8）。总体来说，表 4-16 中的模块 1 显示，"我"是一个正在经历中年危机的普通男人，这也是"我"的母语社会认同。表 4-16 中的模块 1 显示"我"投资于二语并在母语社会中拥有赋权性自我。但是，模块 2 显示，中国社会主流观念（如成家、立业）给"我"带来挫败感、无权感。虽然"我"能调动英语歌词来自嘲和解压，但是"我"还不能设立新的个人梦想，超越"中外合作院校毕业生"这个既定认同。

片段（6）：

I'm still me, older, fatter, however, good at English because I graduated at a top end Chinese English school, at least I was told so.[1] ‖ During the night when I am torturing by my middle-age crisis anxiety, just like Lana Del Rey sang, 'no more young and beautiful ～'[2] ‖ （CLIL 干预前—故事 11）

表 4-16　　　　　　　　片段（6）的三维三级编码

模块	人物		物品、事物
1	story：擅长英语的发福中年人 Story：英语使用者 STORY：英语投资	story：英语技能 Story：英语 STORY：英语资本	story：一家顶尖的中外合作院校 Story：国际企业 STORY：国际化、社会经济地位
2	story：焦虑的中年人 Story：普通人 STORY：自我无权感	story：中年危机焦虑感 Story：心理投射 STORY：社会主流观念	story：美国歌手 Lana Del Rey 和歌词 Story：外国文化产物、英语媒介产物 STORY：英语资本、外国文化元素

注：片段（6）没有提到"地点"，故该维度在这里被省略。

另一个显示个体内部多种认同之争的示例为片段（7）。其中的"我"归属于多元社群，既是使用英语的学术技术型人士，也是跨文化工作者，还是在英国工作的亚裔群体。"我"和英国病人的互动被呈现为一场权力斗争。在表4-17的模块1中，"我"的诊所办公室象征着"我"的认知权威和地位，而对方则在"英语母语者—非母语者"这个空间里占有更大的资本。在模块2中，英语既能象征专业技术手段，也能象征文化资本。而"我"试图调动专业性话语来为自己在这场跨文化互动里构建合法性认同。然而，在模块3中，英国病人使用白人至上观念，试图夺取权威并将"我"定位为弱势群体。在模块4中，"我"体味了无权感，而我的办公室（社会地位的象征）也不能让我找回话语声。一个值得注意的点是学生在故事中未能整合"我"的职业认同和二语使用者认同，譬如建构国际语言治疗师、多语语言治疗师认同，而这也许是"我"经受无权感的一个原因。

片段（7）：

In 2027, sitting in an office in London, I met a white man as a language therapist. This man was sent by his wife and speaks nothing, uneasy.[1] ‖ I point at a phonetic symbol in the small and expect him to read it aloud. Unfortunately, he seems pretty introverted, so I fail to start the therapy.[2] ‖ When I begin to use psychological ways to encourage him to speak, he becomes excited and says "Back off, you, ye, yeeellooow, I, I, I, don't truuuuust an Asian doctor!"[3] ‖ Feeling angry and embarrassed, I stop trying so that the office begins to be silent.[4] ‖（CLIL干预前-94）

表4-17　　　　　片段（7）的三维三级编码

模块	人物	地点	物品、事物
1	story：作为二语者的语言治疗师 Story：使用英语的职业人士 STORY：个人能动性	story：英国病人和他的妻子 Story：英语使用者 STORY：文化资本	story：位于伦敦的诊所 Story：欧洲城市 STORY：社会地位	—

续表

模块	人物	地点	物品、事物	
2	story：作为二语者的语言治疗师 Story：跨文化工作者 STORY：跨文化职场	story：英国病人 Story：英语使用者 STORY：文化资本	—	story：语音符号 Story：英语 STORY：专业技术性	story：治疗 Story：专业类活动 STORY：专业技术性
3	story：作为二语者的语言治疗师 Story：跨文化工作者 STORY：跨文化职场	story：英国病人 Story：英语使用者 STORY：文化资本	—	story：心理学手段 Story：专业类活动 STORY：专业技术性	story：种族歧视言语 Story：多元文化之间的不融 STORY：英语资本（英本主义）
4	story：作为二语者的语言治疗师 Story：非英语文化群体 STORY：自我无权感	story：沉默的办公室 Story：个人办公区域 STORY：社会地位	—		

展示这个主题的另一个示例为片段（8）。其中的"我"既有母语社会认同（受父亲影响成为考古迷），也有二语文化认同（美国前卫艺术的爱好者，以及国际职场里的一员）。"我"拥有二语文化资本，但同时也意识到自己并不想加入目的语社群，譬如"我"对"来自澳大利亚的主任"的来电置若罔闻；"我"也展现出与英语流行文化以及主流偏好的分离，譬如常人多向往纽约，但是"我"却"厌恶"纽约。"我"认为自己对英语社群的爱与厌是一个"contradictory thing"，因此对"我"来说从事中英口译员是一个"compromise"，似乎这能保留自己的双语素养者认同（见表 4–18 对模块 5 的分析）。但是，中英口译员与"我"既有的母语认同（考古迷）、二语文化认同（艺术爱好者）是分离的，似乎仅被当作一份脱离于个人情感的技术性工作。这一定程

度上映射了学生的二语工具性意识形态——将英语等同于技能应用——而这种工具性导向的二语认同有可能约束学生对未来职业可能性的设想。

片段（8）：

Suddenly I received a phone call from David Lee, a boring director, from Australia. I left it[1] ‖ and gazed at the picture by Andy Warhol that I bought in Spain a few years ago.[2] ‖ Then I started to summon up all the dreams since my childhood. Basically, I always wanted to be a archaeologist, because of my father's amateur interest before I was influenced by pop arts, especially the suites, created by Andy Warhol.[3] ‖ However, the contradictory thing is I hate the origin of pop art, which is New York.[4] ‖ So the compromise is to be a interpreter, which I am always good at.[5] ‖
（CLIL 干预前—故事 41）

表 4-18　　　　　片段（8）的三维三级编码

模块	人物		地点	物品、事物
1	story：口译员 Story：使用英语的职业人士 STORY：经济社会地位	story：来自澳大利亚的主任 Story：外国同事 STORY：跨文化职场	—	story：打电话 Story：交际途径 STORY：国际性职场交流
2	story：去过西班牙的人 Story：出国者 STORY：经济社会地位	story：Andy Warhol 艺术品购买者 Story：外国文化欣赏者 STORY：外国文化元素	story：西班牙 Story：欧洲国家 STORY：灵感、艺术	story：Andy Warhol 艺术品 Story：外国文化产物 STORY：外国文化元素

续表

模块	人物	地点	物品、事物	
3	story：梦想多元的人 Story：具有多元文化的人群 STORY：文化多样性、创意视角	story：父亲 Story：中国家人 STORY：社会关系	—	story：考古学家 Story：学术、探索 STORY：自主、人文气息的生活	story：美国前卫艺术代表——Andy Warhol 的联画 Story：外国文化产物 STORY：外国文化元素
4	story：西方前卫艺术爱好者 Story：外国文化知晓者 STORY：人文或文艺气息	story：痛恨纽约的人 Story：外国文化知晓者 STORY：与主流不同的自我定位	—	Story：纽约 Story：外国文化产物 STORY：主流观念	
5	story：中英口译员 Story：使用英语的职业人士 STORY：双语素养者	—	—	—	

（四）双语者认同萌芽

CLIL 课堂在干预前，从少数几个故事中也能看到双语者认同的萌芽，譬如片段（9）。片段（9）虽然对"英语"只字未提，但仍构建了"我"的双语者和多元文化认同，一个国际计算机绘图师族群的高级成员。片段（9）中有语码转换，显示学生的上述职业认同可能源自他参与过的母语族群，也体现了母语类认同对认知的媒介作用——帮助学生设想"我"的未来。Wernicke（2018：100）指出，跨文化交际能力是双语者"彰显个人能动性的一种手段"。在片段（9）中，学生描述了"我"与日本顶尖绘图师的好友关系、"我们"的专业技术性研讨及合作。在上述描述里，跨文化交际能力并不仅仅等于二语能力，而是"我"如何跨越文化差异、调动双方共有的文化资本和族群成员认同（Dobbie & Richards-Schuster，2008）来与对方协同开展技术性、创新性活动（见表 4 - 19，模块2、3的"物品、事物"一列）。其中，NieR Automata这款电脑游戏可被视为多元文化的象征，譬如这款游戏虽是日本研发但是全球畅销，其中有东方和西方文化的故事主题（Wikipedia，2023）。这款游戏是"我"和日本伙伴的"共同兴趣"，象征着"我们"共有的多元文化者认同。

片段（9）：

Today, I will discuss about how to show the texture of human skin with my friend. He is a Japanese and he is a famous star of professional field of computer painting.[1] ‖ Our conversation rely on the visual telephone. We will work together to create a picture about the end of the world. It's a 后启示录风格的CG场景设计.[2] ‖ We all are interested in NieR Automata, so we want to 进行同人创作.[3] ‖ （CLIL干预前—故事39）

表4-19　　　　　　　　片段（9）的三维三级编码

模块	人物		物品、事物	
1	story：国际计算机绘图师里的一员 Story：有社交网络的人 STORY：文化多样性、创意视角	story：我的日本朋友——业界顶尖绘图师 Story：创意类工作者 STORY：时尚、创造力	story：绘制人体皮肤纹理 Story：技术软件 STORY：专业技术性	story：计算机绘画专业领域 Story：探索、创意活动 STORY：国际性知识研讨
2	Story：与国外绘图师合作的专业人士 Story：具有多元文化的人群 STORY：文化多样性、创意视角	story：我的日本合作者 Story：创意类工作者 STORY：时尚、创造力	story：网络电话 Story：交际途径 STORY：国际性知识研讨	story：后启示录风格的世界末日图像绘制 Story：创意活动 STORY：多元文化等于创新性

续表

模块	人物		物品、事物	
3	Story：游戏玩家也是同人创作者 Story：具有多元文化的人群 STORY：文化多样性、创意视角	story：我的日本朋友 Story：创意类工作者 STORY：时尚、创造力	story：NieR Automata——一款日本研发的电脑游戏 Story：多元文化之间的相融 STORY：多元文化等于有趣性、创新性	story：同人创作 Story：创意活动 STORY：自主环境

注：片段（9）没有提到"地点"，故该维度在这里被省略。

三 CLIL 课堂干预后的小故事

表 4-11 的分析结果展现出以下几项可见趋势。第一，有关"人物、群体"这一维度，在 Story 这一级，跟干预前相比，"出国者、旅居他国者"掉出前三，而"外国同事、客户、国际化团队"升入第二位。此外，"多语者、具有多元文化的人群"和"中国文化社群"的位次上升明显。有关更高一级的 STORY，头两项和干预前一样。主要变化发生在以下三个方面：一是"文化多样性、创意视角"和"双语、多语素养者"这两项位次上升明显；二是"职业社群归属性"是干预后新生的意识形态；三是"社会关系""人文或文艺气息、时尚或创造力""爱好即是职业"这三项降位明显。由上可见，在 Story 这级，学生仍想象二语能帮助自己加入职业精英社群，拥有外国文化资本，但同时学生也开始对国际职场有更多描述并建构"我"的国际性职场认同。此外，故事人物不再局限于目的语社群，而是更多地融入了对中国文化社群以及多元文化社群的描绘。而在 STORY 这级，学生想象的赋权性自我不但来源于个人的社会地位、国际视野和文化资本，也来源于个人掌控的多样文化和创意视角。在展望未来时，学生不再仅仅把英语和个人所拥有的社会关系、时尚人文气息或是令人愉悦的工作相关联，也开始思考英语在双语者素养或特定职业社群里发挥的作用。

第二，有关"地点"这一维度，在 Story 这一级，主要变化发生在

"国内城市",从干预前的倒数第二位升至干预后的正数第三位。而在更高一级的 STORY 里,"英语文化"排位较之前落后;另外,"社会地位、经济独立"和"温暖港湾"这两项的排名均明显上升。上述情形显示故事中更多地包含能给个人带来归属感和展现个人地位的地理空间——这不一定是彰显英语文化的地理空间。

第三,有关"物品、事物"这一维度,Story 这一级的前三项仅有一项与二语有关,同时"电子产品、技术软件、交际途径"的排位跃升至第一位,"英语"的排位明显下降,而"学术、探索、创意、专业类活动"和"多语、多元文化之间的相融或不融"这两项在干预后的排位上升明显,"职场地位"是干预后故事中出现的新话题。有关更高一级的 STORY,干预后的一个明显变化是很多故事不再将体现"赋权感、社会经济地位"的事物和体现"国际化"的事物捆绑在一起,因此我们将"国际化"单独列出。"赋权感、社会经济地位"在干预后位居第三,而"国际化"降到中游。"削减性认同"和"英语等于有趣性、多样性、创新性"这两项意识形态在干预后的排名也明显下降。与之相对,"多语、多元文化等于有趣性、多样性、创新性""专业技术性、知识性"和"母语社会认同、母语社会经历"这三项的排位在干预后明显上升。根据上述结果,干预后的故事写作反映出双语主义的成长,以及学术性、技术性知识和职业定位在个人认同建构中发挥的作用。

在下文,我们将使用故事片段来展示 CLIL 课堂干预后的故事写作中展现的主题。

(一) 双语者认同、多元认同

CLIL 课堂在干预后,故事中呈现出具有多元认同的双语自我,如片段(10)、(11)所示。片段(10)的主人公"我"是 *Vogue* 美国版的时尚编辑。"我"在纽约一场时尚界社交派对上偶遇了大学好友,一个才来纽约闯荡的设计师。片段(10)展现了"我"的二语认同转变:"我"曾经持有英语本质化观念,以为拥有标准的美音就能帮助自己融入"金发碧眼"的美国时尚界社群(见表 4-20,模块 1),这个时期英语并不属于"我"。但是当"我"的二语认同从美语模仿者转变为美国时尚社群的资深成员后,"我"感到自己拥有了英语的物主权。因此,即使和大学老友——美国时尚社群的新晋成员——用英语讨论工作和生活,也没有违和感。由上可见,"我"的赋权感源于二语使用者认同和时尚从业者认同的融合。故事结尾处展现了自我认同和社会关系的紧密关联。当"我"和好友开始叙旧,也就是社会关系从时尚同行切换到大学老友时,彼此都有意重建源于母语社会经历的人际关系,因此英文自然切换到中文,双语者的能动性被激活(见表 4-20,模块 5、6)。此外,我们对片段(10)中的"I""my"或"we"作主语时的分句动词都进行了及物性分析(Bloor & Bloor,2013)。一个可见趋势是模块 1—3 以归属过程(Attributive)和心理过程(Mental)为主,而模块 4—6 以心理过程和物质过程(Material)为主。我们的解读是:模块 1—3 侧重于刻画"我"对目的语社群的归属感和情绪反应;而模块 4—6 侧重于刻画我和故友重逢时采取的行动和体验到的情感诉求,凸显认同的情境性和流动性。

片段(10):

I now speak^{Attributive} fluent American English, which I had tried so hard^{Attributive} to impersonate^{Material} the accent in my younger age.[1] ‖ Sometimes normal people cannot even understand me for my knowing^{Mental} too many fashion jargons.[2] ‖ I used to feel^{Mental} so delightful if I could be surrounded^{Attributive} by blonde hair and blue eyes. But now I feel^{Mental} numb. I am too used^{Attributive} to it. It's a part of my life[3] ‖ ... We are talking^{Verbal} in English, and I don't feel^{Mental} bizarre. He talks about his job and life here, and there's one new show collection coming out.[4] ‖ Suddenly, when I switch^{Material} our conversation topic to our old university life, our mother tongue spontaneously come out.[5] ‖ We left^{Material} the bar earlier to a small Chinese restaurant. I miss^{Mental} it. I want^{Mental} things back.[6] ‖ (CLIL 干预后—故事51)

第四章 教学干预前后的自我认同变化 ◀◀ 125

表4-20 片段（10）的三维三级编码

模块	人物	地点	物品、事物
1	story：美语模仿者 Story：英语使用者 STORY：英语投资	—	story：美语口音 Story：英语 STORY：本质化观念
2	story：时尚从业者 Story：使用英语的职业人士 STORY：文化资本	story：美国常人 Story：普通人 STORY：与大众不同的自我定位	—	story：时尚术语 Story：英语 STORY：赋权感
3	story：过去的我 Story：外国文化实践者，欣赏者 STORY：削减性认同	story：现在的我 Story：使用英语的职业人士 STORY：经济社会地位	story：金发碧眼 Story：外国同事、客户 STORY：文化资本	—

126 ▶ 以二语认同为导向的多维外语教学模式

续表

模块	人物	地点	物品、事物
4	story：已是资深成员的"我" Story：使用英语的职业人士 STORY：职业社群归属性	story：刚打入美国时尚界的大学老友 Story：使用英语的职业人士 STORY：职业社群归属性	story：在酒吧举办的纽约时尚界社交派对 Story：美国城市 STORY：灵感、艺术、时间	story：英语交谈 Story：英语 STORY：国际性职场交流	story：个人设计展 Story：创意类活动 STORY：专业技术性
5	story：我 Story：具有多元文化的人群 STORY：双语素养者	story：大学好友 Story：中国朋友 STORY：社会关系	—	story：母语交谈 Story：汉语 STORY：母语社会认同	story：大学生活 Story：汉语媒介产物 STORY：母语社会经历
6	story：我 Story：具有多元文化的人群 STORY：双语素养者	story：大学好友 Story：中国朋友 STORY：社会关系	story：纽约的中餐馆 Story：休闲场所 STORY：温暖港湾	story：与祖国有关的东西 Story：中国文化产物 STORY：母语社会认同	

另一个展现双语者认同建构的示例为片段（11），其特色是学生在社会历史背景下（即中国需要在世界体育竞技舞台上展露更强实力、中西世界的权力较量）构建了"我"在这场采访中的定位。"我"与来自英国执教中国国足的总教练既是合作关系（采访者—被采访者）也是竞争关系（中国—英国）。也就是说，"我"需要平衡母语认同和二语认同。片段（11）描述"我"选择"委婉地进入主题"（见下划线），操演了合作性二语话语者。同时，"我"对英国教练提出的破冰问题（见下划线）——"第一次来中国""对中国有何期待"——显示"我"利用母语认同在当下对话空间操演"东道主"角色，也就是为自我协商了话语权，不因"我"是非英语母语者而处于权力下风。

片段（11）：

On the 7th of September 2027, I have a particular interview task, interviewing the new main coach who majors in China National Football Team (CFT). In 2026, CFT lost opportunity to participate in World Cup again. As a result, China Football Alliance changes a new England coach for CFT. The England coach chooses a coffee room in front of the training playground. Today, the topic of the interview is about the present plan of World Cup in 2030. At the beginning, I enter the topic euphemistic, so I ask him "This is your first time to come to China, do you have some expectations?" (CLIL 干预后—故事 20)

（二）双语认同和职业认同的融合

在干预后，另一个可见主题是双语认同与职场、专业性活动的整合，譬如片段（12）、（13）。片段（12）和之前呈现的片段（8）来自同一个学生在干预后和干预前对自我未来的想象。首先，在干预前，学生试图通过与众不同的自我定位（"I hate the origin of pop art, which is New York"）来构建赋权性自我（见表 4-18），但无法融合多元自我和职业认同，进而建构了工具型导向的二语职业认同。在干预后，"我"的多元认同和职业认同得到整合——"双语作家"以及"剧院经理"都与

"我"的艺术爱好者认同紧密关联（多元文化、创意视角）。片段（12）显示"我"从事上述职业并不是因为"我"擅长英语，而是因为"我"的双语素养能让自己在职业活动中发挥认知优势，见片段（12）下划线处对"我"的认知能力（学术能力、观察力）的描述、暗示。其次，"我"没有从事需要英语的热门职业（如外企、翻译、时尚行业等），在一定程度上挑战了社会上的英语功利化意识形态（Wang et al., 2021）。如同这个学生在干预前的个性定位，他在干预后以另外一种方式建构了区别于主流和大众的自我认同，这种异于大众的个性也许是他的认同内核。综合上述两方面，片段（12）将"我"的双语素养、认知思维能力、认同内核及"我"的职业认同加以整合。

片段（12）：

I am in a theatre located in Shanghai, working, and I'm the manager as well as a writer. I wrote both in English and Chinese. Today I have an appointment with a young man who e-mailed me and expressed <u>his interest in my book</u>. Here he comes and the old pendulum is now pointing at 12：00. I always welcome young <u>scholars</u> to my office, <u>talking about anything</u>. I saw <u>his eyes</u> first, <u>staring at the picture</u>, on the wall behind me. It's a gift from the <u>local museum</u> and a woman is bathing in that picture. （CLIL 干预后—故事41）

展现双语认同和职业认同融合的另一个示例为片段（13）。这段故事以对话为主，因此在"物品、事物"一列中我们分析了会话中体现的异质语，如营销术语、职场上下级对话、建议话语等。有关异质语，片段（13）也调动了经典故事架构（起因、主要矛盾、高潮、结局），同时主人公"我"经历了关键改变，从感受压力和"无权感"的"忙碌打工者"（见表4-21，模块1）转变为具有"创意视角"和"赋权感"的"多语者和多元文化者"（见表4-21，模块4）。片段（13）也使用了叙事里的经典人物关系（如"敌对关系"和"盟友关系"，见表4-21，模块2、3）来建构一个不甘于弱势群体定位的自我。通过上述异质语，故事呈现了"我"在跨越社会空间——从二语职场空间到母语家庭空间——的"关键经历"中体验的新生自我（Block，2003）。这个新生自我能根据自身的"社会经历"（专业背景、母语社会关系）来调动双语文化资源进而实现有效的认知活动和社会定位（Wernicke，2018：99），而这是双语者在语言社会化经历里将二语真正融入自体感受中的重要体现（Garrett，2007）。此外，片段（13）和之前分析的片段（1）形成鲜明对比。虽然两个故事都建构了"外企职场人才"的想象性认同，但是片段（1）重在通过英语文化资本来构建"我"的合法性，显示出本质化观念。而片段（13）更多地描述了"我"在外企遇到的工作难题、"我"的专业知识和战略行动，展示了双语实用主义理念。

片段（13）：

There is a lot of tips on my blackboard wall and my notebook. The little Christmas tree on my table looks so poor because of my bad mind. The yellow light is the only thing could warm me, like sunshine. [1] ‖ "Listen, we must put more investment in this new industry and we must let Chinese consumers know and recognize our brand image in every field!", my French boss said in the other side of phone. I said: "Roger that, sir. But our finances are limited, we need to negotiate a higher equity with our Chinese partner". The other side said: "Are you dreaming? Have you done the market analysis?". It seems that I have to work harder than before. [2] ‖ Then I got a video message from my father, "Happy birthday to you and Merry Christmas! Dear son!". And my mom send me a picture from hometown and said do not worried about them. [3] ‖ Suddenly I have an idea, "Sir, we can adapt the concept of our brand to the Chinese family theme, there is a window of opportunity before the Chinese New Year, I will send you my plan tonight.". [4] ‖ （CLIL干预后—故事100）

表 4−21　　　　　　　片段（13）的三维三级编码

模块	人物		地点	物品、事物	
1	story：我，一个市场分析员 Story：忙碌的打工者 STORY：自我无权感（压力、焦虑）		story：办公室 Story：个人办公区域 STORY：社会地位	story：黑板、便条和笔记本 Story：室内物品 STORY：专业技术性、知识性	story：办公桌上的圣诞树 Story：外国文化产物 STORY：外国文化元素	story：温暖如太阳般的黄灯 Story：心理投射 STORY：赋权感
2	story：我 Story：使用英语的职业人士 STORY：职业社群归属性	Story：法国上司 Story：外国同事 STORY：国际视野	—	story：打电话 Story：交际途径 STORY：国际性职场交流	story：投资、品牌营销术语 Story：专业类活动 STORY：专业技术性	story：上下级对话 Story：职场地位 STORY：权力关系
3	story：我 Story：有社交网络的人 STORY：文化多样性	story：父母 Story：中国家人 STORY：中国文化社群	—	story：来自父母的视频信息和家乡照片 Story：交际途径 STORY：母语社会认同	story：中国父母表达爱的话语 Story：中国文化产物 STORY：母语社会认同	
4	story：我 Story：多语者、具有多元文化的人群 STORY：文化多样性、创意视角		—	story：建议话语 Story：创意、专业类活动 STORY：赋权感	story：利用中国主题制订营销计划 Story：多元文化之间的相融 STORY：多元文化等于有趣性、多样性、创新性	

（三）"大都市"多语者萌芽

在干预后，CLIL 课堂中的一些故事展现出建构"大都市"多语者（cosmopolitans）认同的苗头，学生开始认识到拥有多元文化资本和融入全球英语使用者社群的必要性（Besser & Chik，2014）。片段（14）是一个典型例子，以对话为主，学生描述了"我"，一个熟知多个段子的职业剧作家，与同行的调侃和互动（括号里的内容是我们加入的解释）。相关分析见表4-22。

片段（14）：

Small SOHO office, late at night, piles of papers and pretentious old style type machine on the desk. A room of screenwriters including me.[1] ‖

A：You've been staring at that paper for 5 hours. It's not gonna write itself you know.

ME：a ri ga tou![2] ‖（日语"谢谢"）

B：Writing is easy. You just stare at a piece of paper till drops of blood form on your forehead. （这两句引用了美国作家Gene Fowler的名言）

Me：Fantástico! （西语"太好了"）Who said that?

B：Some screenwriter with a creative issue I guess.[3] ‖

Me：I almost thought for the first time you came up with some decent sentence.[4] ‖（CLIL干预后—故事83）

表4-22　　　　　片段（14）的三维三级编码

模块	人物	地点	物品、事物
1	story：剧作家 Story：创意类、思想性工作者 STORY：人文气息、创造力	story：SOHO办公室 Story：现代化办公场所 STORY：灵感、艺术、时尚	story：成堆的稿纸 Story：写作 STORY：专业技术性、知识性	story：老式打字机 Story：外国文化产物 STORY：人文气息的环境

续表

模块	人物		地点	物品、事物	
2	story：剧作家A Story：英语使用者 STORY：文化资本	story：我 Story：多语者 STORY：文化多样性	—	story：英语文化里有关写作障碍的段子 Story：英语媒介产物 STORY：英语资本	story：日语，假装谦虚 Story：多语相融 STORY：多语等于有趣性、多样性。
3	story：剧作家B Story：英语使用者 STORY：文化资本	story：我 Story：多语者 STORY：文化多样性	—	story：Gene Fowler有关创作之苦的名言 Story：英语媒介产物 STORY：英语资本	story：西语，故作夸张 Story：多语相融 STORY：多语等于有趣性、多样性
4	story：我 Story：多语者 STORY：文化多样性		—	story：英语文化里好友间的互损 Story：英语媒介产物 STORY：英语资本	

在片段（14）中，学生并未交代故事发生的地点和这些剧作家的国籍，似乎暗示"英语母语者—非母语者"这个经典分类在创意性实践族群中并不重要。包括"我"在内的三个剧作家相互调侃，而这些调侃体现了三人对作家族群的归属感，这也是他们建立团结的根基。所有调侃都调动了异质语（见表4-22，模块2—4的"物品、事物"一列）。其中一些异质语利用了作家族群中有关神思枯竭、写作笔障的段子，譬如，"staring at that paper for 5 hours. It's not gonna write itself you know"。此外，片段（14）映射的理念是赋权性多语主义，学生想象的未来自我具有多语者的"语言习性"（Bourdieu，1991）。故事中的"我"既能使用英语和文化段子来调侃同行A和B，巩固共有的英语剧作家认同，也能使用日语和西语来制造妙语连珠的幽默回应（假装谦虚、故作夸张），为自我建构"大都市多语者"的赋权性人设。因此片段（14）展示出多语、多元文化等于有趣性、创新性的意识形态。

四 EAP 课堂干预前的小故事

表 4-12 的分析结果展现出以下几项可见趋势。第一，有关"人物、群体"这一维度，Story 这一级的前三项均为拥有英语或外语资本的典型人群；同时，学生的母语类社群、多语者、跨文化社群和认知性社群大多排位于中后部。其中，"中国家人、朋友、同事或遇到的人"排名最为靠前，可能显示母语社会关系的重要性。此外，STORY 的前三项均为象征性资本和社会地位。鉴于 STORY 与 Story 这两级前三项之间的潜在关联，结果可能显示学生倾向于将拥有英语、外语资本等同于拥有赋权性资源和社会地位，譬如将"旅居他国者""外国文化实践者"或者"使用英语的职业人士"等同于拥有国际视野、社会地位、知识资本或者社会关系的人群。

第二，有关"地点"这一维度，鉴于 STORY 与 Story 前三项之间的潜在关联，结果显示学生似乎更倾向于将欧美地域、国际化办公场所、休闲场所视为象征英语文化、个人地位或者前卫、创意文化的地点。可以看到，在 Story 这一级，象征个人母语认同的地点，如"家"、"国内城市"、个人区域等，排名均位于中后。因此，上述地点与 STORY 一级前三项的关联可能相对较小。

第三，有关"物品、事物"这一维度，Story 这一级的前三项大致包括两类事物：一是英语以及外语媒介产物，二是室内装饰和物品。同时，STORY 的前三项或多或少都与二语文化有关。鉴于 STORY 与 Story 这两级前三项之间的潜在关联，一个值得注意的点是"室内装饰、物品"和二语文化、国际化、赋权感之间的潜在关联。学生似乎倾向于使用"室内装饰、物品"来构建个人的二语文化认同、社会经济地位。

在下文，我们将使用故事片段来展示 EAP 课堂干预前的故事写作中浮现的主题。

（一）映射了社会上对英语使用者的传统看法

EAP 课堂在干预前的故事写作反映了中国社会对英语使用者的传统看法，映射了学生对于英语实践社群拥有特权资源的认同性（Li, 2009），譬如：第一，英语是接受西式教育、知晓西方流行文化、拥有外国朋友的手段；第二，英语是职业资本，能为个人带来社会经济阶层上移和学术成就。片段（15）—（17）是三个典型示例。

片段（15）：

I'm in a bar, kind of soft music or metal music bar. There is a band which my band. We are going to give all the audience a wonderful show tonight. As I can see, there are a few interested people sitting at their places to wait for our beginning. I'm pretty glad if there is someone down there who really know my music of course English songs and music and understand what I show to everybody. （EAP 干预前—故事 5）

片段（15）构建了两项关联（见下划线）。首先，英语等同于潮流产物，如"soft music or metal music bar"。其次，"我"的"English songs and music"只有真正懂行的观众才能品味，尤其见增强语"really"和"of course"的使用，因此英语等同于对流行音乐元素的鉴赏力。上述两项"等同关系"（logic of equivalence）（Fairclough，2003：88）显示学生利用英语来建构个人在流行文化族群的定位。

片段（16）展示英语是职业资本，类似片段（16）的故事描述在干预前的 EAP 课堂具有一定代表性。学生建构了英语作为通用语的职业人士认同，但是故事里没有太多对个人独特行为或视角的描述。片段（16）的模块 1、2 为故事叙述，而模块 3 切换到观点陈述（见下划线）。模块 3 指代了几个普遍群体（见表 4-23，模块 3"人物、群体"一列 Story 一级），同时使用了一般时态和较高密度的评价性话语——"to be honest""quite common""more often""well""all around the world"——来呈现下述现象的广泛性和事实性：在当今世界，英语是通用性交流工具。此外，学生将"来自世界各地的人"都归入了"使用英语作为通用语的人"这个极具囊括性的认同类别。进一步看，这忽略了英语的地域文化和具体使用，也忽略了英语和个人的母语认同、职业认同的独特互动。

第四章 教学干预前后的自我认同变化

片段（16）：

I'm an investment adviser now, this profession is to judge and analysis of economic environment, and give advise to the investor to make sure them profit more with lower risk.[1] || This morning I will meet a foreign investor and we have to communicate in English.[2] || <u>To be honest, work with foreigners now is quite common at these day. So the case using English is more often. English is the international language, people can communicate well in English even they are come from all around the world.</u>[3] ||
（EAP 干预前—故事9）

表4-23　　　　　　片段（16）的三维三级编码

模块	人物、群体			物品、事物
1	story：投资顾问 Story：使用英语的职业人士 STORY：经济社会地位、知识资本			story：经济分析、投资建议 Story：专业类活动 STORY：专业技术性、知识性
2	story：作为投资顾问的"我" Story：使用英语的职业人士 STORY：国际视野		story：外国投资者 Story：外国客户 STORY：国际视野	story：英语交流 Story：英语 STORY：英语是世界通用语
3	story：涉外职场人士 Story：使用英语的职业人士 STORY：国际视野	story：外国人 Story：外国客户 STORY：国际视野	story：来自世界各地的人 Story：英语使用者 STORY：英语投资	story：英语交流 Story：英语 STORY：英语是世界通用语

注：片段（16）没有提到"地点"，故这个维度在这里被省略。

片段（17）是构建英语为社会地位象征的另一个典型例子。一方面，片段（17）利用象征性人物、事物（丈夫、大房子、宠物）、社会关系（说英语且尽全力帮衬"我"的朋友）和社会地位标志（伦敦的室内设计师、独立工作室、并不繁忙的工作）构建了"我"在英语母语社群的归属性（见下划线处）。但另一方面，故事里对"我"的母语认同只字未提，也未描述任何跨文化互动。因此，片段（17）似乎将英语等同于社会资本和个人价值，也映射一定的"单语偏见"（monolingual bias），即"我"一旦融入英语母语者社群，"我"也能拥有"特权地位"（Wei，2016：111）。但是这种英本主义价值观忽略了其他象征性资本（如多元认知、灵活思考）在英语媒介社群的重要性，因此这有可能限制学生在EAP课堂的学习投入。譬如Liu & Tannacito（2013）发现一些中国台湾学生在美国大学的二语写作课上会利用美国的个人主义和自由精神来合法化（legitimate）自己单一的知识摄入和写作上的幼稚表现。我们在EAP课堂也发现类似问题：有些学生，当他们认为授课内容与英语母语者经典文化无关时，会"走神、玩手机……对活动目的表示疑惑"（EAP—W2教师日记）。

片段（17）：

I am an interior designer in London. Now, I have an individual studio to help people remould their house to make it more comfortable and beautiful... I got married with my husband. We bought a big house in London and keep a cat and a dog. I am pleased with life I am living now because people around me speak English and I have some foreign friends, they provide me with lots of opportunity and support me. My work is not very busy. So I can dispose of my time to something I really want. （EAP干预前—故事25）

(二) 母语认同和职业认同的分离

EAP课堂在干预前的故事里体现的另一个趋势是"我"的母语认同与职业认同常常是分离的。譬如，片段（18）中的"我"是个数据分析员，既有专业能力也能向外国客户推销公司业务。学生在故事开始［片段（18）未包括］描绘了一个在家自主办公、独立担当项目并能通过网络电话和外国客户交涉的"我"。片段（18）的这段描述虽然展现出"我"的多种认同（见表4－24，"人物"一列），但是并未建构出一个能策略调动双语资源为自己在职场里协商象征性权力的自我。譬如，表4－24的分析显示"我"投资于英语，因为它是"我"营销业务的主要资本。然而，在模块1中，"我"虽然感到外国客户占据知识资本的上风（"he has more experiences than me"），但是"我"协商话语权的主要手段仅限于使用英语来营造"国际化"服务氛围。此外，在模块2中，学生使用了两个高程度道义情态动词（"have to""must"）将数据分析和英语使用均呈现为"我"的责任，同时使用低程度道义情态动词"can"和模糊限制语"for a while"将汉语使用呈现为"我"有限的自由。值得一提的是，汉语才是"我"开展技术性活动的主要媒介（见表4-24，模块2），但是"我"的母语类认同资源（社会认同、知识资本）却未能作为象征性资本带入"我"的国际性职场交流。

片段（18）：

I'm talking to this person in order to convince him to cooperate with us. He is a person over 40, so he has more experiences than me and he is asking me so many questions. So I must make up my answers with English. This is the common interaction in my work as my company need to cooperate with many foreign companies.[1] ‖ ... As there are so many data every day. I have to analyse them. Although I can use Chinese for a while, but finally I need to translate them into English.[2] ‖ （EAP干预前—故事12）

表4-24　　　　　　　　片段（18）的三维三级编码

模块	人物			物品、事物	
1	story：推销业务的"我" Story：使用英语的职业人士 STORY：英语投资	story：比我年长且更有经验的外国客户 Story：外国客户 STORY：文化、知识资本	story：英语交流 Story：英语 STORY：国际性职场交流	story：主营对外业务的公司 Story：国际企业、产品服务 STORY：国际化、经济地位	
2	story：身为数据分析员的"我" Story：脑力劳动者 STORY：知识资本	story：作中英翻译的"我" Story：使用英语的职业人士 STORY：英语投资	story：待分析的数据 Story：专业类活动 STORY：专业技术性	story：汉语作分析 Story：汉语 STORY：专业技术性、知识性	story：英语作交流 Story：英语 STORY：国际性职场交流

注：片段（18）没有提到"地点"，故该维度在这里省略。

片段（19）对"我"的母语媒介资源未作提及，体现出母语认同和职业认同的分离。首先，故事里的"我"是一个风险投资家，但是"我"的业务能力似乎并不过关。其次，老板的态度反映了社会主流观念，即英语是交流工具，是职场资本。最后，"我"在结尾体会到的"不祥预感"展现出学生的担忧：英语并不能为自己在职场带来权威和稳固的地位，英语也不是万能的沟通手段。因此，学生在职业认同和二语认同上都体现出自我无权感。

片段（19）：

Maybe I will be a venture capitalist. In my office I am very worry about meeting my boss because I destroy a huge project that make my customer lost a lot of money... However, my boss says he has a project that customer are foreigners and this is my last chance to stay in company. My boss give me this challenge because my English is the best that can communication with foreigners fluently. I know this is my last chance and I must make this project wonderful. Therefore I review professional knowledge and English again and again. However I know a very terrible information that my customer from France who enjoy talking by French not English before the day when I see them. I have a pre-sentiment that I will lost my job.（EAP 干预前—故事 1）

（三）中西文化交流

EAP 课堂在干预前有 5 篇故事表达了中西文化交流的主题，譬如片段（20）。片段（20）来自 EAP 课堂干预前唯一的一篇中文创作也是唯一的一篇议论文，其话语风格形似高考作文；上述语言、体裁选择和话语风格都映射了学生的母语社会化经历。故事中的"我"是个旗袍爱好者，而这项母语认同将成为"我"在中西文化交流中的象征性资本，为"我"带来赋权性地位。文末的引用话语表达了学生对不同文化和谐共存的愿望。但是，和其他 4 篇反映这类主题的故事一样，学生仅是表达了一个宏观展望，并未描述"我"的具体行动——"我"将如何成为一个文化交流使者,"我"在其中扮演怎样的角色(譬如成为一个旗袍设计师)?"我"将怎样协调中外文化互动(不仅仅是"感激各界的善意与模仿")?正如 Pavlenko(2003)所说,只有具备想象力,学生才能建构自我与外界的细致互动关系,才能将象征性资源(体裁语篇、专业知识、社会活动、人际关系等)和自己希冀获得的认同作以关联。

片段(20):
身着旗袍的我不再像十年前一样,被询问:"你为什么选择穿着旗袍呢?"也不必再次面对媒体时重申:"中国人穿旗袍难道不是理所应当甚至习以为常?"而那时的自己呢,会遇到金发碧眼抑或是浓眉厚唇的记者咨询:"对于世界'旗袍热''青瓷热',你有什么看法或者祝愿?""中国人理应更加自信和骄傲于自身文化,也包含与感激各界的善意与模仿。所谓'各美其美,美人之美,美美与共,天下大同'"。(EAP 干预前—故事 7)

五　EAP 课堂干预后的小故事

表 4-12 的分析结果展现出以下几项可见趋势。第一,有关"人物、群体"这一维度,Story 这一级,首先,虽然头两项显示学生想象未来自我处于以英语为媒介的职业社群,但是跟干预前相比,学生的母语类社群、多语者、跨文化社群和认知性社群的排位有所上升,尤其是"多语者、具有多元文化的人群"和"创意类、思想性工作者"。其次,"非英语文化群体"是干预后故事里出现的新生人群。最后,"出国者、旅居他国者"的降位比较明显。在 STORY 一级,"双语、多语素养者"和"文化多样性、创意视角"在干预后的升位较为明显;相反,"削减性认同"的排位有所下降。

第二,有关"地点"这一维度,在 Story 这一级,主要变化发生在"欧美城市、国家"和"个人办公区域、个人住所"这两项,前者在干预后降位明显,后者则升位明显。而在更高一级的 STORY 里,"个人空间"的排位较干预前明显上升。鉴于 STORY 与 Story 前三项之间的潜在关联,干预后的一个明显变化是学生可能更倾向于将"个人办公区域、个人住所"——不是"欧美城市、国家"——看作"社会地位、经济独立"的象征或是能为个人带来自主感的地理空间。

第三，有关"物品、事物"这一维度，在 Story 这一级，首先，"英语"和"外国文化产物、英语媒介产物"的排位都明显下降。而 STORY 的前三项也发生明显改变。其中，"英语资本、外国文化元素、本质化观念"和"英语是世界通用语"的降位都比较明显。其次，"多语、多元文化等于有趣性、多样性、创新性"和"专业技术性、知识性"这两项在干预后的升位较为明显。最后，干预后 STORY 一级更趋多样化："赋权感、社会经济地位"不再与"国际化"捆绑，而"相异文化、权力关系"和"社会主流观念"都是新生主题，显示出学生批判意识的萌生。

在下文，我们将讨论 EAP 课堂干预后的故事写作中浮现出的一个明显主题——自我能动性和社会环境的互动、较量。

干预后的故事中显示出更强的认同建构性和协商性，如片段（21）—（24）所示，对片段（21）的分析在表 4-25 展示。

片段（21）：

It's 2 pm now. I'm having a chat with my friends, we're in a typical Indian street. We came to India three months ago and it is extremely hot here. Our goals in here is three months support education.[1] ‖ Today is the last day of our volunteer teaching and we all feel sad because we have built a great relationships with the students in here.[2] ‖ Maria, our Spanish auntie, can't stop crying and tell us that a student in her class always remind her of her own daughter, but the lovely India girl's farther treats her badly. The girl came to say goodbye with Maria and gave a card which made by herself.[3] ‖ I also received some flowers and cards from my student, but I'm afraid I can't read them now because I feel about to cry and I don't want these gifts get wet by my tears.[4] ‖ We're getting on the bus with silent. All the students stand behind our bus and are covered in dust since the bus start to move. Suddenly the leader of our teaching team find a person is missing, and I tell him that the missing teacher decided to stay in India instead of going back to China.[5] ‖（EAP 干预后——故事 18）

表 4 – 25　　　　　　　　片段（21）的三维三级编码

模块	人物		地点	物品、事物	
1	story：来印度支教的"我" Story：跨文化工作者 STORY：职业社群归属性	story：作支教的伙伴们 Story：国际化团队 STORY：文化多样性	story：典型的印度街道 Story：国外工作场所 STORY：文化资本	story：共同目标 Story：多元文化之间的相融 STORY：赋权感（使命感）	
2	story："我们" Story：跨文化工作者 STORY：职业社群归属性	story：当地学生 Story：非英语文化群体 STORY：社会关系	—	story：最后一天支教、难舍难分 Story：多元文化之间的相融 STORY：具有人文气息的环境	
3	story：既是教师也是母亲的西班牙人 Maria Story：具有多元文化的人群（多元认同） STORY：社会关系	story：既是学生也是女儿的印度小女孩 Story：具有多元文化的人群（多元认同） STORY：社会关系	—	story：小女孩制作的卡片 Story：多元文化之间的相融 STORY：具有人文气息的环境	
4	story：来自中国的"我" Story：跨文化工作者 STORY：社会关系	story："我"的印度学生 Story：外国朋友 STORY：社会关系	—	story：学生送的花和卡片 Story：多元文化之间的相融 STORY：具有人文气息的环境	
5	story：车内沉默的"我们" Story：出国者 STORY：自我无权感	story：车外尘土中的学生 Story：外国朋友 STORY：社会关系	story：决定留下的中国同事 Story：跨文化工作者 STORY：个人能动性	story：大巴车上和车外 Story：个人区域 STORY：地域归属感	story：印度 Story：心理投射 STORY：自主的生活	story：中国 Story：心理投射 STORY：社会主流观念

片段（21）取自一个细节丰富的故事，学生袒露她的灵感来自曾经在社团里耳闻的支教故事（EAP－W1 教师日记）。也就是说这项写作让学生得以连接自己的过去和未来，进而建构自我认同（Ros i Solé，2004）。表4－25 的分析显示了人物认同和归属社群的演变。学生构建了三种二语者。第一种是西班牙人 Maria（模块3）。Maria 通过英语调动了自己和学生的多元认同并和学生建立了跨越文化边界的多层社会关系，包括英语老师—英语学习者、二语倾听者—二语诉说者、母亲—女儿。但是 Maria 最终乘大巴离去，虽然哭诉但并未帮助印度女孩解决实际困难。也就是说，Maria 的能动性是有限的。第二种二语者是"我"，一个具有社群归属感和使命感的二语者（模块1、2、4）。作为这个国际化支教团队的一员，"我"也与当地学生建立了挚友般的关系。"我"一直选择追随群体［见"we"在片段（21）的高频使用］，这在初始给"我"带来了赋权感（模块1），但在结尾却给"我"带来了无权感（模块5），映射了社会群体对于个人能动性的影响。第三种二语者则是那个决定留在印度的中国同伴（模块5），她（或他）与其他人形成对比。结尾的大巴车象征着大多数人的认同转换：不再是支教团队，反而更像一个旅游团，即将离开印度、回归自己的现实生活，也就是归属地。唯有这个决定留下的同伴重建了自己的跨文化工作者认同。片段（21）呈现出学生对于二语者所经受的外界影响以及个人能动性的反思。

另一个例子是片段（22），其构建了"我"在一个合资企业里操演的多种角色："我"既是一个"local Chinese"，也是本地招商活动的策划者，还是一个能连结和协调中外文化差异的专业人士。片段（22）的特色是学生通过描绘"我"的社会行为来建构上述认同角色，其中用到了一系列包含动态动词的描述（见下划线），展现出双语者认同的协商性，而不是给予性："我"在公司内的职位认同源于"我"的行为举措，而不是给予我的职业标签。这跟 EAP 课堂干预前的故事构建趋势形成对比，譬如片段（16）更侧重描述"投资顾问"的既有工作职责，片段（17）更偏向展现"伦敦设计师"这个职业标签能给予"我"的社会和物质资源。

片段（22）：

The woman who is sitting in front of me is my college, Salla. She is about the same age as me. And she is from U. S. As the internationalization and international trade is growing day by day, more and more foreigners come into China, and the company which I'm staying is one of these joint venture companies. As a local Chinese, <u>I helped her a lot</u>, no matter in work or out of work. Now we are <u>discussing about the meeting</u> is going to be held tomorrow. The meeting is quite important because of the appearance of some investors. And Salla wants to <u>make it special</u> like <u>linked with Chinese local culture</u> which is what I'm good at. The existence of me in this company is not only to work as a regular employee, but also <u>to balance the discrepancy of the different culture</u> between foreigners and Chinese which is very important for a joint venture company. （EAP干预后—故事7）

第三个例子为片段（23），故事包括两个人物："我"，一个中文教师；"我"的美国学生John。"我"和John的社会关系不仅存在于当下课堂里（即师生关系），也存在于多个社会空间中，譬如，第一，中西文化族群；第二，中美两国关系（见文中对中美国旗的描述）；第三，英语母语者—非母语者的经典划分。因此，学生如何在上述背景下建构"我"和John的权力关系尤其能展现个人的自我能动性。我们在片段（23）结尾的对话中（见下划线）看出John和"我"之间的几项微妙对比。首先，有关话语风格，John的口语风格（缩略语、"gonna"）以及热情态度对比"我"更加正式的用语（"we will"），"我"似乎不愿刻意模仿John的美式话语风格。其次，有关言语行为，John可能是在询问或协商，但是"我"把握着决定权，彰显教师权力。最后，John提议的"口语课"对比我决定上的"语法课"，似乎映射了"我"的文化资本——中国人在语法教学上的优势。通过上述对比关系，片段（23）将"我"建构为一个能为自己协商象征性权力的双语者，而不仅仅是一个英语二语者或者中文教师。

片段（23）：

It is a classroom decorated especially for Chinese classes. There are some Chinese printings and writings on the wall and a Chinese flag in the front of my classroom holding with the American flag. Around 2 o'clock in the afternoon, students start to come in and the first one is always John, <u>"What're we gonna learn this class? Is it a conversation class?" he asked in an enthusiastic mood. He always shows great passion in Chinese.</u> "Nope, we will have a grammar class." I replied with a smile. （EAP 干预后—故事13）

在最后一个示例中，片段（24）中的"我"既懂股市，也是爱书者、英语小说家、二语者，还是日本料理和纸杯蛋糕的粉丝。故事貌似是在描述稀松平常的生活细节，而正是从这种稀松平常中透露出"我"的文化多样性和认知资本（见表4-26，模块1"物品、事物"一列）。学生在故事中没有侧重于描述"我"的社会属性（如职业）或社会经济资本（如收入、房子），似乎显示"我"从事多语、多文化活动主要源于这些能给"我"带来充实有趣的生活（见表4-26里对"我"这个人物的分析）。但是"我"并非不食人间烟火：文中提到"偏贵的日本料理"，显示出"我"对社会环境的意识，即在中国享受外国文化元素需要经济成本。因此片段（24）里的认同建构是多角度的：学生从认知活动（写书、炒股）、社会关系（丈夫）、知识资本（书籍、字典）、物质享受（日料、蛋糕）、社会观念多个角度来建构"我"的多语者认同。

片段（24）：

I just watched the stock market the last time today. My desk is a little a mess. There are some novels, manuscript of my new writing, a dictionary that helped me write novel in English and my computer.[1] ‖ I call my husband because I'm not sure what we will eat tonight. In fact, I want to eat Japanese food though it's a bit of expensive.[2] ‖ ... We have Japanese food for dinner and buy some book and cupcakes for breakfast.[3] ‖ （EAP 干预后—故事5）

第四章 教学干预前后的自我认同变化 ▶▶ 145

表 4-26 片段（24）的三维三级编码

模块	人物		物品、事物		
1	story: 跨学科的"我" Story: 创意类、思想性工作者 STORY: 文化多样性、创意视角	story: 股市 Story: 专业类活动 STORY: 专业技术性、知识性	story: 小说 Story: 书籍 STORY: 具有人文气息的生活	story: 英文小说书稿 Story: 创意活动 STORY: 多元文化等于创新性	story: 英文字典 Story: 英文 STORY: 英语资本	story: 电脑 Story: 电子产品 STORY: 专业技术性、知识性
2	story: 丈夫 Story: 中国家人 STORY: 社会关系	story: 我 Story: 有社交网络的人 STORY: 充实的生活	story: 偏贵的日本料理 Story: 外国餐饮 STORY: 社会主流观念			
3	story: 我和丈夫 Story: 具有多元文化的人群 STORY: 充实的生活		story: 日本料理 Story: 外国餐饮 STORY: 外国文化元素	story: 书 Story: 书籍 STORY: 具有人文气息的生活	story: 纸杯蛋糕 Story: 外国餐饮 STORY: 外国文化元素	

注：片段（24）没有提到"地点"，故该维度在这里被省略。

六 ESP 课堂干预前的小故事

表 4-13 的分析结果展现出以下几项可见趋势。第一，有关"人物、群体"这一维度，在 Story 这一级，以英语为交际媒介的职业社群是故事中常出现的人物；另外，学生也倾向于将"我"构建为具有社会关系的人。但是，与 CLIL 和 EAP 课堂在干预前的故事写作相比，ESP 学生的故事有几点明显不同（Story 一级）。首先，ESP 干预前的故事更加侧重于构建人物的职业属性，而不是英语使用者认同。譬如，未被界定中外国籍的"同事、客户"和"职业人士"占据可见频数且排名均位于中部以前。其次，"体味生活的人"排位第五。再次，虽然我们已将"多语者、具有多元文化的人群"和"跨文化工作者"合并为一项，但其频数仍是最少的。最后，鉴于 STORY 与 Story 这两级头三项之间的潜在关联，我们推测学生已认识到英语的赋权性。

第二，有关"地点"这一维度，鉴于 STORY 与 Story 前三项之间的潜在关联，我们推测学生倾向于将国际化办公场所、"个人办公区域、个人住所"和"家"作为象征个人社会地位和自我主权感的空间。

第三，有关"物品、事物"这一维度，在 Story 这一级，室内物品频数最高，"英语"排名第二。然而，STORY 这一级的前四项里有三项都或多或少地与英语有关。鉴于上述情况，我们推测学生可能使用"室内装饰、物品"来构建个人的二语文化资本或国际化定位。此外，与 CLIL 和 EAP 课堂在干预前的故事写作相比，ESP 学生的故事有两个明显特色。首先，在 STORY 一级，"国际化""赋权感""社会经济地位"这三者已分家，也就是说，"赋权感""社会经济地位"不一定源于象征"国际化"的事物。其次，在 Story 一级，"娱乐活动"和"心理投射"的排位比较靠前，显示 ESP 干预前的故事更侧重刻画"我"的休闲生活和心理活动。

在下文，我们将使用故事片段来展示 ESP 课堂干预前的故事写作中浮现的主题——很难想象未来。

在干预前，ESP 课堂有学生袒露很难想象自己的未来，学生"陷入沉思……（气氛）有些尴尬……（学生）不知道写些什么"（ESP-W1

教师日记）。作为对策，有学生采用情感抒发，如片段（25）；也有学生采用自嘲来表达彷徨，如片段（26）；有学生试图设想职业场景，但是呈现出刻板印象中的外企工作或是未能展开故事，如片段（27）；也有学生侧重描绘自己理想的社会关系、家庭生活，但这些更像是在投影当下生活，如片段（28）。上述情况在 CLIL 以及 EAP 课堂似乎没有这么明显，我们的猜测是学生在大二进入以英语为媒介的学科专业学习后（除去 ESP 课程，学生还要上四门学科专业课程），ESP 课堂对学生的传统定位——英语学习者、使用者——已不能激发学生的自我能动性和想象力以展望未来。

片段（25）：

想象不出 ten years in the future。就如同 ten years ago 我也想象不出我今天的模样。Life doesn't go the way you want。不管过去与未来怎么样，我们要关注的是当下。Life ≠ dream + regret。Life sucks。我五年前日记中对未来的想象无一实现。所以我对未来的自己并没有一个清晰的概念与印象。黄粱一梦二十年，一切都只是须臾之间。Nothing is given, and nothing can be taken。（ESP 干预前—故事 21）

片段（26）：

Suddenly, my boss, Jack, pushes the door and asks, "what are you doing now?" "I am editing the video and inserting English subtitles." "OK, you may stop doing this because you are fired. Our company bought some advanced service to take the place of you" （ESP 干预前—故事 10）

片段（27）：

Architect is a busy job. I haven't slept for 3 days. The paper with design is everywhere in my office. I still have no idea about the building. Jack is a boss of a business company. He wants me to design a office building for his company. He wants the building can show the company momentum. Up to now, Jack still use email to communicate with me.（ESP 干预前—故事 7）

片段（28）：

Me and my friends are gathering at my home to cook meal for ourself. The reason of choosing my home is because it is the most comfort and the biggest place we can find. I can hear the humming of the oven. I was cooking some beef together with my boyfriend. We're watching some online video which are taught in English.（ESP 干预前—故事 12）

在上述故事中，片段（25）很具有特色，学生使用了语码转换，也使用了异质语（见下划线），包括英语口头禅、数学符号、中文谚语。但是和片段（14）相比，我们能看出两个学生相异的认同建构。虽然片段（25）和片段（14）都使用了语码转换，但是片段（14）中的"我"是个能使用多语资源的社会行事者。相比之下，片段（25）并没有对社会环境做同等程度的描述，更像是通过中英切换来完成情感抒发（譬如"life sucks"）并建构了一个"具有新自由主义倾向"（neoliberal agenda）的双语者（Wernicke, 2018：91）。"新自由主义自我"反对来自外界的约束或宏观调控、提倡个人主义，但同时也承认不论结果好坏"个人都要为自己的行为负责"（Wernicke, 2018：99）。譬如，片段（25）中的"我"挑战了教师布置的故事写作活动和其意义，并使用个人经历和汉语谚语将"关注当下"等同于一种不"假大空"的生活理念。另外，末尾的英文排比句均省去了施动者，因此可以有两种解读：第一，"我"虽不愿付出但也无欲无求；第二，现实虽冷酷但也不能从"我"这里夺取什么。上述两种解读均显示出一种自我主权感。但是，若是比较片段（25）和片段（14），我们能看到：片段（14）在构建自我主权感的同时也构建了"我"在社会里使用话语协商认同、维护人际关系的能动性，而这在片段（25）相对缺失。因此，若是仅仅通过语码转换来彰显自己的语言资源或"多变的动态用语操作"以及赋权感，这是一种"新自由主义自我"（neoliberal self）的体现（Wernick, 2018：99），而这并不是我们教学干预的目标。正如 Wernick（2018：91）所说：双语主义并不仅仅等于使用多种语言的行为，因为这种观念"削弱了语言作为社会行为的复杂性"。

七　ESP 课堂干预后的小故事

表 4-13 的分析结果展现出以下几项可见趋势：第一，有关"人物、群体"这一维度，首先，在 Story 这一级，和干预前一样，学生仍然侧重于刻画英语职业社群和个人的社会关系资源；但与干预前不同的是，学生也更加侧重构建多语多元文化人群或是具有创新认知、赋权性的职业认同。譬如，"跨文化工作者、多语者、具有多元文化的人群"的排位从干预前的最后一位上升至干预后的第一位。再如，"创意类、思想性工作者"的排位从中后位上升至中前位；而"独立经营者"是干预后故事中出现的新生人群，学生想象自己在未来经营餐馆、工作室、学校、加油站等。此外，在干预后，学生没有再侧重将"我"构建为"体味生活的人"，似乎也不再情愿将自我定位为"脑力劳动者"——这两项的降位都很明显。其次，有关 STORY 一级，"跨文化职场""职业社群归属性"以及"双语、多语素养者"这三项在干预后的升位较为明显；而"文化多样性、创意视角"和"个人能动性"则实现了从无到有的质变。上述变化反映出在干预后学生更有意去构建"我"在未来归属的职业社群和多语多文化社群；同时，学生也更有意去构建"我"的赋权性，而不仅是展现个人主义或新自由自我。最后，鉴于 STORY 与 Story 这两级头三项之间的潜在关联，干预后的一个变化是学生更加倾向将个人的多元文化和多元用语认同与个人的社会地位或是个人所处的职场社群文化相关联，显示出多语主义观念萌芽。

第二，有关"地点"这一维度，在 Story 这一级，主要变化发生在"办公场所"，其在干预后的升位十分明显。而在 STORY 一级，"文化资本"和"灵感、艺术、时尚"在排位上超越了"个人空间、远离尘嚣"和"温暖港湾"，显示出 ESP 课堂干预前后故事中意识形态的一些转变：学生从对自我安全感的关注转移到对社会环境的关注，即地理空间蕴含的象征性资本。此外，鉴于 STORY 与 Story 头三项之间的潜在关联，干预后的一个可见变化是学生更倾向于将"办公场所"——不一定是"国际、国外企业或办公场所"——看作象征"社会地位、经济独立"的地理空间。

第三，有关"物品、事物"这一维度，在 Story 这一级，"多语、多元文化之间的相融或不融""学术、探索、创意、专业类活动"和"职场地位"的排位明显上升；相反，"室内装饰、装修、家具、物品""英语""餐饮""动植物""服饰、化妆品"以及"娱乐活动"的排位明显下降。有关 STORY 一级，前三项发生了明显改变。其中，"英语资本、外国文化元素、本质化观念""英语是世界通用语"和"温馨、自主、人文气息的生活或环境"都有所降位。另外，"专业技术性、知识性""跨文化、国际性职场交流或知识研讨"和"赋权感"的升位都较为明显；并且"多语、多元文化等于有趣性、多样性、创新性"的频数从干预前的 0 次升至干预后的 21 次。结合观察 Story 和 STORY 这两级在 ESP 课堂干预后故事写作中的变化，我们的推测是干预后学生更加侧重于在故事中刻画多元文化、认知类活动以及"我"的职场定位（薪水、升职等）并借此构建"我"的认知能动性、灵活多样性以及赋权感，而不仅是在故事中提及"英语"使用，或是通过描述各种物品或娱乐活动来映衬"我"所拥有的英语资本、持有的英语通用语观念或所处的温馨、人文主义环境。

在下文，我们将讨论 ESP 课堂干预后的故事写作中浮现的两个明显主题。

（一）想象力的萌芽和增长：多元文化互动、具有创意的自我

有关上述主题，片段（29）和片段（30）是两个典型例子。这两个片段显示：多元文化并不局限于不同语言社群的文化融合，也可以是融合不同社会阶级、多领域知识、体裁特征或是流行文化元素等。

片段（29）：

It is almost seven o'clock and without ample streetlight like in modern city, the only things I could feel are the moist ancient trees, wet grass and broken branches under my feet and the unknown smell as I breathe.

Upon hearing a sudden wolf howl, I get panicked but keep comforting myself that I am stepping the right direction. Unfortunately the wolf howl gradually gets close to me, as I getting more and more fearsome, at the same time I become full of courage. The time I get ready to fight against whatever frightening creature I am faced with, the wolf howl somehow disappeared. Afterwards I feel a gentle pat on my head and a magnetic voice behind me.

"Are you all right, Hao?"

"Mr. York!" After I hesitate for a second, even I am not aware that I suddenly run into his arms.

The gratefulness and happiness of mine upon him appearing make me forget the tactility of his iced body. （ESP 干预后—故事1）

片段（29）节选自 ESP 课堂干预后一个长达 800 多字的奇幻故事，以第一人称视角讲述了"我"（Hao）和吸血鬼 Mr. York 的爱情故事。学生曾向教师及研究者透露，她"从小学起就看英国侦探小说"的爱好，也"对带有神秘色彩的吸血鬼非常感兴趣"（ESP – W2 教师日记）。在片段（29）中，学生借助奇幻小说这个体裁载体建构了两个认同角色：（1）二语小说家，（2）富有探险精神、不畏世俗的女主 Hao。互文性是片段（29）建构上述认同的主要手段。首先，片段（29）展现出英国哥特式浪漫小说的体裁特征：融入了超自然元素，创建了神秘不祥的环境，描绘了年轻敏感的女主和处于权力上风的男主，也有对女主感官的细腻描述（如"the tactility of his iced body"）。在内容上，片段（29）也有《暮光之城》的影子，譬如多次出现的"wolf howl"，并通过描写黑暗森林来映射人物的心理和性格。值得注意的是，学生并没有为"我"取英文名字，似乎意欲刻画 Hao 和 Mr. York 之间的跨文化"人鬼恋"。通过上述体裁元素和文化所指，学生建构了一个能调动英语和文学资本来施展创意认知的二语作者认同，而这也许就是她的想象性自我。

片段（30）是另外一个展现多元文化互动、创意自我的故事片段。虽然片段（30）并未提及英文，但是"quoted company"这个商科术语映射了学生在专业领域中的二语资本。此外，故事地点、事物和人物也反映出"我"拥有的其他象征性资本（见表 4-27）。譬如，"street corner"可能象征大众文化和掌控大众文化的资本。虽然修理工、上市公司的决策者，以及广告牌的受众来自不同社群、社会阶层，但是他们都认可"我"的作品（所以得以修缮）。这显示"我"的广告创作能触及不同人群的内心，这也是"我"的赋权感来源，支持我追求梦想、抗衡来自父母和朋友的阻力（代表大众和常人，而"我"不想遵循传统社会观念）。值得注意的是，学生并未将"我"建构为拥有较高二语水平的人，而是拥有文化和知识资本的人。我们认为这与学生具有自主性的 ESP 学习经历相关。Costino & Hyon（2007）指出，若是学生仅仅以语言水平为导向来建构"双语者"和"多语者"认同，这可能会影响二语学习动机及课堂行为。譬如，我们在 ESP 干预初始阶段发现有学生缺勤严重，究其原因，缺勤学生认为自己的英语能力已经"可以应付 ESP 考试"，自己在大一也已掌握学术英语的"核心法则"（ESP-W3 教师日记）。但是，培育学生在特定领域中的英语水平和对规则的习得是否为 ESP 课堂的唯一目标或主要目标？ESP 课堂是否也应培养学生融合多种知识（商科专业知识、英语素养、体裁经验等）来创建英语话语的意识和能力？

片段（30）：

I who is a great graphic designer standing on the street corner and looking at a big electronic billboard which is designed by me for a quoted company.[1] ‖ A worker on a ladder is repairing broken part of the billboard. The worker, a weather beaten man, looks down and smiles at me. After he finished his work, he came down the ladder. He said he admired my design. It's creative and a good art for that company.[2] ‖ I am very pleased because that my first designed advertisement adopted by the company. For 10 years, all friends and family member didn't support my dreams. Now, I am successful. I will continue my dream.[3] ‖ （ESP 干预后—故事 19）

表4-27　　　　　　　　片段（30）的三维三级编码

模块	人物		地点	物品、事物
1	story：平面设计师 Story：创意类、思想性工作者 STORY：社会地位、知识资本	story：上市公司 Story：客户 STORY：经济社会地位	story：街角 Story：休闲场所 STORY：文化资本	story："我"设计的电子广告牌 Story：创意、专业类活动 STORY：专业技术性、知识性
2	story：站在梯子上、饱经风霜的修理工 Story：普通人 STORY：人性、大众文化	story：设计师"我" Story：创意类、思想性工作者 STORY：文艺气息、创造力	—	story：正在被修缮的广告牌 Story：心理投射 STORY：赋权感	story：来自修理工的微笑和夸赞 Story：多元文化之间的相融 STORY：赋权感
3	story：获得初步成功的"我" Story：独立经营者 STORY：个人能动性	story：朋友和家人 Story：普通人 STORY：与主流、大众不同的自我定位	—	story："我"的首个被上市公司录用的广告 Story：创意、专业类活动 STORY：赋权感	story：梦想 Story：心理投射 STORY：自主的生活

（二）想象力的萌芽和增长：构建能展现个人合法成员认同的实践社群活动

在干预后，故事中开始呈现一些对实践社群活动的细节描述，显示ESP课堂在干预后的想象力萌芽。譬如，片段（31）、（32）都对一项社会活动作细致描述，包括活动目的、互动模式、社群文化和资源。片段（31）、（32）也都显示"我"通过参与社群活动成就了认同蜕变或经验积累。我们对这两个片段中与"我"有关的所有主句都做了及物性分析。片段（31）主要使用归属过程来描述我的属性转变——从一个初次在美国参与顶级时尚社交活动、心存胆怯的英语二语者和新手演员成长为一个能和资深成员交谈、接受聚光灯的"名人"。虽然学生描述的是一个未来情境，但使用了过去时态：下划线部分从过去式到现在式的时态转变似乎暗示了"我"的成长历程。

片段（31）：

Today is^{Attributive} a big day for everyone, especially for celebrities. Met Gala is holding today in New York City. It is an annual fundraising gala for the benefit of the Metropolitan Museum of Art's Costume Institute. Time has come. Many celebrities are starting to show us with various styles of dress... Since I am^{Attributive} a new actress this year. Every time was^{Attributive} very special for me. I met^{Material} many celebrities. They looked fabulous with designer dresses. I was^{Attributive} little scared to go because it was^{Attributive} first time standing with many people with many flashlights. However, this was^{Attributive} a great experience for me. I got to^{Attributive} talk with so many famous celebrities that I only have been watching on TV or movie screen. Finally, I am standing^{Material} next to them and talking^{Verbal} with them. Dream came true. （ESP 干预后—故事 4）

片段（32）开头提及的"full dive"是一部日本畅销青少年小说。片段（32）描述了一个跨文化合作性项目，其中涉及作家组、游戏平面组、计算机技术组的三方沟通合作，对基于"full drive"的一个 VR 游戏不断修改和优化。片段（32）并非节选，而是学生创作的整个故事。一个显著特色是第一人称单数从未被使用，凸显了群体活动的主要位置。学生使用物质过程来展现"我们"的协作行为。故事反映出未来的"我"将在与族群成员的知识共建中积累经验，学生似乎认识到族群活动对个人"认知发展的核心作用"（Zuengler & Miller, 2006：50）。

片段（32）：

In the meeting room, we discuss^{Material} the technology, named 'full dive', for a new VR game. The key animator group deliver the conceptual design and we talk about^{Material} how to combine the technology with graphic design. To ensure that the overall game world view is set as originally envisioned by the writers, each group is constantly making^{Material} on-the-spot modifications with related software. （ESP 干预后—故事 17）

至此，我们分析了 CLIL、EAP、ESP 这三个课堂里在教学干预前后撰写的 10 年后的"我"的想象性小故事。我们通过实施三维三级编码和频数统计（见表 4-11 至表 4-13）来捕捉每个课堂在干预前和干预后故事中呈现的认同建构特征和主要变化趋势，我们也横向比较了不同课堂。下一章将呈现我们对四个课堂在干预前后英语论文的元话语分析，包括趋势解读和我们有关作者认同建构的讨论。

第 五 章

英语论文的元话语分析和趋势解读

本章回答的研究子问题为：

1. 教学干预初始，在每类课堂中，实验班和对照班的写作语料是否存在具有显著性差异的元话语使用？各类课堂的写作语料展现出怎样的二语作者认同建构趋势？

2. 教学干预结束时，在每类课堂中，实验班和对照班的写作语料之间是否呈现比干预初始时更多的具有显著性差异的元话语类项？实验班和对照班的写作语料显露出怎样不同的二语作者认同建构趋势？

第一节 分析框架和总体结果呈现

分析工具选用 Hyland（2005）中的七类元话语，即理据标记、语码注释语、态度标记、增强语、模糊限制语、介入标记、自称语。这 7 类以互动式元话语为主，因为我们侧重于观察学生与读者的关系构建和自我定位。此外，"理据标记"和"语码注释语"虽隶属于引导式元话语，但这两项能映射作者的象征性资本（互文性）和认知性认同，譬如，选用什么样的理据，或是选择注释哪些内容、以何种方式注释（譬如使用个人经历注释抽象概念，或是使用数据证明上层论点等）。为"更好地解读作者—读者互动，尤其是文本下的深层含义"（Hyland，2017：27），我们对所收集的写作文本实施了反复、多次编码，进而在上述七类元话语项目下创建了子分类（见表 5-1）。子分类的建立完全源于我们对四个课堂所有英语论文的反复审读和实施的归纳分析；同时，我们也利用语用概念——"礼貌策略"（Brown & Levinson，1987）、"言外行为"（Austin，1975）——从交际行为上解读元话语在具体语境中的功能。

表5-1　　　　　本书使用的七类元话语及其子分类

七类元话语及其子类（字母代码）	交际功能、与作者认同建构的关联	示例（元话语下划线标出）
理据标记（EVI）：标记文中想法源于或建立在其他出处上（Hyland, 2010a）。理据标记不是一项机械性的写作技巧，而是作者和已有信息建立关联进而实现自我定位的重要手段（如建构某族群的合法成员认同，或是具有权威性、知情人视角的作者认同等）		
为学术概念、理论框架或阐述提供理据（EVI1）	彰显"我"的理论知识及能从文献获取理论的能力，进而建构自我的学科归属感及学术认同	Corporate social responsibility, or CSR, relates to the ethical principle which requires a company to take social responsibilities for how its behaviours may have influence on the society and the environment <u>(Jobber & Ellis-Chadwick, 2012)</u>.（EAP—结束—实验–CSR1）
为事件、现象或事实性描述提供理据（EVI2）	作者可使用 EVI2 为既有的社会文化事物提供形象解释，并建构"活学活用"的作者认同。然而，滥用 EVI2 可使读者产生作者无法施展理论性研讨或批判性分析的印象	"Nice" originated from old French, whose etymology was <u>"nescius" in Latin, which meant "ignorant, unaware" (Online etymology dictionary, n. d.)</u>.（CLIL—初始—实验–SEM67）
为观点、看法提供理据（EVI3）	显示"我"能为观点提供支持并能关联既有研究、前人话语。这种互文性能提升当前论述的相关性和严谨性，进而建构知性的研究者或讨论者认同	<u>According to Jin (2014)</u>, H&M has kept prices low as its core competitive advantage.（ESP 初始—实验–MARK4）

续表

七类元话语及其子类（字母代码）	交际功能、与作者认同建构的关联	示例（元话语下划线标出）

语码注释语（CG）：采用替代措辞、补充解释或示例等来注释之前的论述或信息，从而"确保读者更容易理解"甚至赞同所读内容（Hyland, 2005：52）

七类元话语及其子类（字母代码）	交际功能、与作者认同建构的关联	示例（元话语下划线标出）
拓展、加深论点的语码注释语（CG1）	可制造论述的层次感（譬如由浅及深，或由抽象观点到实际操作等），也能体现"我"对读者认知需求的考虑。CG1 尤其适用于循证论述，可用来建构具备观察深度、细致辩证能力的作者认同	However, it is highly recommended that Nestle should attach importance to its food product quality. <u>For example</u>, it could set some fixed dates as "Factory Opening days" and invite celebrities and customers to visit the factories.（ESP—初始—实验-MARK21）
仅提供概括性注释、简略解释或示例，或使用中英翻译、首字母缩略词或直引作为语码注释语（CG2）	虽不侧重"我"的独到见解，但能使文章内容更易懂、更具连贯性。但若滥用，会展现出一个侧重机械性注释、缺乏原创思考的作者形象	Although Jobs<u>, the speaker,</u> has the more powerful social position than the listeners<u>, students,</u> it seems that he tried to show his modesty by contrasting himself dropping out with "the finest university" at the beginning.（CLIL—结束—实验-CDA105）
补充具体名称或索引代码（如表格号），提供具体所指物或枚举具体组成部分的语码注释语（CG3）	先点明主题架构或说明性质，再提供具体所指物。CG3 能建构有条理、具备宏观视角的写作者认同	The research of Johns Hopkins University in the United States shows that soft subject has three major influences on students<u>:</u> first, it helps to cultivate people's healthy and rich emotional world; second, it helps to develop people's comprehensive thinking; third, it helps to strengthen moral education and help morality with beauty.（EAP—初始—实验-ART10）
突出关键案例或关键点的语码注释语（CG4）	能建构具备选择性和掌控力的作者认同，但是滥用可映射出一个言语啰唆的作者形象	The word gender<u>, particularly</u> in spoken and academic context, thus will be analyzed in this analysis in order to obtain a deep understanding of gender from linguistic angle.（CLIL—结束—实验-COCA60）

续表

七类元话语及其子类（字母代码）	交际功能、与作者认同建构的关联	示例（元话语下划线标出）
态度标记（AM）：态度标记不用于传达客观、知识技术性评估，而是用于表达主观态度，如"惊讶、赞同、重要性、必要性或挫折感等"（Hyland，2005：53）		
具体论证里的主观评估（AM1）	可提升"我"的评估声音、宣明"我"的立场，并塑造批判性思考者认同。然而，在特定体裁里，滥用 AM1 可使读者产生作者不够专业、不按事实说话的印象	The word used in the context has a clear intonation of <u>contempt and irony</u>（烟霞散人，1688）.（CLIL—初始—实验 - SEM5） H&M is a worldwide fast fashion brand, designing and providing a wider variety of fashion collections but with <u>relatively low quality</u>（Jin，2014）.（ESP—初始—实验 - MARK4）
笼统、常识性评论里的主观评估（AM2）	容易造成老生常谈、缺乏原创思考的作者形象	Finally, vocabulary plays an <u>important</u> role in writing …（公共英语—结束—实验 - CE41）
包含个人感情或道德判断的标记（AM3）	有效的情感分享、道德呼吁能展示"我"的人格魅力，吸引读者从"我"的视角感知当下问题，并建构具有人情味、亲和力的作者认同。然而，若使用不当，可制造视角狭隘、不够学术的作者形象	Most people <u>want to get the highest pay for the least work</u>.（公共英语—初始—实验 - WORK17） For example, imaginative scientists are popular in society instead of <u>rigid scientists who just follow the books</u>.（EAP—初始—实验 - ART23）
增强语（B）："作者预测到读者会有不同看法"，进而采用增强语来提升论述的确定性，同时塑造出"一个自信且唯一性的话语声"，最终"减小读者提出异议的可能性"（Hyland，2005：52 - 53）		
表明确定性或加重语气的增强语（B1）	表达"我"的信念并希望读者会"英雄所见略同"，可建构具有权威性或号召力的作者认同。但滥用会生成武断、缺乏辩证思考甚至是自以为是的作者形象	It is <u>true</u> that a large number of pupils learn more about English writing skills from participating the college English course.（公共英语—结束—实验 - CE8）

续表

七类元话语及其子类（字母代码）	交际功能、与作者认同建构的关联	示例（元话语下划线标出）
彰显话语者对其观点负责的增强语（B2）	可展现"我"的内行人认知或知情人地位，进而建构"我"在特定族群的归属性	Both Microsoft and Casio <u>care about</u> the demand of employees' when they are working at companies.（EAP—结束—实验 – CSR7）
强调数量、频率、适用性、严重性或重要性的增强语（B3）	减小导致多种解读的可能性。有时能建构论述明朗有力的作者认同，若使用不当则可能生成操纵读者、夸大其词的作者形象	Consequently, they may have <u>a considerable number</u> of "friends" whereas merely a few of them would stay in contact and <u>majority of them</u> would not often interact in the daily life, which leads to the zombie friends (Li, 2015).（CLIL—初始—实验 – SEM100） People in low wage jobs have <u>no money</u> to spend ...（公共英语—初始—实验 – WORK3）

模糊限制语（H）：和增强语相反，作者承认"自我立场的主观性"，所以使用模糊限制语将论述"以个人看法而不是事实的形式呈现"，意在和读者开启讨论，进而暗示"对读者的尊重"（Hyland，2005：52 – 53）

| 显示让步或谦虚语气的限制语（H1） | 承认可能存在的认知局限，建构谦虚客气、尊重知识和读者地位的作者认同 | This small-scale study describes some factors that <u>would be</u> a useful orientation for contemporary companies to adjust a more efficient and attractive communication environment.（ESP—结束—实验 – RR13） |
| 侧重将论证呈现为个人言论、猜测或个人解读的限制语（H2） | 展现知识社群奉行的"百家之言"，使用得当可建构思考者、推断者、解读者认同。然而，H2 可能被滥用，制造不敢担负责任、缺乏明确分析的作者形象 | On the contrary, in academic context, <u>it appears that</u> gender identity paralleled with sexual orientation ...（CLIL—结束—实验 – COCA60） |

续表

七类元话语及其子类（字母代码）	交际功能、与作者认同建构的关联	示例（元话语下划线标出）
用于谨慎描述趋势、潜藏因素或核心本质的限制语（H3）	可用于捕捉、提炼主要规律，进而操演"知识制造者"或"分析者"的认知角色	When talking about "土豪", the mention <u>mainly</u> are ironic and joking.（CLIL—初始—实验-SEM49）

介入标记（EM）：用于"抓住读者的注意力"，增强和读者的互动及"凝聚力"，将读者带入讨论并引导读者跟随作者思路做出判断，激活与读者"共有的背景及认知"（Hyland，2005：53-54）

直接介入标记——通过"you、your、we、our、everyone"等（EM1）	使用得当可塑造一个和读者直接交流的作者形象。若滥用则可导致过于随意、文笔不够高级精炼的作者形象	Secondly, <u>we</u> can meet more people in the process of trying a new career, so that <u>we</u> can learn a lot of things that <u>we</u> can't, broaden <u>our</u> horizon, and make <u>ourselves</u> more powerful.（公共英语—初始—实验-WORK66）
间接介入标记——唤起读者与作者的共有认知或引导读者关注特定信息（EM2）	提出和读者的社会生活相关的倡导、需求，或是点明特定信息的紧迫性、相关性或实用性，和读者制造共情，"我"仿佛与读者共为会议参与者和发言者	Although much work has been done to date, more studies <u>need to be conducted</u> to ascertain the current graduating students' attitudes to the different forms of communication in the workplace.（ESP—结束—实验-RR19）
间接介入标记——借助新颖、生动、俏皮的语言或文学艺术性表达手段抓住读者的注意力（EM3）	能展现文笔或使文章脱颖而出，赢得读者的认同甚至是好感。使用得当可建构有趣、具有个人魅力的作者认同；使用不当可让人感觉作者搞怪、文风奇怪	But as you have a fantastic writing skill, you not have to <u>scratch your ears and cheeks in embarrassment</u> with the writing skills.（公共英语—结束—实验-CE62）

续表

七类元话语及其子类（字母代码）	交际功能、与作者认同建构的关联	示例（元话语下划线标出）
自称语（SM）：用于提升作者在文章里的"自我表征"，凸显作者本人在表达观点、提及他人他事或与读者互动时的个人话语声或"个人身影"（Hyland, 2005：53）		
凸显"我"的学术声音（SM1）	可建构具有认知话语权的作者认同	In this short essay, previous work will be introduced and I will try to form my conclusion in the end. （EAP—初始—实验-ART12）
凸显自我情感、个人视角或独特经历（SM2）	可借助个人经历、视角推进或展开论点。使用得当可建构具有人文情怀的作者认同；使用不当会给人过于自我或不够学术的印象	Take my personal experience for instance. Although tuhao is frequently used among my circle of friends for banter or mentioned on various platforms, virtually no one is willing to be authentically identified as tuhao. （CLIL—初始—实验-SEM49）.
代表某群体发言、展现群体身份认同（SM3）	展现论述的社会含义，并建构具有社会归属性的作者认同	Secondly, for our practice of English essay, tutors tend to give us the total score and assessment at the end of the essay leading to us students are unaware of our mistakes. （公共英语—结束—实验-CE35）

  有关我们在四类课堂中收集的英语论文数据（写作任务、收集数量），见表5-2。本章将展示定量分析结果，并在此基础上对论文片段中体现的作者认同作定性解读。首先，通过百分比统计、卡方独立性检验和卡方拟合优度检验，我们计算并比较了各类课堂在干预初始及结束阶段实验班和对照班的元话语使用特征，并确定两班之间是否存在显著性差异。其次，根据统计数据显示的趋势，我们对论文片段进行深度解读，我们通过观察元话语的具体使用来解读学生对外界已有观念及信息的评估、对读者—读者关系的维系以及自我定位。

表 5-2　四类课堂里收集的英语论文

课堂类型	文本收集时间	组别	文本篇数	体裁	写作题目	总字数	每篇均字数
大二 CLIL 课堂（语言学入门课）	干预初始阶段（第 3 周）	实验班	108	分析性学科论文	运用语义学来分析某个词的社会使用及其情感内涵——这个词须经历了含义上的演变或者含义存在争议	61179	566
		对照班	110			63672	579
	干预结束阶段（第 12 周）	实验班	105	分析性学科论文	二选一：(1) 运用批判性语篇分析来考察某文本里暗含的意识形态、隐含观点及权力关系 (2) 运用语料库语言学手段及 "美国当代英语语料库"（COCA）来分析某个词在两种体裁中的不同使用	68283	650
		对照班	105			62087	591
大一 EAP 课堂	干预初始阶段（第 1 周）	实验班	23	学术性议论文	高中是否应优先考虑并发展艺术类科目	13081	569
		对照班	21	学术性议论文		11761	560
	干预结束阶段（第 10 周）	实验班	23	学术性议论文	企业社会责任——比较两家跨国企业并评估哪家对其员工更负社会责任	25998	1130
		对照班	19	学术性议论文		21717	1143

续表

课堂类型	文本收集时间	组别	文本篇数	体裁	写作题目	总字数	每篇均字数
大二ESP课堂	干预初始阶段（第6周）	实验班	22	商科应用类写作	选用以下任一营销模型（SWOT、4Ps、PESTEL、STP）来评估某外企在中国的营销策略，并为该企业提出至少一项战略性建议	6644	302
		对照班	23			6974	303
	干预结束阶段（第17周）	实验班	19	商科研究报告	设计一个定性研究来调查当代大学生的工作期望——选定具体的研究课题，做主题分析，总结发现并提出建议。设定的读者为公司人事部门	24935	1312
		对照班	20			25478	1274
大一公共英语课堂	干预初始阶段（第1周）	实验班	67	一般议论文	跳槽现象越来越普遍。你认为根本原因是什么？跳槽现象是否反映了社会进步？	14526	217
		对照班	65			14308	220
	干预结束阶段（第13周）	实验班	67	一般议论文	有些人提出，大学英语写作课不应仅为应付四六级考试。你怎么看？请开展批判性讨论	18916	282
		对照班	66			18530	281

第二节　四类课堂在干预初始阶段的统计分析结果

针对教学干预初始阶段收集的英语论文，我们首先实施了卡方独立性检验。具体结果见表 5 – 3。表 5 – 3 显示，在这四类课堂中，实验班与对照班的元话语使用均不存在显著差异。

表 5 – 3　干预初始阶段实验班与对照班元话语使用的卡方独立性检验结果

课堂类型	实验班与对照班的元话语差异性
大二 CLIL	$X^2 = 4.735$，$df = 6$，$p = 0.578$
大一 EAP	$X^2 = 0.636$，$df = 6$，$p = 0.996$
大二 ESP	$X^2 = 2.281$，$df = 6$，$p = 0.892$
大一公共英语	$X^2 = 2.281$，$df = 6$，$p = 0.892$

针对干预初始阶段收集的写作文本，我们继而实施了卡方拟合优度检验。具体结果见表 5 – 4 至表 5 – 7。结果显示：（1）大一 EAP 及大二 ESP 的实验班和对照班未出现任何显著性差异；（2）大二 CLIL 及大一公共英语的实验班和对照班仅有少数元话语大类、子类或元话语总频数呈现显著性差异。所有呈现显著性差异的元话语项目在表 5 – 4、表 5 – 7 中都以灰色突出显示。

表 5 – 4　干预初始阶段 CLIL 课堂的元话语频数、占比、标准化频率及差异显著性

元话语大类及其子类		大二 CLIL 课堂					差异显著性 (p)
		频数、占比（%）			标准化频率（每万词）			
		实验班		对照班		实验班	对照班	
七类元话语总频数		4618		4602		754.8	722.8	0.037
理据标记（EVI）		541	11.72	576	12.52	88.4	90.4	0.704
子类	EVI1	2	0.04	4	0.09	0.3	0.6	—
	EVI2	145	3.14	125	2.72	23.7	19.6	0.122
	EVI3	394	8.53	447	9.71	64.4	70.2	0.212

续表

元话语大类及其子类		大二 CLIL 课堂						差异显著性 (p)
		频数、占比（%）				标准化频率（每万词）		
		实验班		对照班		实验班	对照班	
语码注释语（CG）		1139	24.66	1127	24.49	186.2	177.0	0.229
子类	CG1	540	11.69	538	11.69	88.3	84.5	0.474
	CG2	454	9.83	441	9.58	74.2	69.2	0.302
	CG3	78	1.69	94	2.04	12.7	14.8	0.338
	CG4	67	1.45	54	1.17	11.0	8.5	0.161
态度标记（AM）		654	14.16	668	14.52	106.9	104.9	0.733
子类	AM1	503	10.89	546	11.86	82.2	85.8	0.496
	AM2	45	0.97	49	1.06	7.4	7.7	0.827
	AM3	106	2.30	73	1.59	17.3	11.4	0.006
增强语（B）		560	12.13	533	11.58	91.5	83.7	0.140
子类	B1	279	6.04	297	6.45	45.6	46.7	0.787
	B2	49	1.06	34	0.74	8.0	5.3	0.067
	B3	232	5.02	202	4.39	37.9	31.7	0.063
模糊限制语（H）		1058	22.91	1080	23.47	172.9	169.6	0.654
子类	H1	519	11.24	542	11.78	84.8	85.1	0.956
	H2	254	5.50	277	6.02	41.5	43.5	0.591
	H3	285	6.17	261	5.67	46.6	41.0	0.135
介入标记（EM）		374	8.10	362	7.87	61.1	56.9	0.325
子类	EM1	101	2.19	66	1.43	16.5	10.4	0.003
	EM2	189	4.09	220	4.78	30.9	34.6	0.259
	EM3	84	1.82	76	1.65	13.7	11.9	0.376
自称语（SM）		292	6.32	256	5.56	47.7	40.2	0.045
子类	SM1	123	2.66	139	3.02	20.1	21.8	0.506
	SM2	136	2.94	90	1.96	22.2	14.1	<0.001
	SM3	33	0.71	27	0.59	5.4	4.3	0.353

注：当元话语的频数在两个班均≤5 时，差异显著性不作统计。所有展现出显著性差异的元话语项目都以灰色突出显示。

表 5–5 干预初始阶段 EAP 课堂的元话语频数、占比、标准化频率及差异显著性

元话语大类及其子类		大一 EAP 课堂					差异显著性 (p)
		频数、占比（%）			标准化频率（每万词）		
		实验班		对照班		实验班	对照班	
七类元话语总频数		1266		1146		967.8	974.4	0.868
理据标记（EVI）		163	12.88	140	12.22	124.6	119.0	0.691
子类	EVI1	0	0	0	0	0	0	—
	EVI2	5	0.39	4	0.35	3.8	3.4	—
	EVI3	158	12.48	136	11.87	120.8	115.6	0.710
语码注释语（CG）		142	11.22	137	11.95	108.5	116.5	0.556
子类	CG1	75	5.92	75	6.54	57.3	63.8	0.515
	CG2	56	4.42	46	4.01	42.8	39.1	0.650
	CG3	0	0	4	0.35	0	3.4	—
	CG4	11	0.87	12	1.05	8.4	10.2	0.643
态度标记（AM）		229	18.09	203	17.71	175.1	172.6	0.883
子类	AM1	193	15.24	170	14.83	147.6	144.5	0.845
	AM2	22	1.74	17	1.48	16.8	14.5	0.639
	AM3	14	1.11	16	1.40	10.7	13.6	0.511
增强语（B）		304	24.01	277	24.17	232.4	235.5	0.872
子类	B1	162	12.80	148	12.91	123.8	125.8	0.888
	B2	31	2.45	32	2.79	23.7	27.2	0.583
	B3	111	8.77	97	8.46	84.9	82.5	0.838
模糊限制语（H）		255	20.14	228	19.90	194.9	193.9	0.951
子类	H1	149	11.77	131	11.43	113.9	111.4	0.852
	H2	67	5.29	66	5.76	51.2	56.1	0.598
	H3	39	3.08	31	2.71	29.8	26.4	0.608
介入标记（EM）		152	12.01	142	12.39	116.2	120.7	0.743
子类	EM1	46	3.63	36	3.14	35.2	30.6	0.533
	EM2	93	7.35	93	8.12	71.1	79.1	0.468
	EM3	13	1.03	13	1.13	9.9	11.0	0.786

续表

元话语大类及其子类		大一 EAP 课堂					差异显著性 (p)
		频数、占比(%)			标准化频率(每万词)		
		实验班		对照班		实验班	对照班	
自称语（SM）		21	1.66	19	1.66	16.1	16.2	0.984
子类	SM1	20	1.58	19	1.66	15.3	16.2	0.863
	SM2	1	0.08	0	0	0.8	0	—
	SM3	0	0	0	0	0	0	—

注：当元话语的频数在两个班均≤5时，差异显著性不作统计。所有展现出显著性差异的元话语项目都以灰色突出显示。

表 5-6　干预初始阶段 ESP 课堂的元话语频数、标准化频率及差异显著性

元话语大类及其子类		大二 ESP 课堂					差异显著性 (p)
		频数、占比(%)			标准化频率(每万词)		
		实验班		对照班		实验班	对照班	
七类元话语总频数		591		561		889.5	804.4	0.088
理据标记（EVI）		114	19.29	106	18.89	171.6	152.0	0.369
子类	EVI1	2	0.34	2	0.36	3.0	2.9	—
	EVI2	33	5.58	39	6.95	49.7	55.9	0.616
	EVI3	79	13.37	65	11.59	118.9	93.2	0.145
语码注释语（CG）		110	18.61	98	17.47	165.6	140.5	0.237
子类	CG1	84	14.21	67	11.94	126.4	96.1	0.093
	CG2	11	1.86	15	2.67	16.6	21.5	0.509
	CG3	13	2.20	10	1.78	19.6	14.3	0.458
	CG4	2	0.34	6	1.07	3.0	8.6	—
态度标记（AM）		57	9.64	59	10.52	85.8	90.7	0.940
子类	AM1	51	8.63	49	8.73	76.8	70.3	0.658
	AM2	5	0.85	5	0.89	7.5	7.2	—
	AM3	1	0.17	5	0.89	1.5	7.2	—

续表

元话语大类及其子类		大二 ESP 课堂					差异显著性（p）
		频数、占比（%）		标准化频率（每万词）			
		实验班	对照班		实验班	对照班	
增强语（B）		109	18.44	119	21.21	164.1	170.6	0.767
子类	B1	35	5.92	38	6.77	52.7	54.5	0.885
	B2	6	1.02	7	1.25	9.0	10.0	0.929*
	B3	68	11.51	74	13.19	102.4	106.1	0.830
模糊限制语（H）		127	21.49	108	19.25	191.2	154.9	0.107
子类	H1	79	13.37	70	12.48	118.9	100.4	0.301
	H2	13	2.20	11	1.96	19.6	15.8	0.598
	H3	35	5.92	27	4.81	52.7	38.7	0.227
介入标记（EM）		67	11.34	64	11.41	100.8	91.8	0.589
子类	EM1	1	0.17	1	0.18	1.5	1.4	—
	EM2	57	9.64	52	9.27	85.8	74.6	0.464
	EM3	9	1.52	11	1.96	13.5	15.8	0.906*
自称语（SM）		7	1.18	7	1.25	10.5	10.0	0.860*
子类	SM1	7	1.18	7	1.25	10.5	10.0	0.860*
	SM2	0	0	0	0	0	0	—
	SM3	0	0	0	0	0	0	—

注：*表示当元话语的频数在至少一个班≤10 并 >5 时，使用 Yates 修正来统计差异显著性。当元话语的频数在两个班均≤5 时或在两个班的频数之和≤10 时，差异显著性不作统计。所有展现出显著性差异的元话语项目都以灰色突出显示。

表 5-7　　干预初始阶段公共英语课堂的元话语频数、标准化频率及差异显著性

元话语大类及其子类	大一公共英语课堂				差异显著性（p）
	频数、占比（%）		标准化频率（每万词）		
	实验班	对照班	实验班	对照班	
七类元话语总频数	1818	1932	1251.5	1350.3	0.020

续表

元话语大类及其子类		大一公共英语课堂					差异显著性 (p)
		频数、占比（%）			标准化频率（每万词）		
		实验班		对照班		实验班	对照班	
理据标记（EVI）		8	0.44	9	0.47	5.5	6.3	0.975*
子类	EVI1	0	0	0	0	0	0	—
	EVI2	0	0	0	0	0	0	—
	EVI3	8	0.44	9	0.47	5.5	6.3	0.975*
语码注释语（CG）		133	7.32	143	7.40	91.7	99.9	0.467
子类	CG1	131	7.21	139	7.19	90.3	97.1	0.541
	CG2	2	0.11	4	0.21	1.4	2.8	—
	CG3	0	0	0	0	0	0	—
	CG4	0	0	0	0	0	0	—
态度标记（AM）		303	16.67	323	16.72	208.6	225.7	0.323
子类	AM1	233	12.82	233	12.06	160.4	162.8	0.870
	AM2	0	0	9	0.47	0	6.3	—
	AM3	70	3.85	81	4.19	48.2	56.6	0.323
增强语（B）		647	35.59	678	35.09	445.4	473.9	0.260
子类	B1	326	17.93	336	17.39	224.4	234.8	0.560
	B2	99	5.45	107	5.54	68.2	74.8	0.505
	B3	222	12.21	235	12.16	152.8	164.3	0.441
模糊限制语（H）		228	12.54	201	10.40	157.0	140.5	0.251
子类	H1	164	9.02	137	7.09	112.9	95.8	0.154
	H2	55	3.03	50	2.59	37.9	34.9	0.681
	H3	9	0.50	14	0.72	6.2	9.8	0.383*
介入标记（EM）		353	19.42	410	21.22	243.0	286.6	0.023
子类	EM1	218	11.99	268	13.87	150.1	187.3	0.015
	EM2	86	4.73	91	4.71	59.2	63.6	0.634
	EM3	49	2.70	51	2.64	33.7	35.7	0.783
自称语（SM）		146	8.03	168	8.70	100.5	117.4	0.169

第五章 英语论文的元话语分析和趋势解读　171

续表

元话语大类及其子类		大一公共英语课堂					差异显著性 (p)
		频数、占比（%）			标准化频率（每万词）		
		实验班	对照班		实验班	对照班	
子类	SM1	106	5.83	110　5.69	73.0	76.9	0.702
	SM2	40	2.20	58　3.00	27.5	40.5	0.058
	SM3	0	0	0　0	0	0	—

注：＊表示当元话语的频数在至少一个班≤10 并＞5 时，使用 Yates 修正来统计差异显著性。当元话语的频数在两个班均≤5 时或在两个班的频数之和≤10 时，差异显著性不作统计。所有展现出显著性差异的元话语项目都以灰色突出显示。

第三节　干预初始阶段各类课堂的英语论文展现出怎样的作者认同建构趋势？

统计表明，在教学干预初始阶段，CLIL、EAP 及 ESP 课堂的写作文本（不论是实验班还是对照班），相比公共英语课堂，呈现占比明显更高的理据标记（尤其是 EVI3）和占比更高且种类更多的语码注释语。虽然这很可能跟学术写作体裁有关，但是理据和语码注释语并不是学术写作的专利，譬如在一般议论文里作者可以引用新闻报道或名人名言作为理据，或是使用语码注释语来制造具有层次的论述。换句话说，我们认为CLIL、EAP 及 ESP 这三个课堂的英语写作相比公共英语课堂展现出更强的互文性及对读者需求的认知。统计还显示，在干预初始，公共英语课堂的英语写作，相比其他三类课堂，首先，大二课堂的语码注释语占比明显高于大一课堂。其次，大一课堂的态度标记占比［尤其是 AMD 和增强语占比（B1、B2）］均明显高于大二课堂。这可能表明公共英语课堂的英语写作倾向构建更近的作者—读者关系，但并不侧重建构谨慎、谦逊的讨论者认同。

统计还发现大二（ESP、CLIL）与大一（EAP、公共英语）的元话语使用有明显区别。上述发现似乎表明大一和大二学生倾向于使用不同的元话语策略来建构作者认同。大一学生更倾向于使用态度标记和增强语来建构态度鲜明的作者认同。相比之下，大二学生更倾向使用语码注释语来建构以读者为本、开展清晰论述的作者认同。

此外，统计结果表明元话语使用也与不同课堂的社会情境因素有关，包括写作体裁、写作任务要求、教学目标、教师期望等。第一，我们观察到在干预初始阶段，ESP 课堂的态度标记占比（尤其是 AM1 和 AM3）低于其他三类课堂；但同时，ESP 课堂的 CG3 占比明显高于其他三类课堂。上述趋势体现出大二 ESP 学生对营销分析报告这个体裁的社会功能具有一定认知。学生有意识使用 CG3 来操演用事实说话的职业性认同，减少使用 AM1 及 AM3，避免制造情绪化、偏执或妄下判断的营销分析员形象。第二，我们还观察到，干预初始，CLIL 课堂里增强语子类 B3 的占比低于其他三类课堂，CLIL 课堂里模糊限制语子类 H2 的占比高于其他三类课堂。上述趋势显示 CLIL 学生更倾向于把论述呈现为个人推测而不是唯一性解读。上述趋势可能与 CLIL 的写作任务以及人文社科领域的学术文化有关：相比理工科，人文学科更看重相对主义认知（Relativist paradigm）及对文本数据的语境化、多样解读。

下面我们将针对初始阶段收集的英语论文做文本片段解读，重在探讨每类课堂的主流认同建构趋势及显露的教学问题等。

一 CLIL 课堂的初始阶段：谨慎观察、引导读者，但有时也会制造笼统论述的二语学科作者

首先，干预初始，语码注释语在 CLIL 课堂的占比（实验班 24.66%，对照班 24.49%）是其在公共英语课堂占比（实验班 7.32%，对照班 7.40%）的三倍多。语码注释语可被用来隐形操纵读者认知：作者策略性地"扩展当前信息从而确保读者将按作者期待的方式解读信息里的重要细节或深层含义"（Hyland，2005：76）。CG2、CG3 和 CG4 在 CLIL 课堂的占比（不论是实验班还是对照班）均高于其他三类课堂。此外，值得注意的是，相比于其他三类课堂，增强语在 CLIL 的占比最低，同时模糊限制语在 CLIL 的占比最高，共同建构了一个谦虚谨慎的作者形象。在下文，我们使用示例（1）、（2）来说明 CLIL 课堂在干预初始阶段呈现的上述元话语策略（元话语已用下划线标出；括号内两星号间为元话语编

码；原文的语言问题未作任何修正）。

（1）... it may be safe to say（*H1*）that Gongzhi, especially（*CG4*）in online context, has a relatively（*H3*）negative semantic prosody. Besides, the search results of Gongzhi in BLCU Corpus Center (2018)（*EVI3*）also suggests（*H2*）that the its associative meaning is likely to（*H3*）have a strong（*B3*）connection with reverse nationalism and treason. （CLIL—初始—对照 - SEM83）

（2）Around 67% of luxury products purchased by Chinese people are abroad, which（*CG1*）can be considered（*H2*）as a Chinese-style flaunt（*AM1*）(Economist, 2014)（*EVI3*）. This may（*H1*）be utilized to describe how a typical Chinese tuhao behaves. Tuhao (土豪)（*CG2*）,（*CG1*）ranking as one of the most popular（*AM2*）new words in China over the recent years, can（*H1*）be defined as... （CLIL—初始—实验 - SEM97）

在示例（1）中，作者结合使用语码注释语和模糊限制语，操演了具有解读能力的语义分析者。相比于示例（1），示例（2）加入了态度标记，分别为 AM1 和 AM2。值得注意的是，两个态度标记均嵌在 CG1 中：作者貌似在补充拓展之前的信息，实则在引导读者从"Chinese-style flaunt"及"one of the most popular new words in China"这两个特定角度来理解"土豪"这个词背后的价值观。虽然示例（2）未使用任何增强语，但是作者操演了中国社会文化的知情人，一定程度上增强了论述的说服力。

另外，根据表 5-4 的统计结果，CLIL 课堂在干预初始阶段的元话语使用也显露出一些写作问题。比如，介入标记及其子类 EM2 在 CLIL 课堂的占比是四类课堂里最低的：CLIL 学生似乎意识到自己在语言学学科族群的"新人"身份，继而不太主动介入读者开展知识共建。另一个问题是：在 CLIL 课堂，模糊限制语有时会被机械性使用或滥用，加之增强语偏少,论述可能会变得笼统、含糊,譬如示例(3)。

(3) Nowadays, with the awareness of equality and human nature, more and more people <u>tend to</u> (*H3*) mention "feminism" in their daily lives<u>, which</u> (*CG1*) <u>usually</u> (*H3*) means the appeal for women's rights and equality <u>under normal circumstances</u> (*H3*). However, there are still <u>some</u> (*H3*) changes about the meaning with the times. (CLIL—初始—对照-SEM110)

示例(3)借助 H3 的密集使用,谨慎地表达了几项社会趋势。学生貌似建构了观察者认同,但是,H3 实则成了笼统论述的挡箭牌。譬如,学生并未细说这些在日常生活中倾向于谈论"feminism"的人是哪类社会群体(即"more and more people"指代谁),"normal circumstances"究竟是什么场合,"some changes"具体指哪些变化。因此,示例(3)缺乏原创性论证。

二 EAP 课堂:立场鲜明的学术英语写作新人

在干预初始,EAP 课堂实验班和对照班展现出相似的元话语使用趋势,统计显示两班之间不存在任何显著性差异(见表 5-5)。首先,EAP 写作文本最明显的趋势是态度标记和增强语的高占比。其中,态度标记 AM 及子类 AM1 在 EAP 课堂的占比是四类课堂里最高的:AM 和 AM1 在 EAP 课堂的占比为其在 ESP 课堂对应占比的一倍之多。此外,增强语(B)及子类 B1 在 EAP 课堂的各自占比为其在 CLIL 课堂对应占比的两倍左右。另外一个值得注意的趋势是,EAP 课堂展露出占比较高的 EM2 (四类课堂里的第二高),同时 EM3 在 EAP 课堂的占比又是四类课堂里最低的。这表明学生侧重于诉诸共有认知,而不是新颖的文体手段,来说服读者。有关上述两项趋势,我们的解读如下。第一,对于大多数经历了中国高中应试教育及高考洗礼的大一学生来说,英语学术写作的核心要素是批判性思考,但是在学术英语的本质化观念的影响下(个人主义、自由精神),学生很容易将批判性思考简化为敢于发表个人观点、敢于表达立场。显然，这种简化能帮助英语水平尚不成熟的大一学生构建赋权性话语声，譬如示例（4）、（5）。

(4) In the all of the world (＊B3＊), culture power has been an significant criteria (＊AM2＊) of a national comprehensive strength. Although governments attach importance to the subject-based curriculum, it eliminate (＊AM1＊) the disciplines of art in high school at the same time. （EAP—初始—对照 - ART4）

示例（4）的基础语言问题较为明显。但同时，学生通过使用态度标记和增强语在文本中投影了鲜明话语声。示例（5）则采用了另外一种策略。示例（5）的语言问题并不多；相比于示例（4），示例（5）的语体更加口语化，譬如呈现出重复性论述（见第一句话内的两个分句），使用了口语化词语"huge""meaningless"，呈现道听途说（"some people think…"）。上述特征建构了一个"演讲者"形象（如辩论中的发言者）而不是学术写作者认同。我们认为，这种演讲者角色更容易让初入 EAP 课堂的学生发表主观看法，见示例（5）中的三处态度标记。但是，一个核心问题是，学生缺乏原创思考及来自理据的支持。

(5) Art and cultural education is a long-term plan, and the advantages and significance of such education cannot (＊B1＊) be reflected in a short time. The expense of art education is huge (＊AM3＊) and the short-term effect is not obvious (＊AM1＊), which is (＊CG1＊) the reason why some people think that art education is meaningless (＊AM1＊). This perception is even more evident (＊B1＊) in exam-oriented education countries. （EAP—初始—实验 - ART5）

第二，有关 EAP 课堂展露出占比较高的 EM2，我们猜测：学生在学术知识储备有限的情况下策略性地使用 EM2 来提升论述效力，即通过唤起与读者（中国 EAP 教师）共有的社会文化认同，学生希望与读者结成同盟并获得支持，譬如示例（6）、（7）。

(6) Nowadays everyone wants to (＊EM2＊) be a competitive person, and arts could (＊H1＊) be a good beginning (＊AM1＊). (EAP—初始－对照－ART1)

(7) As the traditional concept in China (＊EM2＊), these art subjects are only (＊B1＊) one way of entertainment and a talent (＊AM1＊) that can be shown in relatives rather than (＊CG1＊) enjoy students themselves. (EAP—初始—实验－ART19)

示例（6）、（7）显示学生结合使用 EM2 和 AM1 来呈现观点：作者貌似是在陈述一个大家都"熟悉且认同"的理念（Hyland，2005：184），实则在表达主观看法。上述策略虽有效，但也不能滥用且需要搭配理据支撑。

鉴于上述观察，我们的思考是：对于大一的 EAP 学生，他们除了建构演讲者角色或是借助与读者共有的社会认同，是否还有其他认同建构方式能帮助这些 EAP 学生实施更具认知深度和学术性的写作？

三 ESP 课堂：试图建构专业的商务人士认同，但也会机械式秉承学术英语写作法则

ESP 课堂的初始写作任务是一篇短小的营销分析文（300字），体裁属于公司报告、投资计划书这一大类。统计显示，在干预初始，ESP 课堂的实验班和对照班之间不存在任何显著性差异（见表5-6），并展现出一些相似趋势。

第一，理据标记在 ESP 实验班和对照班的占比均接近五分之一，是四类课堂里最高的，尤其值得注意的是子类 EVI2 和 EVI3。第二，语码注释语在 ESP 课堂的占比在四类课堂里排名第二，其中 CG1 在 ESP 课堂的占比为四类课堂里最高。此外，ESP 课堂干预初始的写作文本展示出理据标记和语码注释语的组合使用，如示例（8）、（9）所示。这种组合能建

构一个既对产品、市场动态有所了解（循证论述），又能运用圈内同行话语实施评估的职业人士或学术性写作者认同。具体来说，学生结合使用理据（EVI3、EVI2）和语码注释语（尤其是 CG1）来拓展论点。同时，学生通过提及他人话语（即使用理据）来道出公司行为背后的商业意义，包括营销战略、品牌定位和商机。

（8）H&M launches more than one collections with famous brands and designers annually which is (*CG1*) an indirect way to advertising, bringing profits for popularity and pounds (Jin, 2014) (*EVI3*). Finally, Kingsbury (2007) (*EVI3*) states that H&M attempts to use celebrity designers such as (*CG3*) Karl Lagerfeld to attract Chinese customers' attention. (ESP—初始—实验-MARK4)

（9）Adidas launches the NEO brand which (*CG1*) aims at adolescents and priced at about (*H3*) half the price of other Adidas brands (Burkitt, 2010) (*EVI2*). This strategy makes it affordable for the growing middle class in China and leads customers to higher-end products (Burkitt, 2010) (*EVI3*). (ESP—初始—实验-MARK17)

第三，表5-6显示态度标记及子类 AM1、AM3 在 ESP 课堂的占比是四类课堂中最低的。第四，虽然增强语子类 B1 在 ESP 课堂的占比几乎是四类课堂里最低的，但是 B3 的占比又几乎是四类课堂中最高的。这表明 ESP 学生倾向于在论证里强调事物的极端性（譬如数量的极大或极小）、严重性或重要性等，呈现泾渭分明的论证。第五，模糊限制语在 ESP 课堂的占比较高，其中 H1 在 ESP 的占比为四类课堂中最高。第六，自称语在 ESP 的占比为四类课堂里最低；同时，介入标记子类 EM2 在 ESP 课堂的占比为四类课堂中最高。以上表明 ESP 学生在写作里有介入读者的意识，注重和读者制造共情的同时又能避免自我表征。

为了更好地解读 ESP 课堂的元话语统计结果，我们查看了已有的分析商科体裁的元话语研究，包括如下类体裁："公司年度报告"（de Groot，2008；Nickerson & de Groot，2005）、"CEO 的信"或"致股东的信"（Aerts & Yan，2017；Gillaerts & Van de Velde，2011；Huang & Rose，2018；Hyland，1998a，2005）、"企业社会责任报告"（Fuoli，2018；Hang，2019）、"企业环境报告"（Skulstad，2005）、商务会计硕士生撰写的"投资计划书"（Alyousef，2015）。上述研究几乎都指出公司企划体裁的关键不是呈现所谓的"绝对证据"，而是推销观点，建构极具说服力的作者形象，进而最大程度地鼓动读者（投资者、股东、消费者）实施"买进"（Hyland，2005：85）。为达到上述目标，作者需要在以下三个目的之间取得微妙平衡：（1）建构可信的作者形象，即"ethos"；（2）情感呼吁并拉近读者，即"pathos"；（3）打造清晰、具有逻辑性和内容深度的论述，即"logos"（Hyland，2005：64-65）。Ethos、pathos 及 logos 的有效调和与具体社会语境及元话语的策略性使用密不可分。譬如，有关"CEO 的信"这类文本，Hyland（2005：79-80）指出，"虽然坦诚面对自身问题和直言不讳的文笔能建构真诚的作者形象，但也能消减读者（既投资者）对作者业务能力的信心，这种"微妙平衡……在一定程度上取决于增强语和限制语之间的平衡使用"。

根据上述文献，我们认为 ESP 的统计结果反映出学生能够根据体裁的社会功能来使用元话语并建构认同，最明显的表现是模糊限制语的使用。Hyland（2005）的元话语研究表明，在"CEO 的信"这类文本中模糊限制语是占比最高的元话语，常被用来适度放低姿态进而获得读者的信任。同时，在 ESP 课堂的营销写作中模糊限制语也是频数最高的元话语（见表 5-6），H1 的使用尤为明显。模糊限制语和增强语的平衡使用（占比都在五分之一左右）是 ESP 课堂干预初始阶段英语写作的另一特色。这有助于建构一个语气专业但又不自大的作者形象，符合 Hyland（2005）提到的微妙平衡。示例（10）展示了上述策略在 ESP 写作中的应用。

(10) In addition, Benz have higher brand recognition comparing to most (*B3*) of its potential competitors. (Bartikowski and Cleveland,

2017) (﹡EVI3﹡) As for weaknesses of Benz, firstly, due to the famous recall issue its brand image <u>may</u> (﹡H1﹡) <u>severely</u> (﹡B3﹡) <u>damage</u> (﹡AM1﹡). <u>(Yaping and Jun 2002)</u> (﹡EVI3﹡) In addition, high debts <u>may</u> (﹡H1﹡) also become <u>potential</u> (﹡H3﹡) threat as well. Though there are <u>many</u> (﹡B3﹡) opportunities in Chinese market as well. Firstly, the development of electronic vehicles, it is environment friendly and it is <u>strongly</u> (﹡B3﹡) supported by Chinese government. (ESP—初始—对照 – MARK23)

在示例（10）中，学生多次使用强调程度的增强语 B3，试图避免不确定性解读；同时，学生使用模糊限制语 H1 和 H3 来构建谦逊语气、谨慎洞察潜藏因素（"high debts may also become potential threat as well"）。

另外，鉴于态度标记、自称语及介入标记子类 EM1 和 EM3 在 ESP 初始阶段写作文本里的较少使用，我们观察到 ESP 学生有可能刻意避免使用上述元话语项目，因此缺乏对体裁社会功能的批判性认知和灵活操纵。譬如，拉近读者（pathos）、推销观点是商业文本的核心目标之一，但是 ESP 写作里达成上述目标的手法较为单一，主要依赖于 H1（放低姿态）和 EM2（调动和读者的共有认知），缺少 Hyland（2005：83 - 84）在分析公司报告时发现的多样元话语策略。譬如，适度使用第二人称代词（EM1）来制造针对读者个人的论述，以及使用自称语 + 态度标记或自称语 + 增强语的组合来彰显作者的个人信念进而拉近和读者的距离。

四 公共英语课堂：富有情感、语气强烈、直面读者的议论文写作者

我们认为，公共英语课堂的议论文写作与学生已积累的写作经验（议论文套路、英语记叙文写作经历）及母语社会文化资源（譬如学生熟悉的社会文化现象、文化价值观）有更明显的衔接。公共英语课堂的主要元话语趋势如下。首先，态度标记占比较大，尤其是子类 AM1 和 AM3。AM3 常用于情感抒发及道德呼吁，其在公共英语课堂的占比是四类课堂里最高的。其次，公共英语课堂的统计结果还显露出多个"最高"

及"最低":增强语及其三项子类在公共英语课堂的占比几乎都是四类课堂里最高的;相应地,模糊限制语及其子类 H1 和 H3 在公共英语课堂的占比均是所有课堂里最低的;介入标记及其子类 EM1 和 EM3 的占比都是所有课堂里最高的;自称语及其子类 SM1 和 SM2 的占比也都是所有课堂里最高的;理据标记在公共英语课堂极少被使用,其子类占比都是最低的。最后,语码注释语的占比也是最低的,其子类 CG2、CG3、CG4 在公共英语课堂基本没有被使用。由上可见,公共英语课堂的作者认同建构很鲜明:一个着重情感分享和道德呼吁、试图和读者近距离畅谈、抒发自我看法的演讲人。

但是,我们也观察到一些问题。第一,学生可能依赖于使用自称语、介入标记及增强语来开展鲜明论述,譬如示例(11)—(13)。

(11) Now, more and more yong people change their jobs from time to time, i (*SM1*) think (*AM1*) there are many (*B3*) reasons. I (*SM1*) have a negative (*AM1*) thought. It will (*B1*) have side effects on society. (公共英语—初始—对照 - WORK23)

在示例(11),学生使用了两次自称语,分别发表了两次观点。但是,观点都不够细致:跳槽的原因当然很多、持反对立场也并不新奇,但是具体原因是什么呢?换句话说,学生并未使用自称语来彰显自己的原创见解,因此语用目的不明。Hyland(2005:131)指出,相比英语母语学生,中国学生在英语议论文写作时偏爱使用自称语来描述自我经历及感受。Hyland(2005:131)认为导致上述现象的一个关键原因是"不明的写作指导,学生不知道自称语何时可以用何时该规避",也就是不会审时度势地使用如自称语。

(12) However, if you (*EM1*) get a job which is not suitable for you (*EM1*), you (*EM1*) will (*B1*) feel boring, even (*B1*) hating (*B2*) this work. And then, you (*EM1*) can not (*B2*) finish your (*EM1*) work well. Upon doing what we (*

EM1＊）want to do, We（＊EM1＊）will（＊B1＊）do well in the job better and be positive to society.（公共英语—初始—实验－WORK51）

示例（12）显示介入标记子类 EM1 和增强语（B1、B2）的密集使用，可能用来拉近读者、构建联盟、表达立场。但是上述元话语使用赋予示例（12）一种口语对话风格，这种文体效果应该不是学生的知情选择。

（13）But when a person can't adapt to the environment, he will（＊B1＊）be eliminated（＊EM2＊）. Everyone（＊B3＊）should（＊AM3＊）know themselves clearly（＊B1＊）. We（＊EM1＊）must（＊AM3＊）make a good attempt and don't take notice of the money especially（＊B1＊）. In this era, we（＊EM1＊）must（＊AM3＊）learn how to work hard and do as much as（＊B1＊）you（＊EM1＊）can. At last we（＊EM1＊）all（＊B3＊）will（＊B1＊）be promoted（＊AM3＊）, and get a good achievement of life（＊AM3＊）.（公共英语—初始—对照－WORK62）

示例（13）利用中国社会里的一个主流价值观（唤起读者与作者的共有认知，即 EM2）来说服读者（"when a person can't adapt to the environment, he will be eliminated"），并制造道德呼吁（使用"should"和"must"来陈述每个社会公民的责任和义务）来支撑个人观点。但是，增强语、介入标记和态度标记子类 AM3 的组合式密集使用反而生成一种说教口吻，可能疏远读者、影响论述效力。

第二，鉴于公共英语课堂的写作体裁为一般议论文，这可能导致学生使用理据标记和语码注释语的频率比 CLIL、EAP、ESP 课堂都低。但是，理据标记和语码注释语也可以在非学术类议论文里做本地化使用，如示例（14）、（15）所示。

（14）As we know（＊EM2＊）, interest is the best teacher（＊EVI3＊）. So, If we（＊EM1＊）change our career（＊EM1＊）, there will（＊B1＊）

be a brand new world（＊EM3＊）in front of us（＊EM1＊），waiting us（＊EM1＊）to explore.（公共英语—初始—对照 - WORK35）

（15）Firstly, there are different kinds of good jobs in the world, and we know（＊EM2＊），（＊CG1＊）some people are suitable to be doctors, some are suitable to be accountants, and some are suitable to be teachers. For example（＊CG1＊）, do you know（＊EM2＊）the story of LuXun（＊EVI3＊）who abandoned medicine and followed literature and finally succeeded?（＊EM3＊）（公共英语—初始—实验 - WORK40）

示例（14）、（15）展示出理据标记在非学术体裁中的本地化使用。示例（14）在开头抛出一句名言作为理据（"interest is the best teacher"）。虽然学生没有使用引号或提供出处，但这仍是一句出自爱因斯坦的名言。上述理据为示例（14）里"遵从本心"的核心论点提供支持，也为之后的论证做了铺垫。示例（15）则使用鲁迅的人生选择作为理据，唤起与读者共有的社会文化认同（中华儿女、遵从本心的人），也和前后文的介入标记相得益彰——学生使用 EM2（"and we know..."" do you know..."）唤起与读者的共有认知。此外，示例（15）显示学生能使用二语实现多种语用功能，展现出一定的英语掌控力。譬如，", and we know,"这个插入语中的"we know"用于唤起与读者对于"每个人都有适合自己的工作"的共同认知，同时整个插入语也自然而然地引出后续示例（即 CG1）。

总体来说，我们认为公共英语课堂的学生在干预的初始阶段还未认识到写作"不仅仅是为了传达'内容'，也是作者为实现自我定位"和读者建立互动的语用行为（Hyland, 2002b: 1091）。接下来，我们将讨论四类课堂在教学干预结束阶段的元话语使用以及实验班和对照班之间出现的显著差异。

第四节　四类课堂在干预结束阶段的英语论文

针对教学干预结束阶段收集的写作文本，我们首先实施了卡方独立性检验。结果显示，四类课堂的实验班与对照班的元话语使用都出现了显著差异，具体结果见表5-8、表5-10、表5-12和表5-14。在上述表格中，我们效仿了Mu et al.（2015）观察卡方独立性检验结果及识别其中趋势的方法：当观测频数大于期待频数时，相应的数字以灰色突出显示。另外，有关效应量的评价标准，根据Williams（2020：131）的计算方法，当df = 6时：Cramer's V 的小效应为≥0.04且<0.12；中等效应为≥0.12且<0.20；大效应为≥0.20。由上可见，四类课堂中卡方独立性检验的Cramer's V都属于小效应。对于上述结果，我们的解读是：由于当前教学干预并不是直接教授元话语技巧而是调动学生的认同资源进而激发学生在二语课堂实施具有认知深度及读者意识的二语行为，所以教学干预对学生元话语使用的影响是间接的。若是教学干预时间再拉长或是强度能加大，或是学生样本量能更大，效应量有可能会变大。

我们继而在每类课堂实施了卡方拟合优度检验，对比实验班和对照班在干预结束阶段英语写作中的元话语使用（所有大类及子类）。结果显示，在所有四类课堂中，实验班和对照班的写作文本之间都呈现出比干预初始时更多的具有显著性差异的元话语类项。具体结果见表5-9、表5-11、表5-13和表5-15。所有展现出显著性差异的元话语项目都以灰色突出显示。

表5-8　　　　　　干预结束阶段CLIL课堂的元话语
卡方独立性检验结果（n = 8891）

X^2 = 16.099, df = 6 p = 0.013 Cramer's V = 0.043		理据标记	语码注释语	态度标记	增强语	模糊限制语	介入标记	自称语	行总计
实验班	观测频数	192	823	785	1167	1144	382	192	4685
	期待频数	197.1	800.4	807.8	1211.4	1141.9	345.1	181.3	

续表

$X^2 = 16.099, df = 6$ $p = 0.013$ Cramer's V = 0.043		理据标记	语码注释语	态度标记	增强语	模糊限制语	介入标记	自称语	行总计
对照班	观测频数	182	696	748	1132	1023	273	152	4206
	期待频数	176.9	718.6	725.2	1087.6	1025.1	309.9	162.7	
列总计		374	1519	1533	2299	2167	655	344	8891

注：当观测频数大于期待频数时，相应的数字将以灰色突出显示。

表5-9　干预结束阶段CLIL课堂的元话语频数、标准化频率及差异显著性

元话语大类及其子类		大二 CLIL 课堂（历时14周）						差异显著性 (p)
		频数、占比（%）				标准化频率（每万词）		
		实验班		对照班		实验班	对照班	
七类元话语总频数		4685		4206		686.1	677.4	0.549
理据标记（EVI）		192	4.10	182	4.33	28.1	29.4	0.687
子类	EVI1	5	0.11	42	1.00	0.7	6.8	<0.001
	EVI2	9	0.19	47	1.12	1.3	7.6	<0.001
	EVI3	178	3.80	93	2.21	26.1	15.0	<0.001
语码注释语（CG）		823	17.57	696	16.55	120.5	112.2	0.159
子类	CG1	576	12.29	478	11.36	84.4	77.0	0.140
	CG2	179	3.82	129	3.07	26.2	20.8	0.044
	CG3	31	0.66	47	1.12	4.5	7.6	0.025
	CG4	37	0.79	42	1.00	5.4	6.8	0.324
态度标记（AM）		785	16.76	748	17.78	115.0	120.5	0.359
子类	AM1	647	13.81	658	15.64	94.8	106.0	0.043
	AM2	76	1.62	53	1.26	11.1	8.5	0.137
	AM3	62	1.32	37	0.88	9.1	6.0	0.041
增强语（B）		1167	24.91	1132	26.91	170.9	182.3	0.121
子类	B1	525	11.21	513	12.20	76.9	82.6	0.246
	B2	281	6.00	297	7.06	41.1	47.8	0.070
	B3	361	7.71	322	7.66	52.9	51.9	0.802

续表

元话语大类及其子类		大二 CLIL 课堂（历时 14 周）						差异显著性（p）
		频数、占比（%）				标准化频率（每万词）		
		实验班		对照班		实验班	对照班	
模糊限制语（H）		1144	24.42	1023	24.32	167.6	164.9	0.699
子类	H1	501	10.69	407	9.68	73.4	65.6	0.091
	H2	480	10.25	507	12.05	70.3	81.7	0.019
	H3	163	3.48	109	2.59	23.9	17.6	0.013
介入标记（EM）		382	8.15	273	6.49	56.0	44.0	0.002
子类	EM1	62	1.32	53	1.26	9.1	8.6	0.741
	EM2	183	3.91	136	3.23	26.8	21.9	0.074
	EM3	137	2.92	84	2.00	20.1	13.5	0.004
自称语（SM）		192	4.10	152	3.61	28.1	24.5	0.202
子类	SM1	151	3.22	152	3.61	22.1	24.5	0.376
	SM2	5	0.11	0	0	0.7	0	—
	SM3	36	0.77	0	0	5.3	0	<.001

注：当元话语的频数在两个班均≤5 时，差异显著性不作统计。所有展现出显著性差异的元话语项目都以灰色突出显示。

表 5-10　　　干预结束阶段 EAP 课堂的元话语卡方
独立性检验结果（n = 3460）

$X^2 = 17.949$, $df = 6$ $p = 0.006$ Cramer's V = 0.072		理据标记	语码注释语	态度标记	增强语	模糊限制语	介入标记	自称语	行总计
实验班	观测频数	365	352	341	374	324	135	39	1930
	期待频数	360.3	346.4	341.9	419.5	299.0	126.6	36.3	
对照班	观测频数	281	269	272	378	212	92	26	1530
	期待频数	285.7	274.6	271.1	332.5	237.0	100.4	28.7	
列总计		646	621	613	752	536	227	65	3460

注：当观测频数大于期待频数时，相应的数字将以灰色突出显示。

表 5-11　干预结束阶段 EAP 课堂的元话语频数、标准化频率及差异显著性

元话语大类及其子类		大一 EAP 课堂（历时 11 周）					差异显著性 (p)
		频数、占比（%）			标准化频率（每万词）		
		实验班		对照班		实验班	对照班	
七类元话语总频数		1930		1530		742.4	704.5	0.126
理据标记（EVI）		365	18.91	281	18.37	140.4	129.4	0.304
子类	EVI1	9	0.47	2	0.13	3.5	0.9	0.129*
	EVI2	266	13.78	213	13.92	102.3	98.1	0.646
	EVI3	90	4.66	66	4.31	34.6	30.4	0.421
语码注释语（CG）		352	18.24	269	17.58	135.3	123.7	0.272
子类	CG1	208	10.78	157	10.26	80.0	72.1	0.337
	CG2	63	3.26	60	3.92	24.2	27.6	0.467
	CG3	37	1.92	27	1.76	14.2	12.4	0.593
	CG4	44	2.28	25	1.63	16.9	11.6	0.122
态度标记（AM）		341	17.67	272	17.78	131.2	125.3	0.570
子类	AM1	280	14.51	197	12.88	107.7	90.7	0.065
	AM2	40	2.07	54	3.53	15.4	24.9	0.020
	AM3	21	1.09	21	1.37	8.1	9.7	0.559
增强语（B）		374	19.38	378	24.71	143.9	174.0	0.009
子类	B1	162	8.39	148	9.67	62.3	68.1	0.431
	B2	33	1.71	38	2.48	12.7	17.5	0.175
	B3	179	9.27	192	12.55	68.9	88.4	0.016
模糊限制语（H）		324	16.79	212	13.86	124.6	97.6	0.006
子类	H1	197	10.21	133	8.69	75.8	61.2	0.057
	H2	57	2.95	35	2.29	21.9	16.1	0.150
	H3	70	3.63	44	2.88	26.9	20.3	0.138

续表

元话语大类及其子类		大一 EAP 课堂（历时 11 周）				差异显著性（p）
		频数、占比（%）		标准化频率（每万词）		
		实验班	对照班	实验班	对照班	
介入标记（EM）		135	6.99	92	6.01	52.0	42.4	0.131
子类	EM1	2	0.10	0	0	0.8	0	—
	EM2	99	5.13	74	4.84	38.1	34.1	0.469
	EM3	34	1.76	18	1.18	13.1	8.3	0.115
自称语（SM）		39	2.02	26	1.70	15.0	12.0	0.372
子类	SM1	37	1.92	26	1.70	14.2	12.0	0.499
	SM2	0	0	0	0	0	0	—
	SM3	2	0.10	0	0	0.8	0	—

注：当元话语的频数在至少一个班≤10 并 >5 时，使用 Yates 修正来统计差异显著性。当元话语的频数在两个班均≤5 时，差异显著性不作统计。所有展现出显著性差异的元话语项目都以灰色突出显示。

表 5–12　　干预结束阶段 ESP 课堂的元话语卡方独立性检验结果（n = 3813）

$X^2 = 15.456, df = 6$ $p = 0.017$ Cramer's V = 0.064		理据标记	语码注释语	态度标记	增强语	模糊限制语	介入标记	自称语	行总计
实验班	观测频数	257	315	183	412	494	168	87	1916
	期待频数	248.2	305.5	213.6	432.1	469.3	166.3	80.9	
对照班	观测频数	237	293	242	448	440	163	74	1897
	期待频数	245.8	302.5	211.4	427.9	464.7	164.7	80.1	
列总计		494	608	425	860	934	331	161	3813

注：当观测频数大于期待频数时，相应的数字将以灰色突出显示。

表 5-13　　干预结束阶段 ESP 课堂的元话语频数、
标准化频率及差异显著性

元话语大类及其子类		大二 ESP 课堂（历时 17 周）				标准化频率（每万词）		差异显著性（p）
		频数、占比（%）						
		实验班		对照班		实验班	对照班	
七类元话语总频数		1916		1897		768.4	744.6	0.331
理据标记（EVI）		257	13.41	237	12.49	103.1	93.0	0.255
子类	EVI1	18	0.94	11	0.58	7.2	4.3	0.174
	EVI2	7	0.37	12	0.63	2.8	4.7	0.383*
	EVI3	232	12.11	214	11.28	93.1	84.0	0.280
语码注释语（CG）		315	16.44	293	15.45	126.3	115.0	0.247
子类	CG1	233	12.16	206	10.86	93.5	80.9	0.130
	CG2	19	0.99	30	1.58	7.6	11.8	0.135
	CG3	42	2.19	34	1.79	16.8	13.3	0.312
	CG4	21	1.10	23	1.21	8.4	9.0	0.818
态度标记（AM）		183	9.55	242	12.76	73.4	94.9	0.008
子类	AM1	171	8.92	223	11.76	68.6	87.5	0.016
	AM2	5	0.26	10	0.53	2.0	3.9	0.321*
	AM3	7	0.37	9	0.47	2.8	3.5	0.838*
增强语（B）		412	21.50	448	23.62	165.2	175.8	0.362
子类	B1	207	10.80	223	11.76	83.0	87.5	0.584
	B2	68	3.55	54	2.85	27.3	21.2	0.166
	B3	137	7.15	171	9.01	54.9	67.1	0.080
模糊限制语（H）		494	25.78	440	23.19	198.1	172.7	0.036
子类	H1	290	15.14	244	12.86	116.3	95.8	0.025
	H2	126	6.58	116	6.11	50.5	45.5	0.418
	H3	78	4.07	80	4.22	31.3	31.4	0.981

续表

元话语大类及其子类		大二 ESP 课堂（历时 17 周）						差异显著性（p）
		频数、占比（%）				标准化频率（每万词）		
		实验班		对照班		实验班	对照班	
介入标记（EM）		168	8.77	163	8.59	67.4	64.0	0.638
子类	EM1	0	0	4	0.21	0	1.6	—
	EM2	159	8.30	153	8.07	63.8	60.0	0.596
	EM3	9	0.47	6	0.32	3.6	2.4	0.577*
自称语（SM）		87	4.54	74	3.90	34.9	29.0	0.246
子类	SM1	84	4.38	74	3.90	33.7	29.0	0.352
	SM2	0	0	0	0	0	0	—
	SM3	3	0.16	0	0	1.2	0	—

注：* 表示当元话语的频数在至少一个班≤10 并 >5 时，使用 Yates 修正来统计差异显著性。当元话语的频数在两个班均≤5 时，差异显著性不作统计。所有展现出显著性差异的元话语项目都以灰色突出显示。

表 5–14　　　　干预结束阶段公共英语课堂的元话语

卡方独立性检验结果（n = 6484）

$X^2 = 45.023$, $df = 6$ $p < 0.001$ Cramer's V = 0.083		理据标记	语码注释语	态度标记	增强语	模糊限制语	介入标记	自称语	行总计
实验班	观测频数	4	191	393	654	311	234	1391	3178
	期待频数	4.4	178.9	388.2	673.4	271.5	188.2	1473.3	
对照班	观测频数	5	174	399	720	243	150	1615	3306
	期待频数	4.6	186.1	403.8	700.6	282.5	195.8	1532.7	
列总计		9	365	792	1374	554	384	3006	6484

注：当观测频数大于期待频数时，相应的数字将以灰色突出显示。

表 5–15　干预结束阶段公共英语课堂的元话语频数、标准化频率及差异显著性

元话语大类及其子类		大一公共英语课堂（历时 13 周）					差异显著性（p）
^		频数、占比（%）				标准化频率（每万词）		^
^		实验班	^	对照班	^	实验班	对照班	^
七类元话语总频数		3178		3306		1680.1	1784.1	0.016
理据标记（EVI）		4	0.13	5	0.15	2.1	2.7	—
子类	EVI1	0	0	0	0	0	0	—
^	EVI2	0	0	0	0	0	0	—
^	EVI3	4	0.13	5	0.15	2.1	2.7	—
语码注释语（CG）		191	6.01	174	5.26	101.0	93.9	0.488
子类	CG1	177	5.57	144	4.36	93.6	77.7	0.097
^	CG2	10	0.31	20	0.60	5.3	10.8	0.060
^	CG3	0	0	5	0.15	0	2.7	—
^	CG4	4	0.13	5	0.15	2.1	2.7	—
态度标记（AM）		393	12.37	399	12.07	207.8	215.3	0.615
子类	AM1	247	7.77	240	7.26	130.6	129.5	0.929
^	AM2	14	0.44	7	0.21	7.4	3.8	0.207*
^	AM3	132	4.15	152	4.60	69.8	82.0	0.174
增强语（B）		654	20.58	720	21.78	345.7	388.5	0.031
子类	B1	272	8.56	298	9.01	143.8	160.8	0.182
^	B2	59	1.86	66	2.00	31.2	35.6	0.458
^	B3	323	10.16	356	10.77	170.7	192.1	0.125
模糊限制语（H）		311	9.79	243	7.35	164.4	131.1	0.008
子类	H1	215	6.77	180	5.44	113.6	97.1	0.120
^	H2	55	1.73	47	1.42	29.1	25.4	0.491
^	H3	41	1.29	16	0.48	21.7	8.6	0.001

续表

元话语大类及其子类		大一公共英语课堂（历时13周）						差异显著性（p）
		频数、占比（%）				标准化频率（每万词）		
		实验班		对照班		实验班	对照班	
介入标记（EM）		234	7.36	150	4.54	123.7	80.9	<0.001
子类	EM1	49	1.54	19	0.57	25.9	10.2	<0.001
	EM2	138	4.34	100	3.02	73.0	54.0	0.021
	EM3	47	1.48	31	0.94	24.8	16.7	0.085
自称语（SM）		1391	43.77	1615	48.85	735.4	871.5	<0.001
子类	SM1	114	3.59	117	3.54	60.3	63.1	0.723
	SM2	662	20.83	844	25.53	350.0	455.5	<0.001
	SM3	615	19.35	654	19.78	325.1	352.9	0.144

注：*表示当元话语的频数在至少一个班≤10并>5时，使用Yates修正来统计差异显著性。当元话语的频数在两个班均≤5时，差异显著性不作统计。所有展现出显著性差异的元话语项目都以灰色突出显示。

接下来，我们将逐一解读这四类课堂在教学干预结束阶段英语写作中有关元话语使用的统计结果。有关每一类课堂，我们首先观察卡方独立性检验结果和卡方拟合优度检验结果，然后讨论实验班和对照班的主要趋势，最后使用具有代表性的写作文本示例来深度解读作者认同建构。

一 干预结束阶段CLIL实验班和对照班在元话语使用上的相同点和不同点

首先，表5-8显示在干预结束阶段实验班和对照班的元话语使用仍有一些相似之处：（1）增强语的观测频数在两个班都位居首位；（2）模糊限制语在两个班都位居第二；（3）理据标记和自称语的观测频数在两个班都是最小的；（4）语码注释语和态度标记在两个班都位于中上游。上述趋势很可能与分析性学科论文这一体裁的语篇功能相关，即分析与解读。譬如，Lee & Casal（2014）研究了硕士学位论文的《结果与讨论》

篇章，他们发现增强语和模糊限制语是最常用的两种互动式元话语。Lee & Casal 谈到学生会策略性融合这两种看似对立的元话语来打造一种既自信又谨慎的口吻进而说服读者接受自己的知识创新。其次，Bruce（2016）分析了文学和社会学专业的学生论文，并发现学生会结合使用态度标记及论述拓展手段（包括语码注释）来构建具有学术深度的批判性话语声。因此，我们认为态度标记及语码注释语在 CLIL 课堂里的较高频使用可能体现了学生构建批判性、循证论证的意识。最后，由于 CLIL 的写作任务是分析具体文本或实施语料库分析，相对文献综述，理据标记的使用相对较少。

另外，CLIL 实验班和对照班之间也有多处显著性差异。其中，表 5-9 显示有 12 个具有显著性差异的元话语项目，数量明显多于干预初始阶段的 5 项显著性差异（见表 5-4）。我们在下文将着重审视 CLIL 实验班和对照班在干预结束时展现的元话语差异，并借助文本示例来阐明两个班可能显露的二语作者认同建构趋势。

（一）理据标记（EVI）

首先，根据表 5-9 显示的卡方拟合优度检验结果，虽然实验班和对照班的理据标记总频数不存在显著性差异，但是理据标记的三项子类 EVI1、EVI2、EVI3 在两个班的使用全部存在显著差异（p 值均 < 0.001）：实验班的 EVI1 和 EVI2 均少于对照班，实验班的 EVI3 远远多于对照班。实验班明显将精力投入在 EVI3 的使用上，也就是投资于构建个人观点。

目前少有研究详细探讨理据在学术体裁中发挥的交际功能。譬如，Li & Wharton（2012）研究了来自不同学科及文化语境（中国大学 vs. 英国大学）的中国籍本科生的英语学科论文。通过归纳分析，Li & Wharton 同样建立了理据标记子类用以提升考察的精度。她们发现：来自不同语境的学生，即使专业相同，对理据标记的使用也会不同。譬如，在英国大学就读的中国学生侧重于"引用权威来支持自己的观点"，而在中国大学就读的中国学生则更倾向于引用非学术性文本（Li & Wharton，2012：355）。但 Li & Wharton（2012）并未多谈不同类理据能实现的语用功能或塑造的作者认同。此外，Grzech（2020）的研究，虽然分析的是口语语料，但其发现对我们解读理据标记在 CLIL 学术写作中可实现的言外行为有一些启发。通过观察理据标记在对话中的使用，Grzech（2020：87）指出：理据的使用能映射话语者获取信息的能力、渠道及方式，进而显露出话语者"在认知上的权威性"（如知情度）、话语者相对于他人的认知地位（如"我"是否比"你"知道得更多）及个人价值观（如理据中隐现的价值体系——宗教信仰）。基于以上观点，我们发现实验班似乎更倾向于使用理据（尤其是 EVI3）来构建自己的认知权威，尤其是通过与前人研究、话语建立互文性来构建自己参与学术讨论的合法话语权。虽然对照班一部分理据使用也体现了上述语用功能，但是对照班也展现出如下两项趋势：第一，对照班更倾向使用 EVI1，显示学生想要向读者展示自己拥有核心理论。进一步说，通过向读者展示自己拥有学科族群的经典"象征性资本"（symbolic capital）（Bourdieu，1991），作者能向读者证明自己的学科认同。第二，对照班更倾向于使用 EVI2，此类理据大多不是学术类文献（如 Wikipedia、视频、报刊或社交媒体等），学生很可能通过搜索引擎或社交媒体软件来获取这类理据。譬如，示例（16）中的理据标记"（Kelly，2017）"为美国新闻报刊 *USA Today* "Life 板块"里的一篇文章，学生利用这项理据来支持自己对背景事件的介绍。

（16）In current era, the raise of Feminism appealing for gender equality has attracted public attention. The news of Harvey Weinstein who was accused of substantial（*B3*）sexual abuse allegations was exposed in October last year (Kelly, 2017)（*EVI2*）. (CLIL—结束—对照 - CDA2)

示例（16）显示学生将自己定位为社会观察者，因此可能认为非学术类信息，相比于学术文献，有更广阔的受众群体且与社会时事更挂钩。其次，EVI2 多被用来为事实性描述提供理据。鉴于 CLIL 对照班在干预结束阶段相比实验班更倾向使用 EVI2，我们猜测对照班的学生更倾向于认为学术论文可以建立在"事实证据"上（如对社会事件的权威性介绍），而不一定是学者间对于数据解读、理论观点的"争论"上（Lee & Casal，2014：48）。这可能暗示学生将知识等同于客观事实的认知视角，而这更贴合传统教学里的认知观念，而不是学术研究族群的认知习俗。正如 Hyland（2007：284）所说，理据标记看似是塑造可信的论证内容，但是论证模式本质上反映学科族群"成员间的交互模式及认知习俗"，因此对理据的使用方式也能体现"作者在学科群体的自我定位"进而建构作者认同。鉴于上述，我们认为 CLIL 实验班建构了更加贴合语言学学术族群交互模式的理据使用。在下文我们将讨论在干预结束阶段 CLIL 实验班和对照班在语码注释语上的显著差异。

（二）语码注释语（CG）

虽然 CLIL 实验班和对照班的语码注释语总频数不存在显著性差异，但是 CG2 和 CG3 在两个班存在显著差异：CG2 在实验班显著多用（$p = 0.044$），CG3 在对照班显著多用（$p = 0.025$）。上述结果显示：两个班使用了不同的语码注释策略来使论文"更易懂且更具说服力"，在一定程度上说明两班学生对"读者的认知需求及读者期待或偏好的论证修辞手段"有不同理解（Hyland 2007：283）。我们将在下文详述。

Hyland（2007）指出，语码注释语主要实现两大功能："重构"（reformulation）和"例证"（exemplification）。联系上边提到的 CG2 和 CG3：CG2 既可以实现"重构"（如提供概括性注释）也可以实施"例证"（如提供简略示例），而 CG3 只具有"例证"功能（即补充具体所指物）。此外，Hyland（2007：284）认为，"人文社科领域的论文，相比科学与工程学科，明显更侧重解读式论证"。再者，鉴于人文社科论文会面对文化背景"更多样的读者群"，作者会倾向于"使用重构来引出个人对信息深层含义的解读"，并使用例证来实现上层论述与具体示例间的自然切换（Hyland，2007：284）。基于 Hyland 的上述观点及 Hyland（2005；2007）的元话语研究（有关学者、职场高层使用语码注释语的趋势及语用目的），我们反复审读了 CG2 和 CG3 在 CLIL 两班写作文本中的应用，随后对这两个班的语码注释语使用差异有以下解读。

实验班，相比于对照班，更加倾向于使用 CG2 对信息快速"重构"，如提供概括性注释；而对照班，相比于实验班，更加倾向于使用 CG3 来摆明具体所指物，即 Hyland（2007）所说的"例证"功能。譬如，CG3 可用于展示论文架构或复杂事物的内部结构，尤其用在论文首尾段落或段落主题句。但是，对照班写作文本也显示出学生对 CG3 机械性使用。我们使用示例（17）、（18）来诠释我们的上述观察。这两个示例分别取自实验班和对照班，两个学生都选择对维密超模 Gigi Hadid 的微博道歉文作批判性语篇分析。Gigi Hadid 道歉的缘由是她的妹妹 Bella Hadid 在推特网发布了 Gigi Hadid 疑似种族歧视嬉闹的视频，之后中国网民发出强烈抗议。示例（17）、（18）分别摘自两篇论文的首段，它们都在对背景事件做简要介绍。虽然这两个片段展现出相似的"命题内容"（propositional content）（Hyland, 2005：60），但使用了不同的元话语手段来"针对目标读者"（即其他批判性语篇分析者）制造"具有说服力的论点"（Hyland, 2007：284）。

（17）Last year, American super model , (*CG3*) Gigi Hadid received an enormous (*B3*) amount of criticism from the public, and this is due to a video which is considered (*H2*) as containing an insult to Asian posted by her sister , (*CG3*) Bella Hadid. In the video, Gigi holds a cookie that looks like the image of Buddha beside her face, and she imitated the Buddha by squinting. （CLIL—结束—对照 - CDA31）

（18）In February of this year, a video of Gigi Hadid's racial discrimination appeared on the internet, with the parties holding a statue-shaped cookie in hand and squint to imitation. The video was posted online by Bella Hadid , (*CG2*) younger sister of Gigi Hadid. It causes a heated discussion in Internet. （CLIL—结束—实验 - CDA16）

示例（17）使用了两次 CG3，全部用来补充所指人物的姓名。学生可能担心读者不认识相关人物，因此选择先摆出 Hadid 两姐妹的社会标签（"American super model""her sister"）。但是，值得注意的是，学生并没有在标签中植入特定评价，譬如"American social media supermodel, Gigi Hadid"或是"world renowned supermodel, Gigi Hadid"。因此片段（17）的 CG3（即逗号使用）并不是为了突出前边的冠名和作者评估，更像是为了追求非限制性同位语结构。相比之下,示例(18)使用了一次 CG2 来"重构"事件的一个重要细节,即 Bella Hadid 的社会身份("younger sister of Gigi Hadid")。Bella Hadid 有众多社会身份,她本身也是维密超模,但是在这里学生选择强调她和 Gigi Hadid 的姐妹关系,有可能引导读者从特定视角解读此事件:此事为 Hadid 姐妹不够成熟的嬉闹行为。若我们更仔细地审读语境,会发现:在示例(17)的首句中学生直接表达了观点(见增强语和模糊限制语的使用);而示例(18)看似是在叙事,学生巧妙地使用名词化结构("discrimination""imitation")来为事件定性,并使用 CG2 引导读者视角,手段更加成熟。

类似示例(17)的 CG3 使用在对照班中还有不少,譬如示例(19)和(20)。同理,"the headmaster"和"the different one"也是较为笼统的冠名标签(相比于"the self-righteous headmaster"和"the progressive one")。学生的目标可能是使用非限制性同位语,因为这常被视为一种高级语法结构,但是学生未太考虑如何利用 CG3 来植入作者评估、引导读者视角,也就是还未有意识地使用语码注释语来构建作者话语声。

(19) In the convention, the headmaster (Mr. Trask) (*CG3*) decides to expel Charlie because he refuses to tell who should take responsibility for this matter. (CLIL—结束—对照 - CDA77)

(20) Ivanka used it to manipulate people to discard (*AM1*) traditional politicians and to chose the different one, (*CG3*) her father Donald Trump. (CLIL—结束—对照 - CDA25)

(三)模糊限制语(H)

虽然 CLIL 实验班和对照班的模糊限制语总频数不存在显著性差异,但是子类 H2 在对照班显著多用($p = 0.019$),而 H3 在实验班显著多用($p = 0.013$)。关于语用功能,H2 侧重于呈现作者的个人猜测、主观解读,而 H3 则用于缜密描述规律、提炼核心趋势(见表 5 - 1)。首先,我们认为 H3 的使用难度更大,因为捕捉规律、观察趋势需要作者具备过硬的专业知识功底、批判性思考，或是对数据的反复审读，因此 H3 更能展现作者的认知权威或建构具有洞悉力的作者认同，如示例（21）、（22）所示（H3 已用灰色突出显示）。

（21）... Critical Discourse Analysis (CDA) (*CG2*) is a linguistic approach that aimed to reveal the underlying meaning in the discourse, mainly (*H3*) focusing on the social inequalities and power abuse which might be (*H1*) implicitly justified by particular texts. (CLIL—结束—对照-CDA29)

（22）Firstly, gender is likely to (*H3*) co-occur with age, race and class, which (*CG1*) could (*H1*) show (*B1*) a person's identity. (CLIL—结束—实验-COCA60)

其次，关于 H2，我们发现 CLIL 课堂在使用 H2 时展现出以下三种结构趋势（实验班和对照班都有）："X suggests/reflects/implies/reveals..." "X is seen/regarded/considered as..." "It can be seen/noticed...", 如示例（23）、（24）所示。

（23）Firstly, equating points out that Clinton put himself on the same position with his countrymen which (*CG1*) reveals (*H2*) he is on the same side with them and show (*B1*) friendship. (CLIL—结束—对照-CDA80)

（24）"He is color blind and gender neutral" (line 54-55) (*CG2*) Ivanka Trump suggests (*H2*) that her father is not a racist and holds an identical attitude towards gender differences. (CLIL—结束—实验-CDA91)

示例（23）、（24）都分析了政客演讲并试图挖掘演讲者对听众态度的潜在操纵，两个学生均选择使用 H2 来呈现自己对演讲者隐含观点的解读。但是，仔细阅读这两个示例，我们会发现 H2 后边呈现的个人解读本质上是对前边文本的一个改叙或重述。譬如，示例（23）中"reveals"引出的"he is on the same side with them"基本上重述了前边的"Clinton put himself on the same position with his countrymen"。同理，示例（24）中"suggests"引出的作者解读本质上是对"color blind"及"gender neutral"的白话解释。由此可见，学生似乎借助 H2 来制造实施解读的表象，但是并未真正实施具有深度或具有原创性的解读。也就是说 H2 相比于 H3 更容易被滥用。

（四）态度标记（AM）、介入标记（EM）、自称语（SM）

首先，虽然卡方独立性检验结果（见表5-8）显示 CLIL 对照班相比于实验班倾向于使用更多的态度标记（观测频数 748 > 期待频数 725.2），但卡方拟合优度检验结果（见表5-9）显示这个差异并不显著（$p = 0.359$）。尽管如此，两个班在子类 AM1 和 AM3 的使用上存在显著差异：AM1 在对照班显著多用（$p = 0.043$），而 AM3 在实验班显著多用（$p = 0.041$）。此外，卡方独立性检验结果（见表5-8）显示实验班倾向使用更多的介入标记（观测频数 382 > 期待频数 345.1），卡方拟合优度检验结果显示两班的介入标记具有显著性差异（$p = 0.002$）。其次，子类 EM3 在实验班显著多用（$p = 0.004$）。最后，自称语子类 SM3 在实验班频数为 36，而在对照班完全未被使用，两个班的 SM3 具有显著差异（$p < 0.001$）。

上述三大类差异有一定的关联，它们显示：实验班，相比于对照班，试图建构能利用多元修辞手段且更具社会归属感的作者认同；而对照班，相比于实验班，则建构了更注重评估及立场的作者认同。传统英语学术写作法则多会规避 AM3、EM3 及自称语，认为个人感情、道德判断、主观介入及非学术类措辞会降低论述的专业性或可信度。一方面，我们承认 AM3、EM3 及自称语在学术体裁内绝对需要谨慎使用。根据我们对 CLIL 课堂结束阶段英语写作的审读，AM3 若使用不当确实会削弱分析的学术性，尤其是用到"horrible""terrible"等口语化抒情词语时。但另一方面，我们秉持社会符号学视角（Halliday，1978），即作者应根据具体社会语境及对读者认知的估量，选择符号资源（修辞手段、词汇内涵、句式结构等）作战略性使用。譬如，在语言学分析中，鉴于语言和情感的联系，作者可以战术性使用 AM3 来突出自己的见证观察，激发读者从特定视角解读当下文本特征，如示例（25）、（26）所示。

（25）It was entertaining（*AM3*）that May just skimmed over the process of empowering, because in history to be empowered by the queen or king was a solemn（*AM1*）event.（CLIL—结束—实验–CDA94）

示例（25）分析了英国前首相 Theresa May 的就职演讲，其中 AM3 "entertaining" 的使用为作者建构了双重认同：既是幽默观众，也是对语境具有洞察力的文本分析者。

（26）Based on that, the intriguing（*AM3*）finding is that newspaper, as a type of mass media,（*CG2*）is inclined to（*H3*）use the word 'depression' to refer to economic problems, such as（*CG1*）stock market downturns, which（*CG1*）can（*H1*）stimulate heated discussion and adrenaline rush（*EM3*）in the mass reader including（*CG4*）our modern day university students（*SM3*）. Meanwhile in academic articles, 'depression' is more likely（*H3*）to be associated with specific terminology in scientific field. There is a possibility that（*H3*）the application of the word 'depression' is dependent on the function and objective of particular genre.（CLIL—结束—实验–COCA32）

在示例（26）中，学生运用语料库语言学手段及"美国当代英语语料库"来分析"depression"一词在"新闻报刊"和"学术文章"这两种体裁中的不同使用。首先,示例(26)显示学生使用模糊限制语子类 H3 和语码注释(CG1、CG4)来捕捉并拓展研究发现中的主要趋势。其次,示例(26)首句中有 AM3、EM3 及 SM3 的结合使用。通过这种结合使用,学生将语料库分析和个人对社会生活、社会群体的观察作以关联、也构建了原创性解读;同时,AM3 和 SM3 的结合使用也能吸引读者从作者的个人视角来感知分析结果。总体来说,示例(26)建构了一个具有多样修辞手段、具备学术知识和批判性思考的作者认同。

综上所述,通过对 CLIL 课堂干预结束阶段写作文本的元话语分析,我们认为,实验班相比于对照班,更倾向于参与学术讨论、更能说出潜在规律、更能动用感性观察及多样用语资源来引导读者。我们的推测是 CLIL 课堂的教学干预能促进学生操演学科研究者认同,学生更有动机去摄入专业知识、更倾向于与读者构建学术族群成员间的互动模式。

二 干预结束阶段 EAP 实验班和对照班在元话语使用上的相同点和不同点

有关实验班和对照班元话语使用上的相同点,第一,表 5 – 10 显示,增强语在两班的观测频数均位居首位,但是增强语在对照班展现出更明显的领先地位。第二,自称语在两班的观测频数都是最少的(主要为"this essay"或"this paper"且大多用在论文的首末段)。第三,介入标记在两班均位居倒数第二。此外,每个班里,理据标记、语码注释语及态度标记这三类元话语的观测频数几乎不相上下,占比都在 17%—19% 之间——四类课堂中,唯有 EAP 课堂展示了上述趋势。第四,模糊限制语的观测频数在两班都相对低一些。有关 EAP 两班的相似趋势,我们有以下解读。

首先,EAP 为大一课堂,学生在大一主要接受英语学术写作规范及学术技巧方面的培训。EAP 课堂的写作题目要求学生评估并比较两家跨国公司对员工的企业社会责任。相比大二 CLIL 干预结束时的分析性学科论文,EAP 写作里模糊限制语与增强语之间的差距更明显。尤其是在 EAP 对照班,增强语的观测频数是模糊限制语的一倍之多。我们猜测有两个原因。一个是长达 12 年的中小学应试写作培训对学生写作习惯的塑造。譬如，Aull（2015）发现即使是美国本土的大一学生，跟资深学术作者相比，同样倾向使用明显更多的增强语及更少的模糊限制语。Aull（2015：97）猜测"影响可能来自学生在中学参与的标准化写作测试……有些题目会要求学生表达鲜明确定的态度"。此外，我们认为另一个影响来自汉语文化。Xu 研究了 200 名中国大学生四年本科阶段的英语写作并发现：中国大一本科生的英语写作受汉语修辞的影响最大；但随着年级的增长，汉语写作习俗对学生的影响会越来越小，同时英文学术语篇规范逐渐浮现。关于汉语写作习俗，Hyland（2005：117）指出，中文学术写作更加"基于儒家的和谐理念"，因此更倾向于"陈述知识"与"传播知识"，而不是对已有知识提出反驳或改造。同时，Hyland（2005：134）提出，由于中国学生倾向于将知识看作事实或真理，其英语写作与英语母语学生相比"常显露出更直接、更权威的语气且会使用更多强烈的情态动词"。Hu & Cao（2011）和 Mu et al.（2015）有类似发现。他们横向比较了英文期刊论文和中文期刊论文的元话语使用，都发现英文论文更倾向于使用模糊限制语，而中文论文更倾向于使用增强语。Hu & Cao（2011：2805）进一步，指出中文期刊作者与英美期刊作者相比，"更少使用模糊限制语来谨慎表达立场或主张，而是更有可能采用增强语来彰显知识权威和论述的可信度"。

其次，大一 EAP 学生（不论实验班还是对照班）在干预结束阶段大体都能在形式上遵循英语学术话语规范。譬如，实验班在以下四项元话语使用上仅展现出略微更强的使用倾向：理据标记（观测频数 365 > 期待频数 360.3）、语码注释语（观测频数 352 > 期待频数 346.4）、介入标记（观测频数 135 > 期待频数 126.6）及自称语（观测频数 39 > 期待频数 36.3）。但卡方拟合优度检验结果（见表 5-11）显示上述四项差异均不显著。此外，实验班的态度标记在观测频数和期待频数上几乎没有区别。

在下文，我们将着重审视 EAP 实验班和对照班在干预结束阶段呈现的元话语差异，并借助文本示例来阐明上述差异背后的作者认同建构趋势，尤其是学生为实现特定"交流目的"与"社会行为"而做出的知情选择（Hyland，2018：394）。表 5 – 11 显示 EAP 实验班和对照班之间有 4 个具有显著性差异的元话语项目：虽然数目不多，但也多于 EAP 课堂初始阶段的 0 项显著性差异。首先，最显著的两项差异为增强语和模糊限制语的使用。卡方独立性检验结果（见表 5 – 10）显示 EAP 对照班倾向使用更多的增强语（观测频数 378 > 期待频数 332.5），卡方拟合优度检验结果（见表 5 – 11）显示差异具有显著性（$p = 0.009$）。另外，子类 B3 在 EAP 对照班显著多用（$p = 0.016$）。其次，EAP 实验班倾向于使用更多的模糊限制语（观测频数 324 > 期待频数 299.0），且差异具有显著性（$p = 0.006$）。相比于对照班，实验班在增强语和模糊限制语的使用上明显更为平衡。另外，实验班的所有模糊限制语子类都多于对照班，虽然都未达到显著性差异。其中最接近显著性差异的是 H1（$p = 0.057$）：实验班准化频率 = 75.8，对照班 = 61.2。因此，两班的 H1 使用趋势也值得进一步审视。最后，态度标记子类 AM2 在对照班显著多用（$p = 0.020$）。

（一）增强语（B）

我们首先讨论增强语在 EAP 两班的使用趋势。对照班使用了更多的 B3 且具有显著性差异。B3 多用于强调程度或数量的极端性（如极多或极少、永久性或普遍性等）。根据我们对 EAP 两班在干预结束阶段写作文本的观察，B3 的语用功能如下：第一，宣传公司理念，见示例（27）、（28）；第二，有力带入话题，见示例（29）、（30）；第三，强调作者的观察及立场，期待读者的认同，见示例（31）；第四，凸出数据或分析中的端倪，见示例（32）。

(27) Microsoft's mission is to strengthen people and organizations <u>all over the world</u> (* B3 *) to achieve more <u>(Microsoft, 2018)</u> (* EVI2 *). (EAP—结束—对照 – CSR3)

(28) TOYOTA fulfilled corporate social responsibility as well by sharing the company's advanced technology and extensive resources to support

non-profit organizations to help expand their ability, solving the society's most pressing（*B3*）challenges (Toyota Motor North America, 2017)（*EVI2*）. （EAP—结束—对照-CSR12）

首先，示例（27）、（28）均借助 B3 来正面介绍所要分析的企业。一个显著特征是这两个示例中包含多个展现褒义"语义韵律"（Hunston, 2007）的名词化使用，如"mission""technology""resources""ability"。上述名词使用虽然符合书面体，但也较为笼统且未道出具体所指物。这种话语手段常见于跨国企业的公关语篇：尤其是当企业想向公众阐明自己的社会责任感并树立道德立场时，一个常用手段是采用具有褒义的名词化结构——既能构建积极形象又能省略关键细节（Jeffries, 2010：27-28）。此外，企业的公关语篇手段常将企业置于主语位置并后挂多个行动类或成就类动词，如示例（27）中的"strengthen"和"achieve"，以及示例（28）中的"fulfil""support""help expand""solving"等，进而将主语刻画成积极的行事者（Fairclough, 2003：13）。因此，示例（27）、（28）都展示出企业公关话语韵味。鉴于示例（27）、（28）的理据都来自企业的官方网站，我们猜测，学生转述了原官方文本，这也就解释了这两个示例中的公关语体风格。大一的 EAP 学生还未正式踏入学科族群，因此可能视这些跨国企业的官方网站为权威、可靠的理据来源，或者说，这些官网上的信息被视为公众普遍认同的观点，即常识。此外，我们还发现，EAP 对照班，相比实验班，更加倾向于使用 B3 来宣传所分析企业的理念。这可能是受汉语写作习惯的影响，譬如 Mu et al.（2015）发现，中文学者更倾向于使用增强语来彰显常识。但是，这里的核心问题不是学生能否将母语文化带入英语学术写作，而是上述"选择"（Hyland, 2018）在当下语境中是否有效——是否能说服读者？是否有助于构建作者的认知权威？我们认为不能。示例（27）、（28）的确在形式上遵循了英语学术体裁规范（使用了理据和书面体的名词化使用），但是这种形式反而建构了一个"不够学术"的作者形象，因为公关和形象宣传并不是学术体裁的主要社会功能（不论是中文学术写作还是英文学术写作）。

相比之下，示例（29）、（30）显示学生能根据学术体裁的社会功能来策略性使用 B3。这两个示例的共同点是 EM2 和 B3 的结合使用：学生试图与读者实现知识共建（即 EM2）并借此构建当前话题的重要意义（B3）。Hyland（1998b，2005）指出，增强语和介入标记在语用功能上有时会出现一些重叠：当作者使用增强语来提升观点效力时，可能也会显露自信、具有亲和力的话语声。譬如，"in fact"在具体语境中既可以是增强语（表达确定语气），也可以是介入标记，展示话语者能掌控节奏并提醒读者关注即将到来的重要信息，如示例（30）所示。此外，从异质语这个理论视角来看，EM2 和 B3 的结合使用赋予示例（29）、（30）一些公开讲座的话语韵味。讲座人通常具有话语权威（B3）且会调动与观众共有的知识储备（EM2）来开展吸引人的论述。在示例（29）、（30）中，学生使用上述异质语来建构赋权性作者认同：他们发表了针对"human beings""industries""the operation of enterprises"这几个庞大群体组织的观察。正如 Fairclough（2003：171）所说，"针对、代表他人或群体发表观点不是每个人都有机会行使的权力"，因此这是话语者为自我构建认知权威或权力地位的一个主要策略。

（29）It is extremely（*B3*）momentous for human beings（*EM2*）to pursue comfort and health in the new century, so footwear is one of the most essential（*AM1*）industries.（EAP—结束—实验 - CSR15）

（30）In fact（*EM2*），the relationship between enterprises and employees has long（*B3*）been a key（*AM1*）factor in the operation of enterprises ...（EAP—结束—实验 - CSR22）

示例（31）中的 B3 制造了决绝的语气，因此缺乏对学术文本读者认知习惯的体量。学生的读者敏感度不一定来自英语学术写作规范的灌输。

譬如，在 EAP 实验班里，我们带领学生观察一些日常论述体裁（如新闻社论），教师通过师生协同认知对话带领学生一起操演"新闻读者"或"社媒读者"，有些学生也能意识到作者的强烈语气不一定能说服读者接受文中观点。因此，EAP 教学的关键是通过多种类型文本来培养学生的体裁意识及对读者认知需求的敏感判读（Hyland, 2016; Tribble, 2017）。

(31) On the one hand, They do not make any (* B3 *) rules or study strategies for their employees. The company wants to keep employees' creative and innovative. （EAP—结束—对照 - CSR19）

在示例（32）中，学生试图在两个数据间作比较。虽然示例（32）中的增强语较为密集，但是反而比示例（31）看起来更学术，部分原因是示例（32）使用数据作为理据。数据通常被视为客观证据，在此基础上学生使用增强语建构了一个果断、观察敏锐的作者认同。这有点像 Hyland（2005：78 - 79）分析的"CEO 致股东的信"：CEO 使用增强语来彰显自己对公司财政数据的可靠、犀利解读。

(32) Still, statistics showed (* B1 *) that women pilots on SIA only (* B1 *) reach about (* H3 *) 0.1 percent which is (* CG1 *) way (* B3 *) below International Society of Women Airline Pilots standard, (* CG3 *) 5 percent (Driskill, 2016) (* EVI2 *) . （EAP—结束—实验 - CSR14）

至此，我们审视了 B3 在 EAP 文本中的具体使用和语用功能。根据语境和使用方式，B3 可以建构果断、具有亲和力的作者认同，也可能降低作者的话语效力，反而导致不可信赖的学术形象。根据我们对 EAP 两班所有写作文本的反复审读，对照班使用了更多的 B3 来宣传公司理念以及强调作者立场，可能生成不符合学术写作的作者认同。

（二）模糊限制语（H）

关于模糊限制语，两班在 H1 上的差距最接近显著性。我们划分的 H1（具体见表5-1）有些像 Lee & Deakin（2016）界定的"以读者为导向"的模糊限制语，侧重制造让步。从语用功能上看，H1 也有些像 Brown & Levinson（1987）提出的"消极礼貌策略"，用来体现作者对读者认知地位及潜在异议的尊重。两班之间除了 H1 的频数差距，对照班也更加倾向于使用"can"和"could"来实施 H1，如示例（33）、（34）所示。我们统计了"can"和"could"在 EAP 两班 H1 使用中的占比：对照班为44%，实验班为29%。这可能显示学生受母语"能"字使用习惯的影响，这也可能显示实验班学生有意识使用更多样的语言手段（如副词、形容词结构）来实施 H1。

（33）... TOYOTA is not only focusing on safety and health of employee themselves, but also extend to their family, which (＊CG1＊) can (＊H1＊) relieve the family burden of the employees. （EAP—结束—对照-CSR12）

（34）Strengthening social responsibility for employees could (＊H1＊) further construct team cohesion and enhance a company's success to a certain extent (＊H1＊) (Craig, 2018) (＊EVI3＊). （EAP—结束—对照-CSR8）

此外，EAP 实验班更倾向于结合使用 H1 和其他类型的模糊限制语，或是结合使用 H1 和增强语，如示例（35）—（37）所示。

（35）Therefore, perhaps it can be (＊H1＊) inferred (＊H2＊) that IBM's extensive and comprehensive career development policy is better (＊AM1＊) than Sony's single policy only for in-service employees... （EAP—结束—实验-CSR2）

（36） Generally（＊H3＊），supporting employees' education seems to（＊H1＊）become a significant（＊AM1＊）role for a corporation.（EAP—结束—实验–CSR23）

（37）… meanwhile SIA shows（＊B1＊）some（＊H1＊）unbalanced number in the number of pilots and freshly hired employees.（EAP—结束—实验–CSR14）

上述例子反映出 Lee & Deakin（2016：27）所说的"策略性犹疑"（calculated uncertainty）。譬如，示例（35）中 H1 和 H2 的结合使用体现了"读者为本"和"作者为本"的双重导向（Lee & Deakin，2016：28）：既表现出作者的谦虚语气和对读者的让步（"perhaps it can be"），同时又前置了作者的个人解读（"inferred"）。

（三）态度标记（AM）

虽然实验班和对照班的态度标记总频数不存在显著性差异，但是子类 AM2 在对照班显著多用（$p = 0.020$）。另外，有关另一项子类 AM1，虽然实验班和对照班的使用差异未达到显著性（$p = 0.065$），但是两班的差别还是值得注意的：实验班标准化频率 = 107.7，对照班标准化频率 = 90.7。在我们的划分里，所有态度标记子类都呈现主观评估。但是，AM1 展现作者对具体事物的评估，更具有针对性或批判性话语声，譬如示例（38）、（39）。而 AM2 多用于常识性评论或老生常谈，譬如示例（40）、（41）。

（38）According to the two companies' policies of health and wellness（＊EVI3＊），there is one main difference that Microsoft uses its technology for employees to access to health and wellness which is（＊CG1＊）more convenient and effective than Casio（＊AM1＊）.（EAP—结束—实验–CSR7）

(39) While the P&G. Inc just describes this part in a very (* B1 *) limited (* AM1 *), non-detailed (* AM1 *) and "too general" (* AM1 *) descriptions that their employees can eventually fulfill themselves' goals (Get the benefits that make life better, 2018) (* EVI3 *). However, it is not certain (* AM1 *) that P&G. Inc. really (* B1 *) cares about (* AM1 *) how to train its employees, at least (* H1 *) it is hard (* AM1 *) to get the idea through the words that has been used on its official-site. (EAP—结束—实验-CSR7)

(40) Nike and Apple are two influential (* AM2 *) companies in the whole world (* B3 *) which deeply (* B3 *) implement corporate social responsibility and have done a large number (* B3 *) of valuable (* AM2 *) work for employees. (EAP—结束—对照-CSR1)

(41) A stable and healthy physical condition is a key (* AM2 *) element for employees so that they can work focus more on their jobs. (EAP—结束—对照-CSR5)

AM2很容易被EAP初学者当作一种应对策略，正如Matipano（2018：124）所说，"当EAP学生还未能掌控英语或专业知识时……学生会有意或无意地依赖于缺乏具体内容的感性评估"。EAP课堂结束阶段的写作任务要求学生比较和评估两个跨国公司的企业责任感，需要来自理据的支持以及针对具体事物的评估，这两点在示例（38）、（39）中均有体现。但是，若是学生不能运用上述技能，很容易诉诸常识性认知并借助课上学习的评估性形容词（如key、significant、important、valuable、crucial等）来制造批判性评估的表象，期望能应付课业要求。

综上所述，通过对EAP结束阶段的英语写作实施元话语分析，我们认为实验班，相比于对照班，显露出更强的读者敏感度且能更好地实现学术体裁的社会功能（关联已有知识、发表个人观点，说服读者）。根据本章中对 EAP 两班在干预结束阶段语料的元话语分析和对比，我们认为 EAP 课堂的教学干预是有效的。在 EAP 实验班，教师使用了多种学生熟悉的体裁、文本（中英文兼有）和学生熟知的人物事件来设计和分析讨论任务，激励学生在经典学术英语技能和自身已具备的洞察力和批判性思考之间构建关联（见表 3-3）。分析显示 EAP 学生能将"批判性思考者"和"循证讨论者"认同带入学术写作中，并对作者与读者之间的学术性互动有更强的认知。

三 干预结束阶段 ESP 实验班和对照班在元话语使用上的相同点和不同点

有关实验班和对照班的相似趋势，首先，表 5-12 显示，模糊限制语和增强语在两班均是观测频率最高的两元话语。上述两类元话语使用在 ESP 结束阶段的英语写作中更加平衡（相比大一 EAP 在结束阶段的英语写作），占比都在 21%—27%。但值得注意的是，ESP 实验班的模糊限制语明显多于增强语，而在对照班这两类元话语的频数几乎一样。其次，和大多学术写作一样，自称语在 ESP 两班的观测频数均为最少，且主要为 SM1，如 "this paper" "this study" "this research" 或类似表达。但是，自称语在 ESP 两班的占比均高于大一 EAP 在结束阶段的英语写作，显示出 ESP 学生更强的认知话语权意识。再次，ESP 两班另一个显著共性是语码注释语的观测频数明显多于理据标记和态度标记，在实验班尤为明显。最后，介入标记在 ESP 两班的占比相似（都以 EM2 为主），实验班为 8.77%，对照班为 8.59%。

在比较实验班和对照班的写作语料时，我们的观察重点是 ESP 学生的元话语使用是否反映出这两个班对体裁功能及读者属性和需求的不同程度的认知。在干预结束阶段，ESP 课堂的写作任务归属商科研究报告（见表 5-2）。商科研究报告不仅是学术体裁，也应用于业界，如咨询公司为企业客户提供的市场调研报告，其社会用途是针对客户提出的实际问题，收集可靠数据，进而为客户提供可行方案。由上可见，读者，作为客户，通常处于高位，因为企业能聘用的调研人员也很多。因此，作者需要证明自己的专业能力、提供可靠见解、帮助读者制定决断。上述读者—作者关系表明 ESP 学生在表达见解的同时也需要顾及读者的"脸面"（facework）（Feng & Du-Babcock，2016：40）。这些都是我们分析 ESP 语料时的考虑点。

首先，ESP 两班显示出较为平衡的增强语和模糊限制语使用，并且态度标记的占比较少（尤其是在实验班），ESP 学生似乎有意识维护论述的可信度以及对读者的尊重。同时，ESP 两班均建构了专业性认知角色：论文注重和前人研究建立关联。这种"具有归因的互文性"（when intertextuality is attributed）（Fairclough，2003：48）是话语者实现社会定位的主要手段，能展现话语者与他人的结盟或对立（Fairclough，2003：192）。如示例（42）所示，这种互文性能帮助学生实现专业分析者的社会定位。

（42）Some students also needed（＊B2＊）the manager to be a constructive listener and create an equal and open communication environment. These results correspond to previous findings which（＊CG1＊）stressed（＊B2＊）that the discrimination between old superiors and young employees may（＊H1＊）because of the different values of the ages and the unequal treatment can（＊H1＊）easily（＊B3＊）lead to conflicts in the workplace (Myers and Sadaghiani, 2010)（＊EVI3＊）.（ESP - 结束—实验 - RR19）

在示例（42）的开头，作者说出"some students"的诉求，构建了自己的知情人视角。然后，在提及前人研究时，作者使用名词化结构作为预设（presupposition）——"the discrimination"和"the unequal treatment"——来植入自己的立场，即预设前人的研究发现为事实存在，学生借此建立起与其他学者的同盟关系。此外，示例（42）中的作者话语声也体现在增强语和模糊限制语的策略使用上：两个 B2 分别用来彰显作者对数据和理据文献的知情解读（作者敢于对自己的解读负责）；两个 H1 分别用来缓和作者提出的有关"discrimination"和"unequal treatment"的论证，试图缓解来自年长读者的抵触情绪和质疑。

有关增强语的使用，ESP 两班一个明显趋势是：学生会使用增强语（B1、B2、B3）来构建个人的权威性解读，展现自己能洞悉被访群体的期望、立场和诉求，能调动"当代大学生"的知情人视角来解读文献或被访者话语，如示例（43）、（44）所示。

(43) It is also illustrated that millennials show (∗B1∗) different expectations for work based on their unique experiences and values. For millennials, they are eager (∗B2∗) to receive positive feedbacks regularly in the workplace and have a flexible work schedule to balance their work and off-work life with family and friends (Behrens, 2009) (∗EVI3∗) . (ESP—结束—实验 – RR4)

(44) The participants highly (∗B3∗) marked the importance of flexibility in their future work place in response , (∗CG1∗) over a half of them said this will (∗B1∗) impact on their job options. Furthermore, they have all (∗B3∗) showed (∗B1∗) diverse expectation on some specific aspect of work flexibility. (ESP—结束—对照 – RR20)

有关模糊限制语的使用，一个可见趋势是 ESP 学生均能使用模糊限制语来呈现个人的主观性解读，甚至还能结合使用模糊限制语和其他话语手段将个人预测呈现为事实描述，如示例（45）所示；或是利用被访者之口来委婉呈现作者的个人观点，如示例（45）、（46）所示。

(45) The finding from Student F is a bit (∗H1∗) interesting (∗EM2∗), who (∗CG1∗) opined (∗H2∗) that management should be (∗B2∗) flexible, depending on the situation. For example (∗CG1∗), a manager perhaps would (∗H1∗) make a decision when the company

is in an emergency and prioritizing company interest at the same time. A conflict of interest between company and employees could (* H1 *) lead to employees persuading managers to take make decisions inimical to the profitability of a company. （ESP—结束—实验 – RR8）

（46）Student D felt (* H2 *) that communication can (* H1 *) help in establishing a good working relationship with managers, so they (managers) (* CG2 *) may (* H1 *) tap employees' strengths and afford them more opportunities for promotion than others. （ESP—结束—对照 – RR1）

示例（45）、（46）的一个共同点是都有描述假设的情景并预测可能结果（"lead to""so"）。值得注意的是，事实描述和主观预测之间的界限并不是那么清晰。譬如，示例（45）中的最后一句话"A conflict of interest... the profitability of a company"貌似是在陈述一个广为接受的理念（使用了无冠词限制的 company、employees、managers），但实质上是在表达作者的个人预测。Fairclough（2003：115）指出"事实陈述与个人预测之间的滑移"（slippage）是当代公关、营销类体裁的一个常用修辞手段，因为商科应用型报告的本质也是一种营销：劝服读者（人事部门管理者）接受作者的分析和建议。与此同时，这两个学生也有利用被访者之口来委婉呈现自己的定性解读（"who opined that..." "student D felt that..."），这也是一个体现调查报告可信度的策略。

在下文，我们将审视 ESP 两个班的元话语差异。表 5 – 13 显示 ESP 实验班和对照班之间有 4 个具有显著性差异的元话语项目：数目明显多于初始阶段的 0 项显著性差异。首先，卡方独立性检验结果显示对照班倾向于使用更多的态度标记（观测频数 242 > 期待频数 211.4），而且差异具有显著性（$p = 0.008$）。另外，子类 AM1 在对照班显著多用（$p = 0.016$）。其次，实验班倾向于使用更多的模糊限制语（观测频数 494 > 期待频数 469.3），而且差异具有显著性（$p = 0.036$）。再次，子类 H1 在实验班显著多用（p = 0.025）。最后，实验班的增强语占比低于模糊限制语——四类课堂 8 个班里唯一出现这种情况的班级。此外，虽然两班的增强语使用不存在显著性差异，但是值得注意的是，子类 B2 的标准化频率在实验班更高，但 B1 和 B3 的标准化频率在对照班更高。其中 B3 在两班的差异接近显著性（p = 0.080）：实验班准化频率 = 54.9，对照班标准化频率 = 67.1。因此，增强语子类在两班的使用趋势值得进一步审视。

（一）态度标记（AM）

ESP 实验班倾向使用更少的态度标记。通过对文本的审读，我们认为这反映出学生更侧重于营造报告的专业性、客观性，有意规避过于主观或缺乏证据的论断，更倾向于使用间接方式来表达个人评估。我们来对比示例（47）、（48）。

（47）... it is <u>fundamental</u>（＊AM1＊）to construct career planning as it gives university students the <u>much</u>（＊B3＊）needed direction and makes it clear there where them see themselves in future ... Further, a <u>large</u>（＊B3＊）proportion of human life is spent in achieving their goals, thus it is <u>significant</u>（＊AM1＊）to <u>ensure</u>（＊EM2＊）that right steps were taken and correct planning was done in the early years of their life <u>(Ball, 1997)</u>（＊EVI3＊）.（ESP—结束—对照 – RR10）

（48）<u>Chandrasekar (2011)</u>（＊EVI3＊）<u>believes</u>（＊B2＊）that the workplace environment <u>can</u>（＊H1＊）affect employees in terms of morale, productivity and engagement both positively and negatively. This view has been verified by the leaked e-mails which <u>claim</u>（＊H2＊）that the "<u>sexist</u>"（＊EVI3＊）and "<u>toxic</u>"（＊EVI3＊）work environment of Apple makes its employees angry and express their willingness to leave <u>(Don, 2016)</u>（＊EVI3＊）.（ESP—结束—实验 – RR7）

虽然示例（47）使用了两次态度标记（AM1）而示例（48）没有使

用任何态度标记,但是示例(48)反而更能体现学生的批判性思考。这可能归于以下几个原因:首先,示例(48)更加基于理据说话且有意引用苹果公司的员工邮件,通过这种互文性来展示当前研究与真实职场的关联。其次,示例(48)能利用理据将抽象问题(即工作环境对员工的影响)分解成三个具体方面("in terms of morale, productivity and engagement"),而这是学术类、专业论述体裁中最常见的知识构建行为。最后,示例(47)通过态度标记 AM1 和增强语 B3 的结合使用,重在阐述社会主流观念,期望读者接受(也见后边的介入标记 EM2),但这有可能让读者视为说教。相比之下,示例(48)通过增强语 B2 和模糊限制语 H1、H2 的结合使用,重在转述商科社群内一些既有讨论和实际问题,进而体现作者的群体成员定位和批判性认知,期待以此获得读者的认可。

在调研报告的"结果和讨论"部分,对照班有更明显的倾向将态度动词(如 agree、confirm)和评估性形容词(如 significant、useful)搭配使用来发表自己对访谈数据的主观评估。如示例(49)所示,四个态度动词分别对应四个评估性形容词(如 agree 和 significant),我们给每一对搭配编码一次 AM1。值得注意的是,这种搭配式结构前置了作者自己的评判标准,而不是被访者的言论细节。尤其是当态度动词仅允许 Yes—No 立场时(如 agree、confirm),也就是说,被访者只能回答 Yes 或 No,分析被简单化和两面化,看起来更像是作者在往被访者嘴里塞词。这种结果呈现方式会影响分析的可信度。相比之下,示例(50)没有使用任何态度标记,表面上是在提炼访谈数据的概要、主旨,实质上学生通过增强语 B2 注入了自己对被访者内在期望和需求的解读。正如 Fairclough(2003:171)所说,若话语者"就别人的内心活动发表评论……那么这一定是值得注意的自我赋权行为",因为这能彰显话语者的知情人身份或权力地位。类似示例(50)的修辞策略在实验班语料中似乎更明显,这在一定程度上解释了为什么增强语 B2 在实验班的标准化频率更高一些。

(49) All but one student agrees that training is significant to future career (*AM1*). Most of them confirm that they can learn new skills and professional knowledge from training which is useful for their future

promotion（∗AM1∗）. The only one student who thinks training is not important（∗AM1∗）holds that high salary is the most important（∗AM1∗）.（ESP—结束—对照 - RR11）

（50）... most students hoped（∗B2∗）their superiors could direct them what to do on the job and give a clear feedback to achieve the work better. Some students also needed（∗B2∗）the manager to be a compassionate listener and create an equal and open communication environment.（ESP—结束—实验 - RR16）

（二）模糊限制语（H）

模糊限制语子类 H1 在实验班写作文本里的显著多用构建了更加谦逊的作者声音，反映出实验班学生对读者权力地位的更深一层认知，譬如示例（51）、（52）。

（51）... this study has several limitations, but still provides some（∗H1∗）useful indicators（∗EM2∗）to further understand how China's millennials attributes and preferences affect their expectations of workplace communication.（ESP—结束—实验 - RR15）

（52）Furthermore, we（∗SM1∗）have found the possibility（∗H2∗）to a large extent（∗H3∗）that flexibility would（∗H1∗）become a important（∗AM1∗）issue affect on students job option.（ESP—结束—实验 - RR4）

在示例（51）、（52）中，H1 的使用分别伴随着介入标记 EM2 和态度标记 AM1 的应用——两种能构建作者认知权威、族群内人身份的元话语手段。同时，每个示例也展现出多层言语行为，包括陈述研究结果（"this study...provides..." "we have found..."）、预测、评估研究结果对企业的意义（"useful indicators to further understand..." "become a important issue..."）、间接呼吁职场管理者和人事部门做相应调整（"affect their expectations of..." "affect on students..."）。其中，预测是项赋权性言语行为（The power of prediction）（Fairclough, 2003：175），因为通过实施预测，话语者有可能影响大众看法或行动（Fairclough, 2003：167）。但 Fairclough（2003：181）也指出，即使是政界领袖，也不能完全依仗预测性言语行为来行使权威，而是需要同时拉近听众，构建自己和听众的同盟关系。值得指出的是，在示例（51）、（52）中，学生确实有使用话语手段来维系和读者的关系。譬如，在示例（51）中，学生结合使用了模糊限制语和介入标记："some useful indicators"，将作者的预测行为构建为当下研究能为读者提供的"一些""实用性"帮助。在示例（52）中，学生较为密集地使用了多种模糊限制语（结合了 H1、H2 和 H3），将预测行为构建为作者对于数据深层"趋势"的一个"发现"（"found the possibility to a large extent..."）并尝试与读者分享（使用 SM1 拉近距离）。

（三）增强语（B）

ESP 对照班显露出更强的增强语使用倾向，尤其是子类 B3。通过审读两班的语料，我们发现 B3 大多被用来凸显某种趋势或现象，借此来展现当前研究的必要性或是突出研究结果的重要意义或不足之处，如示例（53）、（54）所示。

（53）However, the study's shortage（﹡EM2﹡）is that looked at limited factors, whereas there are many（﹡B3﹡）factors that influence career choice decisions. It is therefore recommended（﹡EM2﹡）that a similar study be conducted in which many（﹡B3﹡）factors affecting career choice decisions can be explored.（ESP—结束—对照 - RR17）

（54）Student C suggested（﹡H2﹡）that many（﹡B3﹡）companies force（﹡AM3﹡）the employees work in a small place which serious（﹡B3﹡）influence the employees' health.（ESP—结束—对照 - RR8）

示例（53）、（54）展现出和示例（51）、（52）截然不同的元话语策略。这种试图依靠 B3 来增强论述力度的趋势在对照班表现得更为明显。在示例（53）、（54）中，学生主要通过增强语（而不是模糊限制语）来提升介入标记和态度标记的使用效果。具体来说，示例（53）中的介入标记"the study's shortage"，其主要功能是引导读者关注作者对这个研究的批判性反思。上述操作能塑造作者的研究族群成员身份，但也需要作者采取话语手段来确保读者能理解这种批判性反思，这个在示例（53）中尚欠缺——"many factors"反而让读者感觉作者不够专业。示例（54）的作者使用"force"来表达自己对某类企业行为的道德批判。但是，研究报告中通常会规避 AM3，当作者处于权力低位时，道德批判可能会损伤读者的"脸面"，尤其是当这个道德批判针对"很多公司"的非人性化待遇时（"many companies force the employees..."）。

综上所述，通过元话语分析及我们后续对两班写作的仔细审读，我们认为在干预结束阶段 ESP 实验班更能在商科研究报告中考虑到目标读者的需求和读者—作者之间的权力关系。在表达见解时，一方面，ESP 实验班的学生更加注重构建作者的知情人视角，另一方面也更能顾及读者的"脸面"，制造能根据实地调研提供可靠见解的作者认同。

四　干预结束阶段公共英语实验班和对照班在元话语使用上的相同点和不同点

有三个最明显的相似趋势：第一，理据标记的观测频数在两班都是最少的（几乎没有），自称语的观测频数都是最多的，占比均在 40%—50%，十分可观（见表 5-14）。第二，两班增强语的观测频数都位居第二且遥遥领先模糊限制语。在实验班增强语是模糊限制语的两倍多一点，在对照班则几乎为三倍。第三，语码注释语在两班的观测频数都位居倒数第二，占比基本介于 5%—6%。而语码注释语在 CLIL、EAP 及 ESP 课堂的占比都介于 15%—19%。上述差距可能与写作体裁及学生接受过的写作训练有关。英语学术写作，相比一般议论文，涉及更复杂的辩证论述或学科讨论，因此 CLIL、EAP 和 ESP 学生可能更有意识地使用语码注释语来引导读者视角。

在下文，我们将审视公共英语两个班的元话语差异。表5-15显示实验班和对照班之间有9个具有显著性差异的元话语项目：数目明显多于初始阶段的3项显著性差异。第一，卡方拟合优度检验结果显示，这七类元话语的总和在对照班显著多用（$p = 0.016$），这很可能源自对照班显著多用的增强语及自称语。第二，卡方独立性检验结果显示对照班倾向使用更多的增强语（观测频数720 > 期待频数700.6），且差异具有显著性（$p = 0.031$）。第三，实验班倾向使用更多的模糊限制语（观测频数311 > 期待频数271.5），且差异具有显著性（$p = 0.008$）。所有的模糊限制语子类在实验班的标准化频数都高于对照班，但是只有H3在实验班显著多用（$p = 0.001$）。第四，对照班倾向使用更多的自称语（观测频数1615 > 期待频数1532.7），且差异具有显著性（$p < 0.001$）。所有的自称语子类在对照班的标准化频数都高于实验班，但只有SM2展现出显著性（$p < 0.001$）。第五，实验班倾向使用更多的介入标记（观测频数234 > 期待频数188.2），且差异具有显著性（$p < 0.001$）。所有的介入标记子类在实验班的标准化频数都高于对照班，其中EM1和EM2在实验班显著多用（p值分别为 < 0.001和0.021）；而EM3在两班的差异仅接近显著性（$p = 0.085$）：实验班标准化频率 = 24.8，对照班标准化频率 = 16.7。不同介入标记子类可用来实现多种语用目的，并且能反映作者的语境敏感度和对读者认知的揣摩。因此，三种介入标记子类在每个班的使用趋势值得共同审视。综上，虽然语码注释语及其子类都未构成显著差异，但是能看出实验班的CG1标准化频率（93.6）明显高于对照班（77.7），且CG1在两班的差异接近显著性（$p = 0.097$），因此CG1的具体使用值得进一步审读。

我们在公共英语课堂的教学干预意在培养学生的语用意识，因此，本章节的主要目的是考察公共英语课堂的议论文写作如何显露出学生的语用意识。我们特意把写作题目设定为一个具有潜在争议的话题（见表5-2）。这个话题涉及作者（学生）和读者（教师）共有的实践社群活动，且作者和读者可能持有不同的知情人视角。譬如，学生在发表个人见解时是否会使用礼貌策略来缓和面子威胁行为？此外，学生能否将议论文写作看作构建一系列言语行为，有意识地使用话语手段来吸引读者，不让论述流于表面、沦陷于雷同的套话里？针对上述问题，我们认为实验班展现出比对照班更强的元语用意识：（1）实验班对增强语和自称语的使用更加克制；（2）同时使用了更多的模糊限制语、介入标记及语码注释语。另外，如前文所说，两个班几乎都没有使用理据，但我们不认为这是受母语文化影响。譬如，综观高考语文的满分作文，虽是当堂完成且无法利用网络查找文献，但是旁征博引（理据）处处可见，显示出理据在中文议论文里的重要语用功能，即通过引古博今来彰显作者的阅读量。我们的猜测是学生对中英文议论文的写作语境有不同考量，可能认为英文写作的评判重点在语法、句法、词汇及文章结构上，而旁征博引不是重要的评判标准。我们的另一个猜测是：中文是学生认知世界的主要手段，但英文还不是。学生受英文水平所限，不太能使用英文与外界交流，也无法使用英文在写作中构建互文性或彰显个人的象征性资本（知识、见闻、阅读量）。

干预结束阶段的写作体裁为议论文且作业设置明确规定要有批判性讨论。但是，可能因为写作题目和学生的切身体验密切相关，有些学生的写作体裁更加偏向自叙体，甚至是日记体。上述趋势在对照班更加明显，相比之下，实验班的写作更加反映出议论文的体裁要素，如辩证思考、论点延展及与读者的观点交流。以下，我们将通过文本示例就上述区别做仔细阐述。

（一）辩论手段

有关辩论手段，两班有可见区别。Fairclough（2003：98）总结了四大类论点"合理化"手段（Legitimation），分别为：（1）诉诸权威（Authorization），如提及传统习俗或名人名句；（2）使用社会认可的知识框架来提供理性解释（Rationalization）；（3）道德评判（Moral evaluation）；（4）用讲故事来说明一个道理（Mythopoesis）。有关上述四种手段，我们发现实验班在干预结束阶段的写作语料展现出更加多元的"合理化"策略，四种手段几乎使用相当；而对照班则更加侧重道德评判和讲故事论证法。实验班的议论文写作显示学生更加能根据交际目的变换多种话语角色，示例（55）—（57）展示了我们的上述观察。

（55）Whereas the current level of students has plummeted in the two-month holiday after the college entrance examination（ * EM3 * ），teachers can（ * EM2 * ）spur us（ * SM3 * ）to review what we（ * SM3 * ）had learned and recite more novel words. （公共英语—结束—实验 – CE15）

示例（55）虽然只有一句话，但具备故事体的经典要素，包括人物（"students""teachers"）、场景（高考后重拾英语）、情节（起因、发展、结局）。而故事的寓意即为作者的论点（Mythopoesis）：教师需要帮助学生重拾英语、温故而知新。示例（55）的故事论证法并未扰乱议论文的整体基调，反而成为作者建构"本地知情人"认同的有力手段。正如 Fairclough（2003：154 – 155）所说：文本的"社会意义"体现于作者如何使用语言措辞来"再现社会成员的能动性"（the representation of agency）。有关语言措辞，首先，在示例（55）的前半段，"plummeted"一词应该是夸张手法、带有诙谐口味，在抓住读者注意力（即 EM3）的同时也抛出作者的一个核心论点，即广大同学的英语学习以应试为导向，一旦脱离考试便会失去学习英语的驱动力。其次，在示例（55）的后半段，作者代表学生群体发言（SM3 的使用）并向读者提出建议（EM2）。这显然是自我赋权性的话语行为，但也有冒犯读者的风险。然而，作者在前边的生动叙事，尤其是对本地文化的洞悉（"two-months holiday after..."），能拉近读者，为后边的建议行为做铺垫，也算是一种积极礼貌策略。

（56）Before completing an essay, we（ * SM3 * ）are asked to think about the structure of the whole essay and the outline of each paragraph, called（ * CG2 * ）brainstorming. So does it in our（ * EM1 * ）daily life, when we（ * EM1 * ）are going to take a action, we（ * EM1 * ）must（ * EM2 * ）make a plan and full preparations so that we（ * EM1 * ）could achieve expected results. （公共英语—结束—实验 – CE46）

首先，示例（56）通过提及"brainstorming"这个术语来说明写作规划的重要性（Rationalization）。其次，示例（56）也讲述了一个广为认可的做事习惯（Authorization），即做事情前要先规划，调动了与读者共有的价值体系。其中，作者多次使用了囊括性"we"（inclusive we）即介入标记 EM1。总体来看，示例（56）描述了两项活动，写作前的头脑风暴和日常生活中做事前的谋略，并在上述两项活动间建立关联，体现出批判性思考。

示例（55）、（56）都展现出介入标记在论述推进中发挥的作用，而这种与读者结成同盟的意识在对照班相对偏少，见示例（57）。

（57）I（＊SM2＊）once wrote a title about the problems from school students, and ask us（＊SM3＊）how to deal with it. I（＊SM2＊）combined with my（＊SM2＊）own and my（＊SM2＊）classmates situations, then I（＊SM2＊）completed it. Therefore, I（＊SM2＊）learned the problems which students often do are disadvantage（＊AM3＊）for their studies, especially（＊CG4＊）I（＊SM2＊）realized my（＊SM2＊）parents and teachers' hard work（＊AM3＊）.（公共英语—结束—对照-CE23）

在示例（57）中，学生讲述了自己的亲身经历，结尾做了道德层面的反思（见 AM3 的两次使用）。因此示例（57）结合了两种"论点合理化"手段：首先通过讲故事来说明一个道理（Mythopoesis），其次使用道德评判（Moral evaluation）来强化论点，即英语写作能促使学生反省自身问题，并认识到老师和父母的良苦用心。示例（57）的问题在于，它更像口语体（见 SM2 及 AM3 的多次使用）；从言语行为上看，学生更像是在向读者倾诉，而不是制造吸引人的论述或观察。譬如，示例（55）中的生动内人描述"plummeted in the two-month holiday"和示例（56）中对于"writing"和"daily life"的创意关联，这种读者意识在示例（57）中相对缺失。

（二）多元的观点表达手法

实验班相比对照班展现出更加多样的观点表达手法——既有直接的观点呈现也有间接、谨慎的措辞方式，见示例（58）—（60）。

(58) Through meaningful (＊AM2＊) composition and active discussion of the topics, we (＊SM3＊) will (＊B1＊) reflect on some crucial (＊AM1＊) problems such as (＊CG2＊) government problems, environment problems. (公共英语—结束—实验 – CE61)

示例 (58) 并未以常见的主语名词开头，而是在句首通过环境附加词 (circumstantial adjunct) 及内置的名词化用法 "meaningful composition" 和 "active discussion" 来定下整个论点的立场基调，即写作是有意义的，课堂讨论也是活跃的。环境附加词通常被认为是对场景或人物行为、目的的客观性描述。此外，无主语的名词化结构 (譬如 "meaningful composition") 能将所描述现象呈现为读者与作者的 "共有认知" (assumed values) (Fairclough, 2003: 173)。示例 (58) 以上述方式引导读者接受主句中的观点表达，参见增强语和态度标记在后半句的使用。

(59) It is true (＊B1＊) that a large number (＊B3＊) of pupils learn about English writing skills by preparing for the tests. While this may (＊H1＊) gain us (＊SM3＊) more knowledge, it, to some extent (＊H3＊), could (＊H1＊) also have some (＊H1＊) bad (＊AM1＊) impact on particular students. (公共英语—结束—实验 – CE8)

示例 (59) 中发表的观点具有批判性，可能会挑战读者 (教师) 权威。值得注意的是，文本展现出对增强语和模糊限制语的不同规划。譬如，增强语主要用来强调备考式英语学习在中国的重要意义，这也是和读者建立共识。而模糊限制语主要用来谨慎表达异议，见示例 (59) 的最后一句话。在表达异议前，作者先代表学生群体作谨慎让步 (H1 + SM3 的结合使用)，这也是实施面子威胁行为前的消极礼貌策略。之后，学生表达异议：他挑战了英语四六级考试，指出其可能带来的负面效果。其中，三个模糊限制语的接连使用 (H3 + H1 + H1) 显示出学生的交际意识和语用策略。

上述这种以交际功能为导向的元话语使用在示例 (60) 中也能看出

端倪。在第一句话中，学生抛出论点（见 AM1）；学生也使用了 H1 + B3 的组合，表现出一些让步意识。在第二句的举例阐述中（即 CG1），学生操演了"中国社会观察者"，个人的认知权威有所提升，值得注意的是这里学生没有再使用模糊限制语。学生使用马云作为理据（EVI3）并依靠增强语（B3）来引领读者理会例子背后的道理（如会说英语的人路子更宽），并激活与读者共有的社会认同（能使用英语交流想法的中国人）。

（60）Accurate expressions can（*H1*）be very（*B3*）persuasive（*AM1*）. For example（*CG1*），Ma Yun（*EVI3*）has a very（*B3*）high Level of English, so he often（*B3*）makes speeches in English to express his views.（公共英语—结束—实验 - CE3）

在干预结束阶段的议论文写作里对照班写作展现出更强的增强语使用倾向，可能用来"展现陈述的真实性"或彰显自信（Hyland，2005：131）。譬如，示例（61）显示学生利用 B3（"never"）来构建一种励志口吻。

（61）English pulls me（*SM2*）out the closed world（*EM3*），and connects the world with me（*SM2*）that（*CG1*）make me（*SM2*）never（*B3*）alone（*AM3*）and disappointed（*AM3*）.（公共英语—结束—对照 - CE20）

类似示例（61）的抒情式论述在对照班相对更明显，这可能导致自称语 SM2 及态度标记 AM3 在对照班的写作语料中呈现更高的标准化频率。虽然"pulls me out the closed world"有拟人用法，能引起读者注意（因此编码 EM3），但是整体来看，示例（61）中作者对自我的关注使文本更像日记体裁。学生的侧重点不是调动和读者共有的社会经验来构建论点，而是情感抒发。

综上所述，公共英语课堂在干预结束阶段两班体现的元话语使用差异显示实验班呈现更强的语用意识。实验班学生更能调动多元的认知性话语角色，如社会知情人、故事讲述者、谨慎的论证者、学生群体的发言人等，也更倾向使用以读者为本的论证手段。学生更加意识到英语写作不仅是使用英文词句写出与题目内容相关的作文，也是与读者交际互动的社会行为。

  至此，本章完成了对四个课堂干预前后所有写作文本的元话语分析和有关实验班和对照班作者认同建构趋势的解读。下一章将分析四个课堂实验班里收集到的有声思维和课堂对话，即探讨认知活动和即时互动里显露出的认同建构。

第 六 章

有声思维和课堂对话中的认同构建

我们对有声思维和课堂小组讨论（包括公共英语课堂里的师生协同讨论）的分析均采用社会认知视角，即通过观察学生在认知活动中的话语来考查学生如何调动认同实施主动学习。本章回答的研究子问题为：在每类课堂中（实验班），学生如何在完成作业的过程中以及课堂讨论里通过操演认同（宏观的社会认同及本地性认同角色）来实现具有批判性或协作性的知识构建？

第一节　有关有声思维的数据收集和分析框架

表 6-1 展示了四个课堂中（仅限实验班）学生施展有声思维的作业任务。

表 6-1　　在具体作业中实施有声思维（主要数据）

课堂类型	在下述作业里实施有声思维
CLIL	第 1 次（第 3 周）：运用语义学来分析某个词的社会使用及其情感内涵 第 2 次（第 7 周）：使用英语构词法来为一个新生产品命名，并设计产品海报，同时使用语言游戏手段（language play）撰写广告词 第 3 次（第 12 周）：二选一，实施批判性语篇分析或语料库语言学分析

续表

课堂类型	在下述作业里实施有声思维
EAP	第1次（第2周）：设计并实施一个学术体裁演讲，向大家介绍一个自己熟知的事物或人物 第2次（第10周）：企业社会责任——比较两家跨国企业并评估哪家对其员工更具社会责任感 第3次（第14周）：选择话题、设计调查问卷、实施调查、分析数据、撰写个人演讲PPT以展示调查成果和发现
ESP	第1次（第1周）：阅读课程手册，回顾过去一年的EAP学习，为新学期制定个人目标 第2次（第6周）：选用营销模型来评估某外企在中国的营销策略，并为该企业提出战略性建议 第3次（第17周）：设计一个以访谈为主要研究手段的定性研究来调查当代大学生的工作期望并撰写研究报告
公共英语	收集的10次有声思维均围绕布置过的10次小组作业。作业题目见表3-5中"学生创作英语剧本片段"一列

对于收集的有声思维数据，我们采用迭代式的定性研究法：归纳分析和演绎分析相结合的方式（Maxwell，2013）。演绎分析借鉴并改进了Anderson & Zuiker（2010：295）提出的三个方向，我们将其扩充为五个方向：（1）对具体知识点的运用；（2）情感性、个人主观性言论；（3）批判性论证、认知策略；（4）定位自我或他人他事的行为；（5）搜索、调动多元资源的行为。在上述框架的指导下，我们对有声思维录音进行仔细阅读并构建描述性编码。在分析过程中，我们也参考了所有的辅助数据（见表2-4），尤其是教师对学生作业和有声思维的双重反馈。

第二节 有关课堂互动的数据收集和分析框架

表6-2展示了我们所收集的小组讨论和旁观者课堂观察，表6-3展示了我们收集的师生协同认知活动，上述数据收集均只限于实验班。

表6-2　课堂小组讨论录音（主要数据）、旁观者课堂观察（辅助数据）

课堂类型	学生围绕下述课堂小组任务展开讨论，研究者收集录音和旁观者观察
CLIL	见表3-1中第2、4、6、9、11、13周的小组任务
EAP	见表3-2中第2、4、6、9、11周的小组任务
ESP	见表3-3中第2、4、6、9、12、14周的小组任务
公共英语	没有录制小组讨论，但是有1—5、8—12周的旁观者观察

表6-3　师生协同认知活动对话（辅助数据）

课堂类型	围绕下述课堂活动展开师生协同认知
CLIL	见表3-1中第1、3、5、8、10周的小组任务
EAP	见表3-2中第1、3、5、8周的小组任务
ESP	见表3-3中第3、5、8、10、13周的小组任务
公共英语（鉴于公共英语课堂未能收集小组讨论，师生的协同对话作为主要数据）	表3-5中1—5、8—12周的课堂讨论

首先，我们在设计CLIL、EAP、ESP课堂的小组任务时都调动了超语教学法（García & Li, 2014）作为指导框架（有关超语教学法，我们在第一章第四节小节二已做阐述）。其次，我们在公共英语课堂也利用了学生的母语话语者经验和社会洞察力来培育学生的二语元语用意识。鉴于上述事实，在分析课堂小组讨论（CLIL、EAP、ESP课堂）时，我们决定挑选出所有展现批判性小组讨论的超语话语样本；而在分析公共英语课堂的师生协同认知对话时，我们决定挑选出所有能展现学生调动、融会双语资源来实施语用思考的话语样本。然后，我们对挑选出来的话语样本都采用了迭代式定性研究法。我们借鉴了Hamman（2018）提出的四个方向来开展演绎分析：（1）调动多元话语资源的行为；（2）认同建构及自我定位行为；（3）观点看法的协商和；（4）任务行政方面的协商。在上述四个方向的指导下，我们对会话进行逐行分析并构建描述性编码。在分析过程中，我们也参考了辅助数据。

关于每个课堂，通过对主要数据内已构建的描述性编码进行反复审读，我们首先在每类数据内的描述性编码之间寻找关联，并识别可见趋势。在此基础上，在每类课堂中，针对本章开头提到的研究问题，我们在课堂互动和有声思维这两类数据的可见趋势之间寻找共同点，继而构建主题。为此，我们将选取具有代表性的话语样本来诠释每类课堂中的多个主题。

第三节　CLIL 课堂

一　拥有多元知识、思维活跃的学科讨论者

首先，我们发现小组讨论中的"协作性超语互动"（Rajendram, 2023）能激活学生调动"多样化的知识储备"（Martin – Beltrán, 2014）并为学科讨论创造机会，如转录（1）所示（见表6-4）。在这个第二周的小组任务中（任务设置见表3-1，其中的"小组任务"一列），四个女生就 MARRIAGE 一词展开语义特征分析。对话初始，S1首先提议比较这个词在中西方的语义区别。对话转录符号采用国际常规：［］重叠的对话；，微小停顿；- 被打断的话语；：拉长音；（1.0）停顿秒数；（（　））转录者对额外信息的注释；？疑问语气；！感叹语气；英文大写和中文下划线都表示音量提升。

表6-4　　　　　　　　　　转录（1）

话轮	话语者	话语内容
1	S1	OK we can we can divide, emm oh yeah between China and the the West the Western countries and，以前 versus 现在, past and now. China used to be 一夫多妻［制 so］
2	Ss	［Ahh］ （（笑声））
3	S1	So marriage unequal -
4	S2	Not before 一五三三年！
5	Ss	（（笑声））
6	S2	Fifteen thir thirty three, there is was no divorce in Britain.
		（这里跳过一段对话）
10	S1	What about the right to，休书, it's different from divorce.

续表

话轮	话语者	话语内容
11	S3	休书，但是 -
12	S4	Divorce 那个提议只能是男方，[and so].
13	S2	对［对对对］
14	S1	So only the man can 休妻, equal 就是 unequal 了就不平等, emm gender? gender unequal, emm, now is equal, 现在全世界都是 equal 了！

（CLIL—第 2 周小组任务）

在转录（1）中学生探讨了语言背后的社会习俗及两性的社会关系。S1 通过使用双语带领同伴思考"休书"和"divorce"的区别。进一步说，S1 通过操演"中国历史文化的知情人"调动了与同伴共有的母语文化背景进而拓展了组内"深度磋商"的机会（Martin-Beltrán, 2013）。运用 Bakhtin（1981）的异质语理论来分析转录（1），S1 的超语中包含映射中国古代文化的汉语词汇。譬如，S1 在一开始说出"一夫多妻制"，这也许源于 S1 有限的二语词汇量，但是这个汉语词确实更能让人马上想到封建文化及男权制。之后，S1 通过"休书"和"休妻"这两个汉语词再次带领组员借助母语文化视角开展批判性思考（话轮 10、14）。此外，转录（1）中也有展露个人心路的"声音"，譬如，S2 脱口说出"一五三三年"（话轮 4），意在辩驳 S1 之前的论点。S2 后来透露这是她高考历史复习里的一个重要知识点，S2 通过超语找回了"曾经的高中文科生"，这让她在学科讨论和个人情感间建立了关联。

由上可见，CLIL 学生的语码转换并非一项迫不得已的"应对策略"（Lin, 2005），而是能用来激活特定的认同及认知视角，是一种学习"资源"（Creese & Blackledge, 2010）。这在 CLIL 的有声思维中也有体现，譬如转录（2）、（3）（有声思维转录片段里的"……"表明此处省略一些话语，","指代停顿）。转录（2）、（3）均取自 CLIL 课堂的第一次有声思维，学生需要运用语义学的几个基础概念来分析某个具有争议的词汇，探讨这个词的社会使用及情感内涵。

转录（2）：

现代生活中"小姐"这个词的用法跟曾经是有比较大的差距的，但是是从什么时候开始有了这种色情业相关的含义的，这个能不能研究一下……而小姐这种用法，随色情业衰落而逐渐减少的时间节点能不能研究…… 在分析小姐这个词的时候，我找到了北京大学中国语言学研究中心的 CCL 语料库，首先我是分朝代搜索了"小姐"这个词，结果显示的是宋代还没有这个词的使用记录，而元代有 183 条记载；我据此判断"小姐"这个词应该是从元代开始有比较广泛的使用。虽然在前期查阅资料的时候有看到相关的论文说，"小姐"这个词最早在商代就已经开始使用了，但是没有找到相关的记录……同时元代几乎所有的关于"小姐"的使用的记载都是出自元曲。所以我觉得可能"小姐"这个词是从口语进入书面语的。（CLIL—有声思维 1-78）

转录（3）：

我想分析"gay"这个单词，主要是我想到了我妈妈最喜欢唱的一首歌，所以我准备在 my sense，我的开头里面最先提到这首歌。而且我妈当时也给我看了有这首歌的电影，是一个非常浪漫的场景，就是男女主角坐在车上穿过非常美丽的丛林，然后他们在车上突然站起来，挥动着双臂，开始高歌。这个单词给我的感觉就是无忧无虑，然后非常青春。但是我询问了我的国际生朋友这个单词的含义，她现在还会不会用 gay 来表示自己很 happy，然后我的朋友说他们不会了。（CLIL—有声思维 1-49）

在转录（2）、（3）中，虽然学生主要使用母语思考，但是他们仍使用超语并构建了独特的认知空间。也就是说，通过超语学生为自己的认知策略（史料探究、多角度社会观察）协商了合法的"规模等级"（scale）（Hult，2014）。

譬如，在转录（2）中，学生构建了词义演变与社会行业变迁之间的关联。此外，学生使用语料库手段来考证"小姐"一词从古至今的使用。

需要指明的是，教师在课上仅展示了 English-Corpora. org 上的语料库资源，而"CCL 语料库"是学生自主寻找的资源。上述材料显示学生能融合以母语为媒介的社会历史观察和以英语为媒介的专业课知识学习，操演了"使用语言学手段考证中国社会历史的人"。学生使用"时间节点"来考证"小姐"一词并"分朝代搜索了'小姐'这个词"。值得注意的是，上述认知策略又与学生对母语体裁和语域的了解（"元曲""口语""书面语"）形成"对话"（纪卫宁、辛斌，2012），从而帮助她构建了"可能小姐这个词是从口语进入书面语的"这一解读。

转录（3）中学生操演了"具备社交资源的见证观察者"。她使用超语并交织了多种认同视角（女儿、接触国外影视文化的人、语言学分析者、有国际友人的英语使用者），穿越了多个知识领域（具有意义的亲情回忆、影视歌曲、语义知识、朋友的看法），还使用了中英语码转换。通过上述超语，学生构建了"见证式观察"这个合法认知空间，说出了"gay"一词对拥有不同经历的人可制造不同"意义"（sense）的论证。

在 CLIL 课堂的干预中后期，学生更能在自己多元的象征性资本中选用原料——糅合跨越中英的不同领域知识、对于多种体裁以及不同社群价值观念的了解等——将个人的社会认同"投入"更为复杂的学科分析任务中（García & Li, 2014：120 - 121），如转录（4）、（5）所示（见表 6 - 5、表 6 - 6）。

转录（4）取自第六周的小组任务，教师构建了两个小型的歌词语料库，即 Taylor Swift 语料库、Katy Perry 语料库。每个语料库包含这个女歌手自出道以来的 10 首金曲（按照《滚石》杂志发布的排名）。学生需使用语料库分析手段，结合定量分析结果和定性的语境解读来回答下述问题：通过观察每个语料库的分析结果，你认为这些歌词为当下歌手塑造、营销了怎样的形象？在转录（4）开始之前，三个学生已在各自的电脑上使用 Wordsmith 4 操作了教师建模的语料库分析手段并针对每个语料库生成了词频列表、关键词列表（上述两个语料库互为对方的参照语料库）、关键词所在的索引行和涉及的词串。在转录（4）的初始，学生试图解读 Wordsmith 提供的定量分析结果和语料证据。

表6-5　　　　　　　　　　　转录（4）

话轮	话语者	话语内容
1	S1	……"was"，"you"，"him"，"why"，"they"。（（学生在读Taylor Swift语料库相比Katy Perry语料库的关键词，其中"they"是负关键词））
2	S2	就是对，emm，就是，they are all about people and their their, things.
3	S3	Taylor always talks about her ex-boyfriend, some people, some classmates in my my, 朋友圈，some friends love her, some hate her. They say Taylor always want people to think she is hurt, she is the silly girl who is hurt。（2.5）
4	S2	From this side, her songs, are nearly all, talking about behaviours, like referring to behaviours.（（S2可能在看Taylor Swift语料库关键词的索引行，也有可能是在读语料库里的歌词））
5	S1	All pronouns，"you"，"him"？（（S1在看Taylor Swift语料库的关键词））
		（这里跳过一段对话）（（由于S2和S1的观察点不同，导致组内产生一些迷惑））
12	S3	We should watch some MV.
		（这里跳过一段对话）（（这组学生花掉了大概8分钟在S3的电脑上搜索、观看、哼唱、评论Taylor Swift的歌曲视频））
37	S3	看的什么"him was red, dark gray all"。（（学生在看Taylor Swift语料库里涉及关键词HIM及其附近的词串））
38	S1	"Him was red"，"him was like"，什么"dark gray all"。（（也在读Taylor Swift语料库里有关HIM的词串））
39	S2	"Was red"，哎，这都重复。（（学生在看HIM的索引行，一句歌词里"red"重复出现））
40	S3	但是"loving him"，"loving him"的。
41	S1	"Loving him, losing him, missing him, forgetting him, touching him, memorizing him, fighting with him"（1.7）（（在看HIM的索引行））
42	S2	我的妈呀。
		（这里跳过一段对话）
47	S2	对，就是可以从她们两个的list（（学生指关键词）），里面，content word的多少看得出来，KP这边好像生活更丰富多彩一点，然后TS好像就是（2.0）
48	S3	感慨啊，对过去的那种。
49	S2	对，感慨怀念。就老是"you"，"him"就老是感觉还是个男的怎么怎么样，一直在抱怨一些事情之类的。对。嗯，那就比如说你像KP那边，然后她还有一种抒情词，发现没，就"ah"，"oh"，"oh"这些。

（CLIL—第6周小组任务）

在转录（4）的初始，S1 念出关键词，S2 试图解读趋势，但想法并不清晰（"all about people and their things"）。S3 这时提及自己微信朋友圈里对 Taylor Swift 的鲜明态度（"love"和"hate"），并借此评论了 Swift 营销的个人形象，"the silly girl who is hurt"。由上可见，S3 利用自己的母语社交资源来参与小组讨论并推进了这个小组的讨论深度。在此基础之上，S2 和 S1 都得以细化观察，试图从主题和词性这两个角度捕捉 Swift 语料库的文本特征（"nearly all . . . referring to behaviours" "All pronouns"），但两人不同的观察点也导致讨论一度缺乏协作性（见话轮 5）。S3 在这时倡导大家去看歌曲视频（话轮 12），她在 QQ 音乐里找到了 Taylor Swift 语料库中几首歌曲的 MV，激活了组员的"MV 观众"认同。之后的小组互动在下述三种话语模式间切换：第一，跟随 MV 的二语哼唱；第二，以母语为媒介的话语嬉闹（多有关谈恋爱和前男友这个意象图式）；第三，有关 Taylor Swift 所营销形象的讨论。上述超语重建了小组的凝聚力——"前男友"是一个能激起大家兴趣的话题——而这也促进了这个小组的知识共建行为，三个学生一起从语境中寻找证据来解读关键词营造的意义（sense）（话轮 37—41）。S2 脱口而出的"我的妈呀"（话轮 42）显示她从恋爱观这个角度来解读 S1 之前念出的 HIM 索引行。在此基础上，S3 和 S2 施展了"协作性超语互动"（Rajendram，2021），共同解读了 Taylor Swift 语料库关键词 YOU 和 HIM 的关联意义（associative meaning），如女主"对过去的""感慨"和对前男友的"抱怨"（话轮 48—49）。此外，S2 调动了自己对流行歌曲体裁的认知，捕捉到 Katy Perry 语料库关键词 OH 和 AH 的语篇功能，即"抒情"。由上可见，这组学生利用超语来施展批判性分析，他们的超语操作与 Lee & Jang（2021：12）的下述发现有呼应之处："超语为多语者之间建立同盟提供了机会，因为多语者可以通过使用超语来交流感受、共建观察并调动个人的多语资源库。"

二 在友善、轻松的氛围中操演"创新性思考者"

在 CLIL 实验班的小组讨论中，学生使用超语拉近彼此的社会距离、表达丰富情绪、灵活实施言语行为，如鼓励同伴、提出看法、给予反馈、打趣等。在此基础上，学生也使用超语开展创新思考，如转录（5）、（6）所示。

转录（5）的小组讨论任务是：学生需要应用句法知识来分析歧义句"Time flies like an arrow"的所有可行结构。我们设计这个任务的初衷是：（1）考量学生的句法分析能力（画句法树图）；（2）考验学生的创造性思维，譬如学生能否结合两个貌似分离的词来构建一个新颖的句法结构。转录（5）显示这个小组在下述三方面互通有无：（1）协作性知识共建；（2）轻松幽默的互动；（3）对知识点的创新运用。

表 6-6　　　　　　　　　　转录（5）

话轮	话语者	话语内容
1	S1	What's the most obvious meaning?
2	S2	时光如梭。
3	S1	And? What did you say just now?
4	S2	时间苍蝇喜欢箭。
5	S3	Ok, 喜欢梭。
6	Ss	((笑声))
7	S1	这个互文做得很好。
8	S3	时光如梭可以喜欢梭, ok, go.
9	S1	So, this is a sentence.
10	S3	What we think, VP((动词短语))?
11	S1	VP 就是, time could be a verb.
12	S2	Check 一下。
13	S1	She said time could be a verb.
14	S2	计时。
15	S3	Flies can be verb?
16	S1	Flies, we now use time as V((动词)), flies as N((名词)), and like as P((介词)).
17	S2	Let me check flies as a noun, its meaning.
		(这里跳过一段对话)
24	S2	把这个连在一起, 时间苍蝇。
25	S3	有可能这两个连在一起还是个动词呢。
26	S1	它们合起来好像没有那个意思。
27	S2	它有打拍子的意思, time。
28	S3	飞快地打拍子的苍蝇。
29	Ss	((笑声))

（CLIL—第 4 周小组任务）

转录（5）中，首先，在话轮 4，S2 发现了这个歧义句的一种创意结构：关联貌似分离的"时间"和"苍蝇"，进而创造"时间苍蝇"这个复合型名词（效仿"时间机器"），彰显他的创造性认知（Ward & Lawson, 2009）。值得注意的是，在话轮 2、4，S2 都选择使用中文说出句义，似乎为确保同伴的快速理解，而这确实促进了组内的协作性氛围；随后 S3 和 S1 都加入语言游戏这个认知空间，利用语言游戏作为知识共建手段。譬如，S3 首先注意到 S2 就"arrow"的两种翻译（"箭"和"梭"）并借机使用母语开展语言游戏——"时间苍蝇喜欢梭"（话轮 5）。接下来，为回应 S3 的上述语言游戏，S1 借用专业术语"互文"来构建幽默反馈和积极评估。这不但映射了 S1 的学科专业认同，也显示 S1 能操演团队合作者，和 S3 建构联盟关系。最值得注意的是，S3 在片段（6）结尾提出"time flies"可能是复合型动词的大胆猜想（话轮 25）。鉴于英语里确实有两个动词组成复合型动词词组的先例（如"go get""stir fry"），若是"flies"换做"fly"（也就是构成祈使句），S3 的猜想也确实具备可行性。虽然这组学生的学科功底还不足以支持他们拓展 S3 的猜想，但是 S3 的创造性认知行为（关联两个意思迥异的动词创造新词）以及在结尾通过母语尝试的幽默解读——"飞快地打拍子的苍蝇"——显示 S3 在多种知识领域里做具有创新性的连接，而这对批判性知识构建十分重要。

在转录（6）中（见表 6-7），学生需要分析一个英文复杂句并使用句法规则来画树图。这组学生一度陷入僵局，在对话初始，教师使用超语作为干预手段。教师创造了一个内容独特的中文句子，即某人"在浴缸里吃炸鸡"，其句型结构在本质上跟需要分析的英文复杂句相似。

表 6-7　　　　　　　　　　　转录（6）

话轮	话语者	话语内容
1	T	What about, we keep the sentence structure, exactly the same sentence structure, but we change the sentence to 在浴缸里吃炸鸡。
2	Ss	[（（笑声））
3	S1	[很养生。

续表

话轮	话语者	话语内容
4	T	This, this is a VP（（动词短语）），right? Now you analyse this VP, you analyse this Chinese VP 在浴缸里吃炸鸡, How would you divide it into two parts? ……（（教师离开此小组，让其自主讨论））。
5	S2	在浴缸里，吃炸鸡。
6	S3	在浴缸里是什么？PP（（介词短语））吧。
7	S2	嗯。
8	S3	吃炸鸡，VP 对吧。
9	S2	VP
10	S3	然后，吃（3.2）和 NP（（名词短语））。
11	S2	对，炸鸡，OK。按老师说的，现在，不是在浴缸里吃炸鸡了，是在浴缸里 realize（1.0）
12	S1	还在吃炸鸡
13	Ss	（（笑声））
14	S2	把吃，把吃，换成 realize。而且不是吃炸鸡，realize 一件事儿。
15	S3	That（4.5）
16	S2	Realize 一件事儿，realize 一件事儿。这一件事儿是 CP（（补语成分）），realize that balabalabala
17	S3	那就是用这个 CP 替代 NP 对吧，NP 这里是炸鸡。

（CLIL—第 4 周小组任务）

很多学生在中学语文课有过句法分析经验，因此在转录（6）教师有意激活学生的"母语句法分析者"认同（CLIL - W4 教师观察日记）。此外，教师关联"浴缸"和"吃炸鸡"，旨在创造一种有趣且不同寻常的意义结合，进而鼓励学生解决难题。S1 在话轮 3 的母语调侃"很养生"创造了轻松氛围，在这之后学生们也操演了"创造性认知者"。他们在教师即兴创造的中文句子和原本的英文复杂句之间构建关联，将新获得的知识（补语结构 CP）投入对复杂句的分析中（"那就是用这个 CP 替代 NP 对吧"）。

转录（7）来自第二次有声思维。我们希望设计一个有趣且能让学生发挥创意的作业。这个作业既能赋予学生自主权，让学生自主创建产品和品牌、造词命名，同时也要求学生使用规定的学科知识点，即造词法、语言游戏手段。

转录（7）

我这个公司的理念是健身是一种护肤和抗衰……然后所以说我就找到了这个 body building，但是它又很长，不适合做一个公司名，所以说把它简写为 BB 就更简单。这时突然想到 BB 霜，但是 BB 霜只是暂时性掩盖，而运动由内而外且作用时间长。我就想通过这个联系和对比设计一个朗朗上口的 slogan……然后我的产品名字叫 Qi-ga，qi 是原本来就是气功，ga 代表的是 yoga，我的产品就像是一种气功瑜伽，我想要一种新的产品没有出现过的……因为在英语里边其实 qi 和 ga 这两个发音都是在英语里很少用到的，所以说我觉得就算他们结合在一起，就可以很独特地形成一个新的词汇，就是很容易让人记住。（CLIL—有声思维 2-16）

转录（7）中的学生操演了多元认同：语言学知识使用者、使过 BB 霜的人、健身知情人、广告标语写作者等。她也穿越了中英双语、多种知识领域，展现出多维的超语行为。我们能看出超语使用、多元认同操演、多种认知策略这三者之间的互动：学生从个人的生活观察里寻找灵感，使用创造性思维来细化想法（关联"body building"和"BB 霜"，关联"气功"和"瑜伽"），调动社会经验来评估语言游戏（"body building，但是它又很长，不适合做一个公司名"）。正如 Tin（2013）所说，具有社会语言意识的创意思考更能带来具有深度和意义的二语实践。

三 调动个人已有的社会话语观察，成为具有话语权的"知识创造者"

作为社会人，大二的 CLIL 学生对社会话语手段已具备一定认知。在干预的中后期，学生尤其能利用上述资本在语言学分析里操演具有认知权威和话语权的"专业知识运用者"。转录（8）来自第三次有声思维，学生说出了她选择分析莱温斯基公关文的思考过程。

转录（8）

　　因为在 tutorial 上面，我们讨论了陈冠希的例子，然后觉得陈冠希的公关稿写得写得非常具有影响力，就是能够引导人的思维，然后发现原来语言可以通过这样的方式来引导人的思维……我是偶然看到了微博上莱温斯基对当年克林顿的出轨门的回应，然后我又联想到在 tutorial 上面我们讲陈冠希出轨门的例子，然后就想看一下，就对在不同的位置遇到同一个事件，然后有不同智囊团，然后他们的公关文的手法会有如何不同。（CLIL—有声思维 3-50）

　　转录（8）显示学生在学科知识（批判性语篇分析）和个人已有的社会语篇认知（危机公关文手法）之间建立关联。学生的批判性思考体现于她试图发现话语手段和多面社会因素之间的潜在关系，如话语者的社会属性、背后智囊团、舆论导向，为自我建构了社会话语分析者认同。

　　转录（9）取自 CLIL 实验班第九周的小组任务，学生需要实施批判性话语分析手段（如名词化使用、预设等）来审读陈冠希在"艳照门"事件后的新闻发布会道歉。转录（9）展示教师和一个小组开展的启发式对话研讨，共同分析道歉文中的名词化使用（见表 6-8）。

表 6-8　　　　　　　　　　转录（9）

话轮	话语者	话语内容
1	T	Why would he say "pain" and "suffering"? Why would he use these two as nominalisations?
2	S1	感觉动词就很强烈，动词我伤害了你，都是很强烈。比如说，"上次我受到的伤害是前男友给的"，好像就没有"我前男友伤［害了我"来得这么猛烈。
3	Ss&T	［（（笑声））
4	T	This is an excellent point, but why? (3.3)
5	S2	This is NP, put, at the back, so so, so not "all the ladies and to all their and all their families" I do harm to them. He he put this NP all of this NP at the back, but first he apologise, and then he say some nominal:, nominal:?
6	T	Nominalisation.

续表

话轮	话语者	话语内容
7	S2	Yes, nominalisation, and say some nominalization and some details, so he does not say I do I did this and that, he just put this and that here as a thing.
8	T	Why? (1.2) Can you go deeper? Why would he CHOOSE to put this as a THING? (3.7)
9	S2	He put this as a thing (2.0) after P ((介词)), on the position after P, for example (2.5) "FOR the pain and suffering that they have been feeling", not as a, a (1.8) 主语, he does not say, THEY have been, they have been HARMED and HURT by ME.
10	T	Excellent point.
11	S1	像是把自己定位为一个经历者，而不是施动者。

（CLIL—第9周小组任务）

在转录（9）中，S2 主要使用英语，S1 仅使用汉语，而这种超语合作调动了这两个学生不同且互补的社会话语观察。首先，在话轮 2 中，S1 抢先回答教师提出的问题，她调动了自己的母语社会化经历并使用中文即兴创作了一个例子。此刻，S1 不但操演了"情感经历讲述者"，她也操演了"创新思考者"，即使用幽默口吻（"来得这么猛烈"）来对比动词使用和名词化在倾诉话语中制造的微妙效果。在上述操作中，S1 展现出创造性认知，她关联了两个貌似不相关的话语场合——陈冠希的危机公关道歉和"我"的感情讲述——以此来构建自己对话语者意图的洞悉，即都是在操纵听众视角。而另外一个学生 S2 则使用英语演练了公关话语中的名词化使用（话轮 5、9）。值得一提的是，相比于中文，名词化使用在英文里确实更容易辨别（有更严格的语法结构）。其次，S2 也在发言中使用了一系列学科术语，如"NP""P""主语""nominalisation"。她使用专业知识来捕捉公关文中的语言策略，也操演了"学术分析者"认同。由上可见，两个学生巧妙地协调了超语里交织的多种视角和语篇手段，不但为自己在当下的学术讨论中占取话语权，也实现了知识共建（Li，2018）。譬如：S1 和 S2 的上述认知形成对话，从而让 S1 在对话结尾构建了一个具有深度的观察。

转录（10）取自 CLIL 实验班第 11 周的小组任务（教案示例见附录 2），学生需要使用语用理论和会话分析手段来分析一个英国明星娱乐访谈节目中的嘉宾谈话，其中一个嘉宾是 Taylor Swift（见表 6-9）。

表 6-9　　　　　　　　　　转录（10）

话轮	话语者	话语内容
1	S1	"Why does the old man make these jokes seemingly at the expense of insulting Swift?"（（在读小组讨论的题目之一）），Because this show is for attract attentions, attract audiences' attention, so he wants to express himself.
2	S3	Emm: but Taylor Swift is also very popular, but maybe he thinks (2.3) maybe he felt, emm: he wants to, 蹭人气？
3	S2	YEAH YEAH! Maybe he thinks I am also very popular, and, and I am older than you, so I can make jokes at you, maybe something like this? Do you agree?
4	S3	先套近乎，再开玩笑（1.5）positive? positive politeness.
5	S1	I still confused about the differences between –
6	S2	先给你个甜枣，再给一巴掌。
7	Ss	（（笑声））

（CLIL—第 11 周小组任务）

在转录（10）中，S3 和 S2 合作解读谈话中一个年长的英国男性嘉宾（"the old man"）的言外行为。S3 和 S2 均利用母语中的俗语（"蹭人气""先套近乎，再开玩笑""先给你个甜枣，再给一巴掌"）来激活个人对话语套路的既有认知，进而开展针对二语会话的学术分析。值得一提的是，在日常社交中，使用俗语、流行语来表达观点是话语者构建族群归属、开展社会化活动的重要体现，而这也是 S3 和 S2 建立合作关系、开展知识共建活动的手段。两人的默契在对话结尾处尤为明显：S2 打断了 S1 的求助（话轮 5），并使用母语回应 S3（话轮 6）。S2 不但为 S3 之前的语用分析（"positive? positive politeness"）提供了正向反馈，也进一步构建了二语学科知识点和个人的母语知识库之间的关联，展现出批判性思考。

四 操演特定体裁或文本的知情人，构建元语言分析或开展元认知思维

教师能引导学生在语言学分析任务中操演特定文本的知情人，制造针对复杂二语手段的元语言评论。譬如在干预的第 13 周，我们从名著 *The Picture of Dorian Gray* 中选取了一段描述人物内心的文字，让学生捕捉其中的概念隐喻（conceptual metaphor）。我们设计这个任务的初衷是想调动学生的文学读者或影视观赏者认同来开展语言学分析。如转录（11）所示，学生需要找到"his eyes darkened"这句文学描述中的概念隐喻并填补下述空白：_____ IS DARK（见表 6-10）。

表 6-10 转录（11）

话轮	话语者	话语内容
1	S1	Why "his eyes darkened"?
2	S2	Desire.
3	S1	Ahh:::?
4	S3	Or mood, yes, or emotion.
5	S1	I don't take literature hhuhhuh, it's *The Picture of Dorian Gray*?
6	S2	It depends on your understanding, of the character. You have to know the the, their relations.
7	S1	You read the book?
8	S2	No I only watched the film, ONLY the film, but I know the character, he emm he loves Dorian Gray. Maybe he feels jealous maybe he feels disappointed, or:, sad, but emm I think it's desire.

（CLIL—第 13 周小组任务）

虽然 S2 只看过这本名著的电影，但是她能大胆说出自己对人物关系的洞悉。S2 的话语穿越了文学评论和语言学分析，值得注意的是她不但能分析此概念隐喻的目标域（target domain），即"desire"，她还能说出切实的分析理据，尤其见泛化性"you"和"your"的使用（话轮6），因此展现出元语言思考。

转录（12）、（13）均来自第三次有声思维任务，学生需要开展具有

深度的文本分析，如语料库分析或是批判性语篇分析。在转录（12）中，学生在思考和规划自己针对"result"这个词的语料库分析方案；在转录（13）中，学生能仔细说出研究步骤和理解。

转录（12）：

When I write a typical academic essay, "result" is a high frequency word. I think it's a totally academic word and I'm wondering how it can be used in a daily life genre... I use the corpus of Contemporary American English to do my analysis. Like I mentioned before, I think it is better to analyze with its collocation. And I want to find a close connection with this word, so the range of its collocation is up to two, because I think when I talk about the word "result", the verb is near to this word... It is about a particular and specific action and maybe kind of emotional. So, if I want its collocations be verb, then, I focus at the semantic preference and collocation. (CLIL—有声思维 3 - 104)

转录（13）：

Since recently I am fascinated with suspense novels by Agatha Christie so I decided to choose a chapter from her novel named *And Then There Were None*... And from my perspective, the most wonderful and thrilling chapter of the novel is the last chapter which is the confession of the murderer, Lawrence Wargrave... So firstly I decided to read the chapter closely again and to find out if there are any details that I missed when I first read it before because when I first read this chapter, I was focused on how he murdered the ten people instead of why he murdered and how he expressed his ideas. So for the first time I marked all the noun phrases and something that related to naming and nominalisation... So after the NPs, I also marked some sentences that can express his own idea such as "I considered", "I think", "I suppose" something that like he wants to implicitly show his own values to people... So besides the text itself, I looked up for some information about criminal psychology. It is said that the murderer of the serial murder always murder people for three major reasons that one is killing for pleasure and the second is killing for releasing anger and the third is wants to be a dominator that outside of the law... （CLIL—有声思维3-2）

上述有声思维展现出学生能策略性地思考个人的研究课题并斟酌分析手段。这对于刚刚步入以英语为媒介学习专业知识的大二本科生来说是自主性的强大表现。此外，两个学生都调动了他们对特定体裁或文学作品的知情人认同，带入个人对体裁里某个高频词或是文学作品中特定人物心理的认知，并结合其他类型知识——专业知识、个人写作经验、犯罪心理学等——开展元认知思考，像学术研究者一样规划分析步骤。

至此，我们探讨了CLIL实验班在课堂讨论和有声思维转录中呈现的认同建构和批判性认知行为，下文我们将探讨公共英语课堂干预过程中呈现的主题。

第四节 公共英语课堂

一 激活双语认同资源，利用社会文化经验和洞察力对二语会话开展社会语用（sociopragmatic）分析

首先，公共英语课堂逐渐呈现出母语和二语语用意识的有机融合。学生意识到汉语和英语，不论是在语言还是文化上，不一定是非此即彼的关系，也不一定处于平行独立的状态，如转录（14）—（16）所示。在这三段师生协同认知活动对话中，学生为回答教师构建的引导式提问，调动了欧美流行文化知识和母语语用经验。而上述双语资源能帮助学生挖掘和解读二语剧本对话中的语用策略。

转录（14）、（15）取自第2周的课堂讨论，教学内容是下述社会语用视角：对话者的社会关系如何影响对话中两人的交互模式（也就是相邻对）（见表6-11、表6-12）。教师从好莱坞电影 *Sherlock Holmes* 的剧本（Johnson，2008）中挑选对话。我们选取上述剧本的原因是：剧中人物学生熟知，并且BBC英剧 *Sherlock* 当时在中国各大网站正值热播，Baker Street 以及影视剧中的经典桥段成为众多大学生熟知的流行文化。

学生在课前要做下述两项预习工作。第一，阅读教师设计的讲义，讲义上有两个剧本片段，其中一个是 Holmes 和 Watson 的对话，另一个是 Holmes 和 Irene Adler 的对话。第二，学生在课前以小组形式开展讨论，回答讲义上教师设置的任务问题。在此基础上，每个小组带着自己的回答来上课。如转录（14）所示，在课上的师生协同认知对话中，小组代表在全班分享本组的回答和见解。公共英语课堂中的所有师生对话都是在全班公开展开的，为鼓励学生思考和发言，对话多以中文进行。在师生协同认知互动中，教师话语较多（用于引导、思维建模）。鉴于篇幅有限，在下述对话中（以及有声思维中）"…"表明略过一些话语。

表 6-11　　　　　　　　　　　　转录（14）

话轮	话语者	话语内容
1	T	… Holmes and Irene, what's their relationship like? … Holmes and Watson, what's their relationship? And how different are these two relationships? Umm, who he likes more? Who he feels closer to? Okay? …
2	S1	嗯：艾琳是福尔摩斯的，我想说的是，她是唯一一个没有让福尔摩斯赢过的人，女人。
3	T	Emm, indeed.
4	S1	所以说她就是智慧超群，她是因为一场丑闻和福尔摩斯相识。还有就是，因为艾琳特别聪明，她能逃脱福尔摩斯的推理。
5	T	Okay.
6	S1	所以她对福尔摩斯的感情是一种欣赏。
7	T	So are they friends or are they enemies? Or are they both friends and enemies?
8	S1	我觉得他俩之间是一种 soulmates，有点惺惺相惜、互相欣赏的那种关系。
9	T	那就是 soulmates，他俩常见面吗？
10	S1	不怎么见面。
11	T	那他俩咋成为 soulmates 的呢？
12	S1	因为他俩都特别聪明，还有呢，都很足智多谋，就是他俩比较像。
13	T	Okay, now what's the difference between these two relationships, Holmes and Watson, Holmes and Irene? … What about group one（（教师把全班分成了 16 个组）），what do you think?

第六章　有声思维和课堂对话中的认同构建　245

续表

话轮	话语者	话语内容
14	S2	我们觉得福尔摩斯和艾琳智商都很高，所以两个人比较，英雄所见略同。
15	T	Okay, what about Holmes and Watson? 他俩怎么看待彼此，是不是觉得对方有点不可理喻？
16	S2	他俩就是特别的熟，那种哥们的关系。
17	T	那么福尔摩斯跟谁关系更近呢？他更信任谁呢？
18	S2	应该是华生，因为他俩住在一起，日常生活在一起呀，他俩又是默契的工作伙伴，所以肯定关系更铁。

（公共英语—第2周师生协同认知）

在转录（14）的开头，教师重点从"情感维度"（McConachy，2013：104）和社会距离这两个角度来引导学生解读对话者的社会关系。S1 是 *Sherlock Holms* 影视剧的资深粉丝，在这项认同的激励下，她主动发言。但是，S1 在一开始主要在转述既有知识，而不是利用既有知识来解读 Holmes 和这两个人物之间的社会关系。虽然如此，我们仍能看出 S1 借助"社会文化框架"（sociocultural frames）（McConachy，2013）来界定 Holmes 和 Irene Adler 之间的关系，譬如"性别"框架（"唯一……女人"）、影视作品中常见的"劲敌、竞争"框架（"唯一一个没有让福尔摩斯赢过的人"）和当今社会以"天赋、智商"评估人的文化框架（"她就是智慧超群"）。为引导 S1 区分人物间的社会关系，教师在话轮 7 中使用了广为人知的"联合—敌对"这个"关系框架"（relational frame）（McLaren & Solomon，2015：117）——"are they friends or are they enemies?"但是 S1 并没有使用这个两极化的关系界定，而是将 Holmes 和 Irene Adler 的关系定义为"soulmates"。这展现出 S1 的辩证思维："灵魂伴侣"是"朋友"吗？"对手"也能在某个时刻成为"灵魂伴侣"吗？之后，教师叫了另一组学生来分享他们的观察（话轮 13）。在这里，我们能看出同伴支架作用（peer scaffolding），因为 S2 使用母语俗语"英雄所见略同"提炼了 S1 之前的发言。在此基础上，S2 说出了 Holmes 与 Irene Adler、Watson 这两人在社会距离和社会归属上的本质差异："所见略同"

但处于权力之争中的两个"英雄"vs. 相互信任的"哥们""默契的工作伙伴"。转录（14）中展现出学生能够调动自身的社会文化经验"储备"并结合英语对话阅读来洞察二语语境，初步呈现出社会语用意识。在这之后，教师带领全班一同分析上述两段 Holmes 对话、解读相邻对中的言语行为，也就是转录（15）初始教师提及的"第三个问题"。在转录（15）中，S3 分享了他们组的观察。可以看出 S3 有利用转录（14）中 S2 曾洞察的人物社会归属和社会距离来解读相邻对中可能映射的言外行为——Holmes 和 Irene Adler 之间的"试探"和"挑战"以及 Holmes 和 Watson 之间的"随意"和"拌嘴"。

表 6-12　　　　　　　　　　转录（15）

话轮	话语者	话语内容
1	T	……我们现在来看第三个问题。我这次想问问第 11 组，你们是怎么回答的呢？（（指剧本分析任务里的第三个问题））
2	S3	福尔摩斯和艾琳两人的谈话，主要是在试探对方，挑战对方。他们都想从对方嘴里挖出有用线索，所以两个人都比较紧张和警觉。而福尔摩斯和华生说话比较随意，但也像是拌嘴，就内容上看，他们是在为生活琐碎争吵，但是福尔摩斯和艾琳主要在谈论一个大案子。

（公共英语—第 2 周师生协同认知）

转录（16）发生在第 9 周。作为课前预习，学生研读了取自英剧 *Made in Chelsea* 的两个剧本对话。其中一个对话展现了五个女孩在早餐桌上的闲聊，而其中一人正是这场社交活动的主人（见表 6-13）。我们选择上述对话是因为它展现出学生熟悉的交际场景，因此教师能引导学生调动相关社会认同，并将其带入语用意识的培养中。五个女孩在闲聊过程中未提及谁是东家，学生需要观察这五个人物的话轮转换模式和言语行为（教师在课前讲义上提供了白话讲解）及落座位置来推断主人身份。在转录（16）的初始，教师邀请一组学生分享他们的发现和思考。

表 6-13　　　　　　　　　　转录（16）

话轮	话语者	话语内容
1	T	What about your group? Anything to share? Can you share with me?
2	S1	嗯，可以从她的座位看出来。
3	T	Yeah，主人位，这确实是一个线索，所以你认为 Rosie 是 host 吗？
4	S1	嗯，对，Rosie.
5	T	Okay，除了座位，你还发现什么别的线索吗？
6	S1	她是最后一个到的。
7	T	嗯：大家都等她来了才开始吃饭。
8	S1	而且她说话的样子很像是一个 host.
9	T	譬如说？
10	S1	譬如说，她有质问为什么，为什么这两个女孩不见了。
11	T	Yeah，她问大家这两个人去哪里了，还说去她们屋子里找过她们，但是没有人。
12	S1	还有（4.0）
13	T	还有一个重要线索，a small but important one, I wonder if anyone has noticed it……
14	S1	还有 Lucy 主动和她打招呼，在开头，Rosie 刚到的时候 Lucy 老跟她说话。

（公共英语—第 9 周师生协同认知）

　　学生作为社会人，对社交活动中的主客角色——其话语权和互动模式——已有知识储备。在转录（16）的初始，S1 小心翼翼地分享了一条线索（话轮 2）。在得到教师的认可后，S1 随后调动他对主客交际习俗的认知，以此作为他开展社会语用观察的参考框架：S1 的发言能关联人物的言语行为和社会角色，譬如他提到 Rosie "说话的样子很像是一个 host" "她有质问……"此外，S1 的观察也调动了他对主客交互模式和权力地位的认知，譬如，主人通常处于人情高位，因此客人会和主人套近乎——"Lucy 主动和她打招呼" "Rosie 刚到的时候 Lucy 老跟她说话"。

二 操演具有社交经验的对话者,利用社会语用洞悉来驱动语用语言(pragmalinguistic)尝试

转录(17)取自第 12 周的剧本分析任务(教案示例见附录 2),师生研讨了英伦经典电影 *Love Actually* 剧本(Curtis,2002)中的一段对话(见表 6-14)。教师事先已从剧本对话中移除了三处表达异议的话语,也就是在剧本对话中制造了三处填空。在转录(17)初始,教师引导学生斟酌语境和人物关系来填补第一次异议的措辞。剧本情节如下:英国小伙 Colin 向好友 Tony 宣布他准备去美国过圣诞,Colin 认为在那里他能遇到更欣赏自己英国气质的美国"babes",但是好友 Tony 认为 Colin 的想法很荒谬,因此提出异议。教师引导学生观察话语氛围以及两人在整个对话中的调侃措辞,如"babes"及 Colin 调侃自己英国贵族气质的幽默自称"Sir Colin"。教师进一步引导学生思考:我们在撰写 Tony 这三次异议时,如何设计措辞和语步来体现和维护当下的话语氛围以及语域(register)?教学目的是让学生调动他们的社会语用观察来驱动对语用语言策略的思考和尝试。

表 6-14   转录(17)

话轮	话语者	话语内容
1	T	……咱们看下一个,Tony 不同意 Colin 的提议,Colin 想去美国过圣诞,right? 那么这里 Tony 会如何表达反对呢? 他会怎么措辞呢? 首先,你们需要注意的是,这是一个有点,这是一个非常 informal,应该是一个比较轻松的对话,而且非常口语化,氛围也很幽默,Tony 和 Colin 是在聊天。其中也使用到很多 slang,因为两个人是哥俩,所以会互损,互相调侃……我还有一个提示给你们,在对话里,前后话语经常是相关的,譬如说,咱俩在聊天,你在聊天里提到一个事儿或一个人,我在之后可能也会提及这个事儿和人,okay? …… 所以在这里,Tony,当他在表达反对的时候,他会特意用到两个词,两个 Colins 之前用过的词,一个词是"babes",另外一个词是"the States"。想一下你们这里怎么填,Colin 会怎么说,怎么表达反对……Group thirteen, what did you fill in here?
2	S1	嗯: 我们写的是"I agree with you, there are babes in the States but maybe American babes are too busy in Christmas to pay attention to Sir Colin?"

续表

话轮	话语者	话语内容
3	T	Great, so you start with "I agree with you". 我想听听你们是怎么设计这个措辞的,你们的一个思路。Tony 如何表达这个反对,尤其是有关 Tony 采取什么步骤来表达这个反对,okay?
4	S1	在讲义上老师说过 Tony 和 Colins 是 buddies,而且他们都是年轻男性,所以我们花了一些时间去想怎么能让他们的对话既幽默,又直接。因为已经是 buddies 了,不应该再拐弯抹角让对方猜那种。
5	T	嗯,那你们最后决定让 Tony 采取什么步骤呢?
6	S1	首先,Tony 应该直截了当地表达他的反对,但是呢,他也不能太过分,因为 Colin 可能会生气,还可能会揍[他
7	Ss	[((笑声))
8	S1	所以我们组觉得,我们认为应该先在开头说"I agree with you",我们还用了"maybe",另外,我们还在第二个步骤用了问号。
9	T	嗯,让语气更和缓一些。但是怎么让这个反对有点幽默的语气,因为 Tony 可能也不想表现得太严肃,或是让人觉得太正经?
10	S1	嗯,我们不太会使 slang,所以我们就直接用了 Colin 之前说的"American babes"和"Sir Colins"。但是,应该没有人喜欢听反对意见,所以 Tony 需要找一个理由,让 Colins 改变想法。
11	T	I see. Excellent. Thank you. 所以,哥们之间斗嘴会互揍对[方吗?
12	Ss	[((笑声))
13	S1	你总要给对方留点情面,这样友谊才能维持。

(公共英语—第 12 周师生协同认知)

第一,转录(17)显示,S1 所在的小组利用他们的社会生活经验和母语交际技能来开展社会语用分析,譬如"哥们"之间"也不能太过分";并且 S1 和他的同伴能利用上述洞悉来设计"异议"的措辞和语步,譬如"我们还用了'maybe',另外,我们还在第二个步骤用了问号"。学生并没有因为实施二语语用分析而放弃、贬低自己的母语资源或价值观。第二,S1 在干预初始是个性格羞涩的学生,很少和教师互动。转录(17)

显示我们的教学干预似乎能鼓励 S1 在课堂中操演具有社群归属感的认同角色，即懂人情世故的小伙子。在此基础上，S1 开展二语语用思考、斟酌措辞，并与教师开展知识共建（如话轮 8—13）。正如 Lan et al.（2021：10）所说，二语教师需要帮助少语内向的学生"提高自信心并减少社交焦虑"，因为这能提升这些学生的课堂参与动机及与他人交流的意愿。第三，S1 所在的小组虽"不太会使 slang"（话轮 10），但是他们策略性地借用了剧本对话中的两个幽默词语来维持调侃轻松的语言风格（即语域）。第四，在教师的引导下，S1 能说出这个"异议"的多个社会语用维度：这个异议不但要能维持对话的"幽默"氛围（话轮 4），还应"直截了当"（话轮 6），但也须"给对方留点情面"（话轮 13）。能实现上述多面性的"异议"构建委实是个挑战；对于二语者来说，语用语言策略的习得相比社会语用意识的培养更具挑战。正是因为如此，二语习得能动性体现在 S1 和他的小组积极尝试了多个语言策略，包括借用原文的幽默词汇、在"异议"中植入模糊限制语（"maybe"、问句形式）、使用 "I agree with you" 来认同对方话语中的事实性信息。

转录（18）、（19）分别取自两个小组在第 4 周和第 8 周课下小组作业（见表 3-5）中的有声思维。

  转录（18）：
    男生要通过几句话就说服女生去参加一个完全陌生的人的聚会是很困难的，而且和一群完全陌生的人在一起会使女生更加不自在，更不用说增加自信了。然后女主要调侃回答，女生调侃既要能够反映出她的心情不好，还要能表现出她对男生的建议并不感兴趣，那么找个什么理由呢？如果直接说聚会没意思不好玩会破坏朋友间的关系……我们尽量把对话的风格往朋友的方向转变，但有的时候一些句子翻译出来很官方，不是很清楚怎么将它转变为比较轻松、活泼的风格。还有就是我们这一次没有好好用上上次学的东西，就用了个 "actually"。小小的心愿，希望老师有空可以给我们普及点，英语口语里的小俚语，比如说我说的 "come on" 这个也是我自己百度的。（公共英语—有声思维 4-15 组）

转录（19）：

第一处请求应该是开门见山，Lucy 和 Michael 是两个不认识的人，Lucy 向 Michael 发出请求用"Excuse me"更客气，Lucy 还应该亮明身份和目的，我们用了"a newspaper reporter from *The Washington Post*""I have some questions about"等等，要能表达出 Lucy 对 Michael 的尊敬。第二处请求是 Lucy 知道刚才自己的语气有点直接，惹得对方有点不太高兴，语气便变得委婉，用了"Mr. Bauer, I didn't mean to bother you like this"，着重是要告诉 Michael 自己来的主要目的，所以后面一句话是 Lucy 向 Michael 解释理由，为什么要提出这样的要求……第三处，Michael 后来对 Lucy 提出的内容产生了兴趣，有了好奇心，所以 Lucy 在最后一句只需要说明她不会占用 Michael 太多时间，我们用了"I was hoping"和"just a couple of minutes"。（公共英语—有声思维 8-7 组）

首先，转录（18）显露出我们在干预初期观察到的一个具有代表性的问题：一方面学生的社会语用意识已得到有效唤起；另一方面虽然学生能斟酌、设计语用策略并寻找二语表达，但是学生也感受到自己的语用语言尝试仍偏离预期效果（"我们尽量把对话的风格往朋友的方向转变，但有的时候一些句子翻译出来很官方"）。Abrams（2016：37）在其二语课堂研究中发现"社会语用知识……是语用语言知识的前提"。鉴于上述观察，在教学干预的前半部，我们已激活了学生的社会语用意识，因此在干预的后半部，我们开始投入更多的教学精力来建模语用语言策略（如建模话语措辞背后的语用推理过程）和输入二语话语工具。响应转录（18）中的学生建议，教师要"普及点"特定言语行为中常见的话语标记（discourse markers）、情态标记、俚语等。

转录（19）显示学生在第 8 周的小组剧本写作任务中能清晰说出话语措辞背后的语用推理。在这个剧本写作任务中，学生需要根据对话进展（序列结构、话题管理）来设计、措辞女主的三次请求（作业设置见表 3-5）。转录（19）中体现的认知行为建构了具备多层次语用能力的双语者（Nguyen, 2021）。首先，在设计这三次"请求"时，学生能度量交际语境和人物关系，并为这三处"请求"构建明晰的话语者意图，体现他们在母语社会化经历里积累的社交经验和情商。其次，学生能根据话语者的言外行为和听众表现出的言后之果来策略性使用二语（譬如"Lucy 知道刚才自己的语气有点直接，惹得对方有点不太高兴，语气便变得委婉，用了'Mr. Bauer, I didn't mean to bother you like this'"），让二语为自己的意愿服务（Widdowson，1993：384）。让我们欣慰的是，这组大一非英专学生开始展现出他们对二语的"象征性所有权"（symbolic ownership）（Jaffe，2003）。

三 通过斟酌故事人物或构建故事背景、情节实施富有意义的社会语用思考和语用语言设计

一起研读和创作二语剧本对话不仅调动了学生的"社会人"认同，还构建了一个创造性空间，让学生操演"对话创作者"和"剧本讨论者"角色。片段（21）取自一个小组在第一周课下小组作业中的有声思维，学生需要实施 *Harry Potter* 的同人创作，创造如下对话：Hermione 和 Ron 多年后拜访 Harry 并告诉 Harry 他们要结婚了（作业设置见表 3-5）。

> 转录（20）：
> 我们对自己的语感不太自信，但也花了不少工夫来塑造 Hermione。她应该是个特别自信的，告诉 Harry 她和 Ron 已订婚，但她也感觉有点拘束，这么久再次见到 Harry。比如 Hermione 跟 Harry 说她要和 Ron 结婚了。我们的第一反应是"Ron and I are getting married"。可随后一想，是不是用一般将来时表达更准确些"Ron and I are going to get married"？最后通过在网上查找资料、对比，还是觉得第一种方式表达更好，更能体现 Hermione 的自信，即婚礼是一种既定的事，不会再改变了。（公共英语—有声思维 1-1 组）

转录（20）显示，我们这个以英语剧本写作为载体、采用教学文体学（见第一章第四节小节四）的教学干预能驱动这组学生像剧作家一样操纵英语塑造人物。学生对时态的斟酌已不局限于语法的正确性，而是基于她们对 Hermione 这个人物角色的塑造，而人物塑造也是这组学生建构自我认同的手段。作为教学研究者，我们思考的问题是：为什么这组学生"花了不少工夫来塑造 Hermione"？为什么她们会"在网上查找资料"设计人物话语潜台词？我们推测，塑造一个"自信"的 Hermione 是对学生内心的映射，而通过这个人物刻画来建构自信女性的自我认同成为这组学生的二语动机。

转录（21）中的师生对话围绕恐怖片 *Get out* 剧本（Peele，2014）中的一段对话展开，这段剧本对话是主人公 Chris 和女友 Rose 父母的第一次会晤。在转录（21）发生之前，教师已告知学生 *Get out* 是一个非传统恐怖片并获得过奥斯卡原创剧本奖：编剧并未使用一惊一乍的视觉声效或妖魔鬼怪来制造恐惧，而是使用对话来映射人物的一些异常企图，进而营造一种令人不寒而栗的气氛（见表 6-15）。

表 6-15　　　　　　　　　　转录（21）

话轮	话语者	话语内容
1	T	我现在想让你们再好好读一读这个 small talk，就是我用黄色高亮了的那个部分。你们觉得 Rose 的父母是什么样的人呢？他们给你们的印象咋样？你们为什么会有这样的印象？试着从这个对话中找一些证据来支持自己的解读……第 11 组。
2	S1	感觉他们挺，正式的。
3	T	Yeah? 譬如说呢？
4	S1	Rose 的爸爸提到"ecology"。
5	T	So, ecology, 这个词是什么意思呢？(3.4) 你能不能给我换一个词，找一个 ecology 的一个同义词，也是这个意思，但是更容易一些，更加口语化，更加像平常说话时我们会用的？
6	S1	((看讲义，陷入思考))
7	T	OK，我给你们几分钟来想一想，你们可以在手机上查一查，找一个 ecology 的同义词……第 15 组，你们找到的是什么词？Ecology 的同义词？
8	S2	Biology.
9	T	可以，我们在中学都上过 biology。其他组怎么想的，有没有其他词？第 14 组。

续表

话轮	话语者	话语内容
10	S3	Nature。
11	T	Good, 或者说 environment, yeah?
12		((S4 这时举手示意要发言))
13	T	你找到了别的词吗?
14	S4	我知道 Rose 的妈妈是心理医生，而且她用了"traumatic"这个词，所以说，在这里，这个编剧可能是在暗示她的职业，因为"traumatic"可以是个心理学术语？我们觉得。
15	T	Excellent, so Rose's parents use some big words in their small talk with Chris. Why? 也许，他们想制造一种高级感，来表达自己的见解，也许他们想展示自己的身份，显示他们受过良好教育……

（公共英语—第 5 周师生协同认知）

在转录（21）中，教师让学生观察一个特定言语活动（speech event）——闲聊（"small talk"）——并引导学生捕捉这段闲聊中的言外之力，即 Rose 的父母如何在与 Chris 的闲聊中营造了某种人设（"Rose 的父母……给你们的印象咋样"）。在讨论初始，S1 指出 Rose 的爸爸使用"ecology"制造"正式"的话语风格。随后，教师让学生为"ecology"寻找一个更加"口语化"的同义词（话轮 5），意在调动"负面证据"（negative evidence）（McConachy，2013：106）作为教学手段来引导学生进一步观察"ecology"这个词实现的言外之力。S2 首先想到"biology"（话轮 8），教师在反馈中试图指出词汇对话语者社会经历的映射（"我们在中学都上过 biology"）。在转录（21）的结尾处，S4 主动发言。S4 曾在之前的师生讨论中透露：她们小组为了更好地分析剧本对话，特地去看了 *Get out* 这部电影。凭借对剧情和人物的洞悉，S4 就"编剧"如何使用词汇来暗示人物的职业身份加以洞察。在结尾，教师从语用语言手段的角度推进了 S4 的发言：如果人物在日常闲聊（"small talk"）中使用书面词汇（"big words"），他可能想为自我塑造话语权或社会地位。

转录（22）、（23）分别来自两个不同小组在第 11 周和 12 周课下小组作业中的有声思维。

第六章　有声思维和课堂对话中的认同构建　◀◀　255

转录（22）：

猛然发现老板在身后，必须第一句就道歉，我们用了"please forgive me"和"terribly sorry"起到给他消消气的作用，并说"I didn't mean that"为后来自己解释原因，并赞扬老板的做法拍老板马屁做铺垫。在后来我们写了"We have learned a lot from you!"但是老板听了肯定还是不高兴，别拿那套忽悠我，那你说说你到底学到了啥，看看你能不能自圆其说。我们组就有人说去看看商科课本，找点专业知识写进去……我们组现在比刚开始那会儿默契多了，尤其是在讨论这个中心人物的时候，是一个甜妹啊还是个呆男呀，在读剧本时也开始敢于尝试不同语气了。（公共英语—有声思维 11-13 组）

转录（23）：

有关如何营造随意氛围，对于气氛氛围，我们感觉需要用一些语气词，比如"girl""you know"等词来表现出两个人关系的亲密，同时让"我"提出的意见变得更加委婉缓和……然后最后"我"要修补自己的异议，"我"得有充分的理由吧。"我"得说服她，别做傻事啊，孩子，然后还不能直接说，因为之前"我"都夸她厨艺ok的了。我就转个弯，这里用了"quite good"，上节课老师说过的，然后又加了感觉有点中式英语的"God knows their taste"。嗯，然后不失可爱与轻松地把气氛缓和。（公共英语—有声思维 12-16 组）

从这两段有声思维中我们能看到，英语剧本写作为学生提供了一个轻松且能给予安全感的二语实践空间，而剧本写作团队是一个相比二语学习者更具赋权性的认同。转录（22）中的小组在干预初始并不情愿在教师面前展示自己蹩脚的口音以及"大舌头"，学生曾认为阅读本组的剧本对话是件"痛苦"的事情——"录音的时候，读不出来感情"（公共英语—有声思维 2-13 组）。相比之下，在转录（22）中，也就是干预后期，这个小组不但能拓展二语资源，譬如使用二语施展多步骤道歉，或是在英语剧本写作中使用商科知识（创造性思维），还更愿意"读剧本"、表演自己创作的角色。同理，转录（23）展示出学生的二语能动性，学生操演了赋权性二语对话写手。这个小组能有意识地使用"语气词"来"营造随意氛围"，使用"quite"作为模糊限制语来表达"委婉缓和"（"上节课老师说过的"），使用自创的"中式英语"来实现作业中要求的标记性非偏好回应（marked disprefered response）来"修补"主人公自己提出的"异议"。

至此我们探讨了公共英语实验班在师生协同认知和有声思维转录中呈现的认同建构和语用意识、二语学习动机的成长，下文我们将探讨 EAP 课堂干预过程中呈现的主题。

第五节　EAP 课堂

一　操演"调侃者""讲故事者"来与同伴开展知识共建

如转录（24）、（25）所示，学生在互动过程中提及了特定人物、事物、事件，学生在利用"小故事"（small stories）（Georgakopoulou，2007）促进协作性学习。所谓"小故事"，与通常意义的叙事不同，是话语者在社会互动中"叙述外界事物"的"短小谈话"和"瞬间"，可能是"讲述当下事件、未来事件、假想事件或是共同知晓之事"，也可能是"提及、推迟或拒绝讲述"（Georgakopoulou，2007：vii）。通过"小故事"，学生得以启用知情人视角，在学科讨论和具体观察之间建立关联。同时，学术讨论中的"小故事"也映射出中国大学生社群的异质性话语潮流和多元流行文化。

转录（24）来自第 6 周的课堂小组讨论（具体见表 3-3），学生之前在课下已使用教师设计的调查问卷收集了其他同学有关个人影视爱好和观赏习惯的数据。调查问卷中既包括封闭类问题（如 YES/NO 问题）也有开放式问题。教师要求学生统计、解读数据并挑选一两个具有意义的分析发现在班里做发言汇报。教师在设计这项培养学术技能的任务时，有意调动学生的影视观众认同，让学生使用知情人视角来独立分析调查数据并观察、提炼结果背后的趋势和主题（见表 6-16）。

表 6–16　　　　　　　　　转录（24）

话轮	话语者	话语内容
1	S1	第五题，一共六个叶湿（（"yes"的中文俏皮说法））。
2	S2	百分之六十七（（学生在统计回答为"yes"所占的百分比））（4.0）
3	S1	还剩下就–
4	S2	百分之三十三（3.5）
5	S1	对，Six
6	S2	那后面题咋–
7	S1	我觉得咱们，别选那种 yes or no，没有什么有趣的可以分析。
8	S3	讲一下，他们推荐吧。
9	S2	但是，这，这种就很难分析现象啊！
10	S3	挑那个啥的啊，第三个 "which 3 types of TV shows"，这个，这三个里面总是有一些特别多的一些 TV show 啊！
11	S1	Six，那后面题咋，"what is your favorite show?"
12	S2	Favourite show, six，这个，这个咋统计呀！这，这大家喜欢的可能都不一样。
13	S4	The, number 6 and number 8 is hard to, cal calculate, cause analyse (1.0)
15	S2	没有最高的，肯定贼散的，咋，《舌尖上的中国》你们有嘛，《老友记》你们有嘛，那咋统计嘛。
16	S1	有《舌尖上的中国》。
17	S2	那，还有啥，《权力的游戏》你们有嘛？没有嘛？你们咋统计，这没法统计！That's over, game over–
18	S4	We are finished!
19	S3	踢出队伍!
		（这里跳过一段对话）
27	S1	Everyone has their own film，这个很有意思。你们有没有问问原因，或者说我们找找这些影视之间有没有潜在关联。
28	S2	看龙母，就是我为什么会追《权力的游戏》。
29	S3	我觉得第一季龙母贼美，然后后面跟村姑一样。
30	S4	Male perspective.
31	S2	我一个女的也喜欢看龙母。
32	S4	Male and female perspectives, both genders.
33	S2	那么背后的原因是啥，都喜欢看美女？(2.3)
34	S1	你们看《老友记》是为啥(1.5)有没有可能，也是，看美女？
35	S4	That is a good question!

（EAP—第 6 周小组任务）

在转录（24）中，S1 操演了组织者、领导者角色，多次为本组的分析讨论制定方针并带领组员在貌似分离的事物间寻找关联（创造性认知），譬如话轮 27、34。具体来看，在话轮 7 中，S1 为本组制定了批判性思考方向：不做针对"yes or no"等封闭类问题的百分比统计，而是分析更加"有趣"的开放式问题回答。这是个挑战，正如 S2 在话轮 15 中的抱怨，如何在"贼散的"开放式问题回答中寻找规律？但这正是学术能力的体现。这个小组是本节课 4 个小组中花了最大功夫在开放式问题回答中寻找关联的一个团队。根据我们对小组讨论的分析，我们认为支持这个小组实施深度、协作性讨论的动力主要源于以下两项超语行为：（1）使用中英调侃话语；（2）在 EAP 课堂讨论里使用"小故事"作为认知策略。

首先，有关中英调侃，早在对话初始，操演组织者角色的 S1 就有使用俏皮话"叶湿"来活跃气氛。之后，在小组首遇挫败感时，学生使用双语资源来宣泄情绪（话轮 17—19）："Game over""we are finished""踢出队伍"似乎都来自游戏玩家话语。上述情况显示学生使用与同伴共有的社会符号来宣泄负能量，很像是为缓解面子威胁性行为而实施的积极礼貌策略。其次，这个小组也确实没有放弃讨论，S1 的领导力和组员使用的"小故事"认知策略在其中发挥了重要作用。在话轮 28—31，S2 和 S3 启动了"小故事"。侯松、吴彬芳（2017：38）指出，"小故事"区别于传统意义的完整叙事，是"碎片化"的。譬如 S2 和 S3 并未讲述《权力的游戏》中的剧情，仅是讲述了自己"为什么会追"这个电视剧，因为其中一个人物"龙母"。S3 也分享了自己眼中"龙母"从"贼美"到"村姑"的转变。但正是通过这种"碎片化"的"小故事"，学生能灵活地交流个人看法。在此基础上，S4 和 S2 借助"小故事"手段探讨了性别和观影动机之间的潜在联系。最后，S2 和 S1 联合构建了"看美女"这个潜在主题，定性分析能力初露头角。

转录（25）来自第 9 周的课堂小组讨论，这次学生要自主设计调查问卷：学生需要针对教师指定的话题来设计问卷题目，并考虑受试人群（大学生）和受众者（宿舍管理层）的处境和需求。教师在设计这个任务时特意选择了一个和学生日常生活息息相关的话题，即如何改善宿舍的生活条件，目的是让学生调动自己的知情人视角来设计具有针对性和原创性的问卷（见表6-17）。

表6-17　　　　　　　　　　转录（25）

话轮	话语者	话语内容
1	S1	What do you think about the noise?
2	S3	Oh! I think, emm, what do you, what do you, 哎呀，怎么说呢，就你在宿舍花费这么多时间来干什么，玩还是学习？
3	S2	Thi thi this question about why student want to stay dormitory to study, yeah yes but -
4	Ss	（（笑声））
5	S2	We We should focus on why they choose dormitory, not CB, FB and DB（（学校几个主要教学楼的名字））. We should find some advantages of dormitory.
6	S3	This survey is about students' uhh, attitude about the dormitory, so, just think about (1.2)
7	S1	Their attitude about (2.0)
8	S3	Emm.
9	S2	Attitude about what?
10	S3	她之前说所有的问题都围绕着这个主题吧，"to improve the quality of the living condition"。（（在读任务设置））
11	S1	What, how many how many -
12	S2	我们设计这个问卷是干什么用？
13	S3	她说是为了给宿管人员 feedback。
14	S1	Should we ask (3.3) for example, you can cooking your dormitory when you study -
15	Ss	（（笑声））
16	S1	and you can eat, uhh, emm (1.0)
17	S3	When I am studying, why I should, cooking -
18	Ss	（（笑声））
19	S1	Sorry (3.7)
20	S3	We should, this survey should be about students' emm, attitude about the dormitory, so, just think about (1.5) how to improve the (2.5) 应该是说的住宿环境吧？
21	S1	So difficult.
22	S3	We need mostly, more open questions.

续表

话轮	话语者	话语内容
23	S2	我们需要想一些具体方面，有关住宿环境大家比较在意的问题。
24	S3	Yeah yeah! Instead of, open questions, we can write, emm, 陈述句 for them (1.8)
25	S1	Statement sentence.
26	S3	And for for them to agree or disagree, Li：ke Likert? 什么非常不同意、有点不同意 -
27	S1	Yeah yeah，没有想法、有点同意、非常同意。
28	S2	嗯，我们每个人，头脑风暴至少五个，嗯，五个陈述句，有关住宿环境，然后我们再看有哪些方面……

（EAP—第 9 周小组任务）

　　自主设计调查问卷更是针对学术能力的挑战，学生需要根据指定话题——如何改善宿舍环境——来设定具体的调查方向。为应对上述挑战，在转录（25）中，三个学生使用"小故事"来开展头脑风暴并及时给予同伴反馈。譬如，在话轮 2 中，S3 使用了包含地点、人物的"当下事件"（Georgakopoulou，2007：vii）——"就你在宿舍花费这么多时间来干什么，玩还是学习"——来挑战 S1 提议的一个具体方向："noise"。之后，在话轮 5 中，S2 利用组员们的"共同知晓之事"（Georgakopoulou，2007：vii）来就受试人群在宿舍学习的动机寻找切入点。在话轮 14、16 中，S1 提出"假想事件"（Georgakopoulou，2007：vii）——在宿舍做饭、吃饭——来尝试开拓新的方向。在话轮 17 中，S3 通过提及自身经历来挑战 S1 的上述假想。由此可见，"小故事"成为这三个学生共有的认知策略。他们利用"小故事"作为推进讨论的媒介，"小故事"让他们意识到设计问卷的关键是找到受试者"比较在意的问题"（话轮 23）。这组学生最终决定采用归纳法制定具体调查方向和设定问卷题目（"我们每个人，头脑风暴至少五个，嗯，五个陈述句……然后我们再看有哪些方面"）。

　　转录（24）、（25）显示，"小故事"能促进组内的协作性知识共建，这与侯松、吴彬芳（2017）的研究发现有呼应之处。侯松、吴彬芳

(2017:38-39)发现学生在课堂互动中会通过"小故事"来分享"平常小事或日常活动""最新消息",或是对将来可能发生之事的展望等。若是教学活动能促进学生在课堂讨论过程中积极贡献"小故事"或拓展他人的"小故事",那么"小故事"有可能是学生施展认同、建立合作关系、开展知识共建活动的有效手段。

二 调动母语类认同和个人知识库,自主使用学术英语核心技能

在 EAP 实验班中,学生逐渐开始操演能自主应用学术英语核心技能的新兴双语者,这与 Chen(2020)的发现有相似之处。转录(26)来自第 2 周的课堂讨论,教师从学生熟悉的新闻体裁入手,选取了四则新闻节选——两则中文、两则英文——均涉及学生熟悉的人物(Donald Trump、马英九)或事物(麦当劳、微信)。其中,两则中文新闻源自学生熟知的 QQ 新闻和凤凰网。学生需要从内容、语言、修辞手段、读者群等具体角度来比较这四则新闻的相似和不同(见表6-18)。在 EAP 课堂中使用中文文本显然不符合传统教学手段或单语意识形态主宰的传统EAP 课堂(Chen, 2020)。因此,我们设计上述任务的教学理念源于超语教学法,我们的意图是借助学生熟悉的母语体裁来给予学生操演"批判性读者"的机会,教师进而利用上述认知资本来引导学生对文本实施作具有深度的循证性比较和评估。

表 6-18　　　　　　　　　转录(26)

话轮	话语者	话语内容
1	T	The content of the news, yes! One is about a very interesting story. The second one is umm, for example, we don't really care, right? We can say so, so umm, depending on the readers' interests. Okay! Last table? Your group please?
2	S1	The criteria we use is sta, statistic data. Umm, in news three there are some numbers like fourteen thousand US restaurants and one hundred percent British. And in news four, there are, there are one point five billion and six hundred and eighty-eight million. I think number can be academic for a passage.

续表

话轮	话语者	话语内容
3	T	So these numbers can make, oh, you are analysing why reading, umm, news three and four seems very boring, right? Because they are using the statistics and it makes us feel, it's very academic and that's not what we are interested in … Although we are comparing which one is more entertaining, I would, I feel a little bit that most of you are comparing, for example, the liability of the source or which one is more convincing. So it's, I feel because you are mentioning the numbers, the statistics. Now, let's have a quick look at what are the, which one is more entertaining or interesting? …
		（这里跳过一段对话）（（老师已离开这个小组））
11	S2	News one and news two use so many subjective words, like "we" and "I", "someone said what what what". And umm, data, news three and news four has so many data.
12	S1	Data and subjective words, like "我" and "we" and "someone said".
13	S3	Yes, because this, the third one and fourth one, I don't think it can entertain us. It just brought the news, I think. But in the first one, there are many funny words, like 什么, "心眼子" "这心眼子太坏了" and many other word.
14	S2	Actually, the news one and news two, more people will like to read them. I think maybe the news three and news four, maybe most people will think boring because people sometimes read news just want to relaxed and happy. So maybe the news one and news two will be more popular.
15	S3	Okay, and the news one use the tongue in cheek. They make joke to make people laugh and it is easy to understand this informal, so more people will understand what it is talking about.

（EAP—第 2 周小组任务）

  在转录（26）的话轮 1 中，教师使用 "we" 来激活自己和学生共有的新闻读者认同，引导学生操演 "经验丰富的新闻读者"（而不是 "水平有限的二语学习者"）来评估、比较文本。S1 在话轮 2 中展现出刻板认知，将数据使用等同于学术性，忽略了数据的使用语境。这是 EAP 初学者常犯的问题：学生仅凭文本内是否含有数据或文本是否源于熟悉的出处就判定其可信度或学术性。因此，教师在话轮 3 中继续引导学生操演新闻读者认同（"seems very boring""which one is more entertaining or interesting"），让学生观察语境、思考文本的社会功能。在话轮 11 中，S2 开始操演文本分析者认同，捕捉到一些具体的语篇特征，包括"subjective words""someone said""so many data"。在 S2 的影响下，从话轮 12—15，S1 和 S3 也开始调动自己的新闻读者经验来评估文中的语言使用（"funny words"）、修辞手段（"tongue in cheek"）、话语风格（"informal"），并能将语言证据与读者需求和文本的社会功能（"people sometimes read news just want to relaxed and happy"）做关联。学生展现出循证评估和批判性思考，这在 EAP 学习里至关重要。

转录（27）取自第 4 周的小组任务：学生需要自行在手机上选取新闻（即自主收集数据），然后捕捉文中制造轰动效应或媒体偏见的实体证据（也就是开展循证分析）（见表 6 – 19）。

表 6 – 19　　　　　　　　转录（27）

话轮	话语者	话语内容
1	S1	The headline of the news is 剑桥大学教授，别再天天吃早餐了，这是错误的。It stress the 剑桥教授 and umm，天天。As we all know, we eat breakfast everyday, and umm, he, he cri, criticise umm，常，常识？
2	T	Huh hum, your common knowledge.
3	S1	Yeah.
4	T	Yes, it's criticizing the common knowledge and do you believe it's correct or incorrect?
5	S1	I believe it's correct.
6	T	Not even breakfast?
7	S1	Yes.
8	Ss	((笑声))
9	T	Okay, so you think it's sensationalised or biased?
10	S1	Umm, sensationalised?
11	T	Sensationalised! Why I feel it's kind of misleading us?
12	S1	Yes!

续表

话轮	话语者	话语内容
13	T	Why I feel it's kind of misleading us? Haha.
14	S1	But it have many database, I believe it's true.
15	T	Ah::, so it cited some scientific search research.
16	S1	Yeah.
17	S2	This title, this title has challenged 常识, and then it has also empha empha: (1.7)
18	T	Emphasise.
19	S2	Yeah, the title tries to emphasise this professor, this professor from Cambridge university.
20	T	Yeah.
21	S2	So, we think it's, like, like umm (3.0) 标题党, but he is a professor, he is a professor in a famous university, his research should have some truth.
22	T	可是它这个里面的例子不是都是举的这些人本身就有问题嘛，就是有糖尿病啊，然后有什么胆固醇高啊。
23	S2	但是它也做了对比，吃了早饭的孩子和不吃早饭的孩子学习状态是不一样的。
24	S1	老师，我觉得常识不一定等于科学。中国人觉得养生就应该什么时间就该干什么事，不一定有科学依据。
25	T	This is a good point. So cultural values can influence how we think about the arguments. So for example, I am a typical Chinese person, I think people must take breakfast, so this news is misleading, there must be something in the ORIGINAL research paper which is MISSED in this news. Or, I speculate OK? I speculate that there may be something which isn't FULLY reported in this news. So, as we can see, this news is only a secondary source, a secondary source that mentions the findings of this research, so if I want to know the TRUTH, what will I do? (4.3)
26	S1:	去找这个剑桥教授的文章读一下，要去考证。

（EAP—第4周小组任务）

　　S1 与老师分享了一则中文新闻，并在话轮 1 读出了这则新闻的标题。通过 "as we all know"，S1 调动了大家共有的母语文化认同，并构建了

"天天吃早餐"是"常识"的观点。但在之后与教师的对话中（话轮 2—6），S1 却突然转变为"胆怯的二语学生"，其发言都较为短小且没有任何扩展，并且在话轮 14 中展现出刻板认知，"it have many database, I believe it's true"。此时 S1 的母语类认同和个人知识库已被置后。因此在话轮 22 中，教师尝试使用母语来鼓励学生深入探讨文中的具体内容。S1 的角色转换十分明显：在话轮 24 中，他操演了中国文化知情人认同，并利用其赋予的认知权威来质疑教师之前的观点。在话轮 25 中，教师利用与学生共有的母语认同阐述了文化观念和批判性思考之间的辩证关系。而 S1 在结尾的回答也为他建构了研究者认同。由上可见，转录（27）中最值得注意的是 S1 的角色转变。S1 操演了多种认同，并且能在某一时刻突出特定认同，这点和 Omoniyi（2006）提出的多种认同的共存性和交互性很吻合。首先，学生能在多种认同角色间切换以实现不同的交际意图（譬如向老师交差、不想丢人）和认知策略（对规则的反刍或是主动观察）。其次，某些认同之间似乎更具相互引力，譬如 S1 的母语类认同和他的研究者认同似乎关联更紧密。

转录（28）、（29）均取自第一次有声思维，背后的课业任务是准备一个 5 分钟的 PPT 演讲，向教师和同学介绍一个自己熟知的事物或人物，学生在 PPT 演讲中要展示个人的独到、原创性见解。在转录（28）、（29）中，学生说出了他们的准备过程和个人反思。

转录（28）：

At the beginning I want to share my experience about European travel, and I do prepare seven countries. But, when I start to make the PPT, I find it is too much, I will spend more than five minutes. So I started cutting again. Besides, I was worried that my would be chaotic because of too many pictures. And I'm not sure that whether my classmates can understand what I'm talking about. That's why I used words in the PPT and presentation to explain. And I just put some typical pictures rather than all of them.

（EAP—有声思维 1-7）

转录（29）：

Because it is the long story in this movie, I don't know how to summary, the long story into just pages, just a few slides. Maybe I have to ignore some of the situations, and I have to attach importance to, the, key situations. It's a challenge for me... I first summarize the whole, the whole movie that I think which is important. Then I pick up the plots, the I I think they are the most important plots to the movie. Finally I, because every plot I, I, offer a slide to it, so maybe there are about 9, 7 or 8 plot plots I think they are most important. Lastly, I just, add them up, add them, yeah, add them up... because the topic I choose this about the movie, and the movie theme is, it's a little difficult for me to, clearly explain it in English.（EAP—有声思维1-8）

转录（28）、（29）显示学生在 PPT 准备过程中有调动自己在课堂外的认同，如"欧洲旅游者""电影爱好者"，而且主动应用了 EAP 核心技能，譬如提炼主要内容、提升内容连贯性、考量读者需求、规划结构、解读主旨。我们发现，相比于 EAP 课本中的传统任务训练，在这个 PPT 演讲活动里，学生更容易将学术技能等同于社会活动。譬如，学术技能让"我"设计、实施一场引人入胜的二语演讲，也就是说学术技能并非局限于背诵知识要点。上述意识形态让学生构建二语社会参与者、施事者认同。

转录（30）取自第二次有声思维，背后的写作任务是撰写一篇 1000—1100 字的英语论文，论文题目是比较两家跨国企业的社会责任感。根据我们以往的观察，一个典型问题是学生不会自主搜集文献和其他有效信息。但是在片段（30）中，这个学生利用他对 Microsoft 的既有认知（应该是之前通过母语媒介获取的知识）和母语社交资源来实施自主研究和批判性思考。譬如，学生判断 Microsoft 官网呈现的信息仅是官方说辞，他也有通过个人的社会关系获取内人观察。但他并不满足于上述两个信息源，仍然投资时间在众多"professional website"上使用关键词搜索更广泛的视角和内容。

转录（30）

When it comes to looking for information, it is very limited because the information of both companies is recorded on the official website, the information is is recorded （（学生这里可能指官方信息））. Although I have some other information about Microsoft because because I know a a relative, one of my uncle work works there, so sometimes he told me about his work experience there. But only one insider source, and it is difficult to find the full kinds of information on the internet. I searched through changing keyword and went to many professional website to find the information, which took a lot of time. （EAP—有声思维 2-12）

转录（30）显示，这个学生在自我认同（对 Microsoft 感兴趣的人）的驱使下主动搜索了多种信息（中英资源、出处多元）。在上述有声思维中，学生对信息搜寻这个主题前置，他基本没有明确谈及英语（除了使用英语实施了这次有声思维）。因此，学生重新定义了当下 EAP 课业这个认知空间：这主要不是有关英语习得，而是一个自主锻炼学术技能的空间。这与 Gu（2021）所说的"重新标度行为"（rescaling practices）相呼应。也就是说，在学生重新标度的社会空间里，虽然这个论文需要以学术英语为载体，但是这个作业的关键在于资料搜索、资料评估和比较能力。上述认知是中国大学生真正内化学术英语技能的关键。

三 利用多元文化和双语者认同来操演赋权性知识探究者

在 EAP 干预中后期一个愈发明显的趋势是学生能操演多元文化和双语认同来实施知识探究和创新。转录（31）取自第 11 周的小组任务，学生需要使用自己的原创话语及教师提供的二语习语（idioms）来填补一个虚构对话中的空缺。教师设计的虚构对话为两个大三好友（即女主和男主）的电话对话。教师有意使用了贴近学生社会生活的对话内容："女主刚刚失恋，整天将自己淹没在学习里。男主想帮助女主找回自信，因此邀请她参加一些社交活动。"（摘自小组任务讲义）学生需要斟酌语境并思考二语习语的语用功能（见表 6-20）。

表 6-20　　　　　　　　　　转录（31）

话轮	话语者	话语内容
1	S1	啊::，就是说"你周五晚上在哪"，她说"我还能在哪"然后说（1.0）
2	S2	"那，那，那你跟我们一起吧，出去玩吧"。然后就，所以第一句话应该是"你周五在哪儿"或"你周五什么安排"（3.7）
3	S3	"Wha what's the plan on Friday".
4	S4	No no no the the first blank -
5	S3	"Where are you going to, be（6.0）tomorrow".
6	S4	"Where are you right now".
7	S3	No not right now, umm umm and, at end of the, dialogue she said "see you tomorrow"（2.0）
8	S2	Umm:
9	S3	So?（2.8）
10	S4	I think I think the second blank can be, umm（2.2）
11	S3	The -
12	S4	"you are at the drop of a head, let's draw off".
13	S2	啊?
14	S4	"come on, this is the Friday"（1.5）
15	S3	"Evening"（2.0）
16	S1	先看后面的吧。
17	S3	第二个问题说"这是你的主场"呀，"The ball is in your court"。
18	S2	啊?
19	S4	啊?
20	S2	为什么?
21	S3	周五是你的主场，然后，就是（1.5）
22	S4	No no no I think umm（2.0）
23	S3	再，然后我觉得"I think you are at the drop of a hat"。
24	S4	I don't think the man, "drop at a hat".
25	S3	Maybe can you think something, more emergency.
26	S4	Emergency, how about -
27	S3	Maybe -
28	S1	先看后面的吧，后面的好写。
29	S2	"调侃"，"调侃"。

第六章　有声思维和课堂对话中的认同构建

续表

话轮	话语者	话语内容
30	S3	I think it's also, can be, "you you cannot burn the midnight oil, and, you can come out, with us".
31	Ss	((拍掌声))(10.0)
32	S1	然后,第三个(6.0)
33	S2	哎(5.0)
34	S3	Hey (2.0) hey, everybody!
35	S4	Hahaha.
36	S3	Number –
37	S4	Give a penny for your thoughts.
38	Ss	((笑声))
39	S1	嗯::(3.3)
40	S2	她说调侃回答,回答啥啊?
41	S1	我们还是一个一个来。
42	S2	我感,我感觉那个调侃的那个就是,一石二鸟。
43	S1:	前面就没有那么轰(5.0)((发音很像"轰",可能是"轰轰烈烈"的简称))。
44	S3:	能不能就直接调侃说"do you want to kill, kill two birds with with, one stone".
45	Ss:	((笑声))
46	S2:	你这里是认真的吗?你一个女生平常这样说话吗?
47	S3:	How to how to express –
48	S4:	"I think you are using me."
49	S3:	"Using me to, chase another girl."
50	S4:	"Using me to to, to kill two birds!"
51	Ss:	((笑声、拍掌声))

(EAP—第11周小组任务)

首先,转录(31)显示学生是在享受这个协作创作对话的过程。当讨论一度停滞时(见话轮31—33的几处多秒停顿),S3和S4使用二语活跃氛围(话轮34、37),其中S4使用了教师提供的二语习语"A penny for your thoughts"来鼓励同伴说出想法，巧妙打破僵局，而她的用意也得到了同伴的心领神会（话轮 38 的笑声）。以上显示 S4 不仅仅是能说出这个二语习语，她还能使用这个习语来"干预和改变社会活动"（Fairclough, 2003：223），即促进小组协作。同时，组员的一致正向反馈也为他们构建了成员归属感和赋权性二语认同，也就是说，这个二语习语在当下情景的意义是组内人才能理解的一个"梗"，即"所指"。其次，这个小组是一个具有活力的双语者群体。譬如 S2，她在话轮 2 中操演了一个"积极的想法贡献者"认同。之后，在话轮 13、18 中，当同伴生搬硬套教师提供的二语习语时，S2 均使用母语语气词"啊？"给予反馈，促进同伴修补之前的发言。在话轮 42 中，S2 利用母语成语"一石二鸟"带领小组打破创作瓶颈。此后在话轮 46 中，S2 又使用母语幽默口语体为同伴提供反馈，并引出 S3 和 S4 在之后的创作火花。虽然 S2 没有使用英语，但他一直在跟进小组的二语任务完成情况。最后，S4 从始至终基本使用英语发言，彰显国际大学文化，也展现出她的二语交际能力（尤其在话轮 37 中）。另外，她在话轮 50 的知识创新（二语文字游戏）融合了双语资源和多元文化。S4 利用了英语习语"killing two birds with one stone"，她也借鉴了 S2 提出的社会语用观察（"你一个女生平常这样说话吗？"），她还融入了中国年轻人的交友文化及二语嬉戏（"I think you are using me""Using me to, chase another girl"，源自 S3）。综上所述，这个组调动了双语资源、碰撞想法并实施创造性认知。

在转录（32）这段有声思维中，学生反思了他撰写的有关 Nike 和 Apple 企业社会责任感的论文。在转录（33）中另一个学生谈论了她自主设计实施的一项访谈调研。

转录（32）：

And I think the most thing things most important thing for writing an essay, I think I think it's the compare comparing and evaluate evaluating language, in academic language ... because Nike and Apple are two brands which can usually be seen in our school. Most of students use Apple product, such as iPhone, iPad or MacBook. And many students, whatever boys or girls are wear Nike shoes. I am myself also also a big fan. I went to, I have went to Apple, press conference. I have many ideas already, but I will need to find academic source to support my ideas... I think the most important thing about writing the essay is to improve our own language use skill and, and show our opinions during this, prosing. I have read a variety of sources, and I divided them based on their different opinions. I use the compare and contrast structure teacher give me, and also hedging and citation words, I only need to fill in my ideas. (EAP—有声思维 2-3)

转录（33）：

Unlike other students, I did not use online survey, I write interview questions, because I want to get, the most important, message, so that I, I need to, create the questions that can, can get some, information from the, interviewees. Because you can not, just, ask them questions. You should, try, try to interview, and continue the conversation. Well, they, not understand your questions, you should explain, and, continue it. And you cannot just ask, Chinese students, you should, you should ask foreigners, males and females, that can make your data more interesting. And, analyse data, I, I need to, I need to find the reason why people choose this way to receive, news, why did people, like, to read this type of news. But there are so many factors, so many interesting findings I want to talk about. (EAP—有声思维 3-9)

这两段有声思维都展现出，学生的视野并非局限于如何应付作业（譬如如何使用 EAP 话语或 EAP 技能），而是表现自己对更广阔世界的认知："show our opinions during this prosing"［转录（32）］，以及"there are so many factors, so many interesting findings I want to talk about"［转录（33）］。此外，转录（32）、（33）中都可见学生的赋权性话语。在转录（32）中，"I"常处于主语位置："我"具有行动力和思考力，"我"能让文献和学术话语都为"我"的思想服务。在转录（33）中，学生多次使用"you"——通用意义的"你"——来描述研究设计，映射了她的自信和认知权威。上述发现与 Chen（2020）的论证有呼应之处。Chen（2020：718）指出，传统 EAP 课堂多高置英语母语文化，导致中国学生的双语认同、文化资源，以及他们的用语需求"被搁置和边缘化"。但是，Chen（2020：731）也指出，当中国学生的"视野从当下的 EAP 课堂……扩展到更广阔的社会环境和未来在全球寻找工作"的前景时，他们会认为自己的多元文化和多语者认同是竞争优势。

至此，我们探讨了 EAP 实验班在课堂讨论和有声思维转录中呈现的双语者认同建构和学生对学术英语技能的独立应用和知识探索。我们发现，当学生的视野从 EAP 技术性训练或词汇句型的记忆性训练扩展到学生个人的社会经历和认知资本时，教师能激励学生使用多元文化和双语者认同来自主探索世界、创造新知识。虽然大一的 EAP 学生并未真正开始专业课学习，但是他们的研究者认同已萌芽。下文我们将探讨 ESP 课堂干预过程中呈现的主题。

第六节　ESP 课堂

一　受英本主义观念限制的"二语学习者"和具有社会语境意识和以认知为导向的"双语主义者"

在 ESP 课堂，一个尤为明显的趋势是：学生的认知活动与个人的意识形态及自我认同关联紧密。我们发现学生的认知活动与下述两项意识形态关联紧密：英本主义（native speakerism）、双语主义。在干预初始阶段，学生已完成大一一年在这所国际大学的二语媒介学习，接触了和高中截然不同的学习内容和体裁。由于学生在大一还没有正式开始专业课学习，因此更倾向于视二语水平为影响课业成绩的一个主要因素。因此，在上述背景下，一些学生在进入大二后，在 ESP 学习活动中会展现出高置英美母语文化的趋势或是文化本质主义倾向，譬如认为英语学术文化更"先进"而中式学习受"应试教育"或儒家文化禁锢（ESP‑W3 教师日记）。

转录（34）取自第一次有声思维，背后的写作任务是学生需要总结自己在过往一年 EAP 学习中的收获和问题并就大二的 ESP 学习制定目标。

转录（34）：

Because, you know like I have a lot of things to do. I've worked as a part – time Japanese tutor. I have learned Japanese since 15, so I'm pretty proficient now, and I plan to take Japanese N1 proficiency test next month. I like J – pop, you know, AKB48. So, I think I I like foreign cultures and learning languages. I made effort to speak English. I mean I like to speak English like a lot. I really want to speak English to others, while they would feel that "you speak English because you have a good American accent while I don't so it's a little bit embarrassing". But I don't care, so I have a good accent because I keep wanna speaking it, which makes my speaking skills high and my listening as well, while others, they may have a weird accent so they get a low mark but don't speak much either in class or in group presentation and they just get no chance to improve. So, my problem thing is I would pay much more attention to my, English writing, because I, last year or last semester I was being penalised I was having the penalty of the referencing issues, which give a pretty low marks... I don't think I learned pretty much about the thing that I should have learned like the hedging language or something like that, because my essay didn't work out well, it's only like 55 or 45, I don't remember scores which, make a little bit, you know, disappointed of course because I had put in my ideas but the marking is about referencing and hedging language. And, I just, I just said my future goals, I'm really into business, which I find really interesting and right now I'm thinking about read read more books about business stuff like, like what, like MAN105 Organization Behaviour I find it really interesting, not boring. So EAP would may very beneficial to my future goals. And, I want to having I want to be in USA for my Master. (ESP—有声思维 1 - 8)

在转录（34）的初始和结尾，学生通过反思个人经历、喜好和对未来的展望操演了一个"有想法的多语者和多元文化者"认同。譬如，学生说出她曾兼职做过日语老师———一个具有认知权威的社会角色。此外，学生通过自身的多语资本得以穿梭于多个族群和多样活动，包括日语教学、日语考级、欣赏日本流行音乐（AKB48）、EAP 学习、阅读商科书籍。但是，学生的二语认知也映射出英本主义观念。譬如，英本主义文化给这个拥有美语口音的学生带来优越感。在这个学生的认知中，其他同学不愿和她开展英语会话，是因为他们"have a weird accent"，而这种权力上的不对等会让其他人感觉"a little bit embarrassing"。尤其值得注意的是，在转录（34）中学生将英语母语者口音等同于学术英语里的听说技能和素养，"I have a good accent … which makes my speaking skills high and my listening as well"。但是上述认知是片面的，因为，正如我们之前对 EAP 实验班的探讨，学术英语素养也包括批判性思维和研究能力，还包括对体裁的掌握和操纵等。虽然这个学生认识到自己对于"referencing""the hedging language"的关注不足，但她并未意识到上述体裁手段的社会功能性（譬如构建话语者的认知权威），反而认为这些手段约束了她的话语权，"disappointed of course because I had put in my ideas but the marking is about referencing and hedging language"。进一步说，这个学生并不认为使用体裁手段能帮助她建构赋权性多语自我。由此可见，英本主义观念可能制约了她的学习策略使用。上述发现与 Sung（2020）的研究有所呼应。Sung（2020）对国际大学中的中国学生实施访谈并发现：虽然这些被访者视英语为全球通用语，但在潜意识里他们仍然使用"英语母语者—非母语者"这个经典分类来划分英语使用者，而不是调动社会文化群体等其他范畴。同时，这些中国学生视英语母语者素养为一种象征社会地位的资本，因此他们在与英语母语者互动时会产生自卑和焦虑，把自己定位为"学习者"（learner）而把对方定位为"大师"（master）（Sung，2020：193）。在上述自我认同下，这些中国学生将自己置于认知低位，因此也制约了他们的学习策略使用。

转录（35）取自第二次有声思维，背后的写作任务是学生要使用营销报告体裁和商科知识来评估某外企在中国的营销策略并为该企业提出战略性建议。

转录（35）：

I have chances to communicate with some seniors from my major. My major is English and International Business. My seniors give me advice and inspiration. They told me, my advantage should be about authentic Business English plus Business knowledge. So, my strategy is to collect vocabulary from British and American business reality shows, like what teacher shows us, like *The Apprentice*. So I make a vocabulary list, and I try to use some of these vocabulary in my writing, for this coursework but also use these words in my business coursework, like the group presentations. I think these words can give my writing and speaking a good professional style. I think they can help me to make a good impression to the teacher, or to the interviewers when I apply for a Master degree. （ESP—有声思维2-2）

转录（35）显示，这个学生是多个社会空间的成员，如国际大学学生、出国读研者，而她的认同建构和认知策略也受到这些社会空间里大众意识形态的塑造（Sung，2021：11），譬如英本主义和英语工具性意识形态。这个学生听同专业的师姐说在申请国外商科研究生时要利用英语专业学生的二语素养优势，她因此视"authentic Business English"为象征性资本，并决定从英美商务类真人秀里获取词汇让自己能在商科的小组演讲、作业以及未来申研时开启"a good professional style"，构建商科族群成员认同（"authentic Business English plus Business knowledge"）。上述认知策略背后的意识形态是将英美商务人士的词汇使用等同于"地道"的英语商务话语。相比之下，学生没有怎么谈论如何针对当下体裁的社会功能（营销报告、公司管理者需求）来调动语篇手段，但也许这才是"地道"英语商科写作的关键体现。

转录（36）同样取自第二次有声思维任务，但展现出和转录（35）不同的意识形态、认同构建及认知策略。

转录（36）：

When I read English academic source, I found I couldn't understand some source I found. My English isn't good enough, my reading isn't good enough, I don't have enough vocabulary. I know some 学霸, their English is so good, like so so good, like in my major they can read English sources efficiently. But but I can't understand those English sources very well. I think it's because of my vocabulary is limited. Because I can understand Chinese academic books, and save a lot of time. I can also do self–learning with Chinese materials... I bought some Chinese business books, on marketing and and management, and I like reading these books, so I think I have ideas, original ideas. And this help me to read the textbook used in my management class. My plan is to write down all my ideas in Chinese, I can write very faster this way. Because I have done a lot of reading and I have the knowledge, while some classmates waste a lot of time on writing an English sentence. So as as a strategy, I will produce my main ideas in Chinese, I will then use the academic language teacher give us to make my ideas into an English report. （ESP—有声思维 2-8）

转录（36）中的学生认识到自己在这个英语媒介大学里还不是"学霸"，但同时她也认识到认同的"临时性"和"语境依赖性"（Young, 2022），即认同不是一成不变的。她调动双语主义来重新定义英语媒介大学这个社会语境，对冲削弱自我赋权感的英本主义：学习能力和专业知识应用是定义"学霸"的重要条件，而不仅是英语能力。因此她在课外借助双语资源（中文学术书籍、专业课教师指定的英文课本、EAP 课堂教授的学术英语）构建了一个自学空间，将自我建构为一个"有自学能力和独特见解的学生"。譬如，借助双语，她扩大了学科阅读量，在中英学术阅读间建立关联，驱动自己在学科学习中创新。同时，通过关联以英语为载体的学科课堂和自己通过母语构建的自学空间，她也为自己的英语学习提供了支持。

上述发现与 Gu（2021）的研究有一些关联。Gu（2021）考察了在香港留学的中国内地本科生的认同建构。Gu（2021：370－371）发现，这些中国内地学生通过调动自身的中英认知资本，譬如举办弘扬中国古典文化的文艺活动、参与教授普通话的义工活动、加入英语社团并在其中宣扬中国文化，他们重新定义了香港高校这个社会语境。这些中国内地学生的双语认知活动将香港高校重构为一个具有"包容性和多样性"的国际化环境，而不是一个围绕本地人利益的局限地域（Gu，2021：370）。同时，这些中国内地学生也建构了更具赋权性的社会认同，即具有国际视野和优越文化品位的当代中国人（Gu，2021）。同理，我们认为转录（36）中的这个学生也不甘成为弱势、边缘化的二语学生。她的双语主义价值观驱动了她的自主学习活动和创新观点表达，她的写作策略也十分独特。一些 EAP 教师可能认为这会阻碍 EFL 学生习得英语学术写作技能；但是从认知角色的建构上看，我们认为这是有效的学习方法：学生通过以双语为媒介的认知活动操演了具有学习能力和专业知识的 ESP 使用者。

转录（34）—（36）给我们的启示是教师需要考虑二语学生在认知活动中不尽相同的认同投资，譬如学生是把自己看作某个专业领域的参与者，还是英美英语的效仿者。

二　学生的母语和二语社会化经历构建了个人对体裁社会功能的认知

在 ESP 实验班，学生的体裁意识确实有加强。首先，学生在商科专业课（即特定族群）中的学习促使他们从营销行为和营利这个功能性视角来开展体裁讨论，展现出根植于社会语境的批判性思考，如转录（37）、（38）所示（见表 6－21、表 6－22）。转录（37）取自第 2 周小组任务（任务描述见表 3－4）。我们设计这个任务的初衷是激励学生操演商科族群成员认同，即作为一个评估企业营销策略的专业人士，"你"会收集哪些营销本文作为研究数据？"你"会怎样观察文本中映射的营销手段？也就是通过激活学生的权威性认知角色来驱动他们自主观察体裁特征和社会功能之间的关联。在转录（37）的开头，这组学生决定研究 Adidas 在中国的营销策略，他们之后讨论了可收集的体裁，即学生所说的"documents"。

表 6-21　　　　　　　　　　　　转录（37）

话轮	话语者	话语内容
1	S1	I think we know, we have learned some of these brands in last semester MAN lessons. ((学生这里指 management lessons))
2	S2	So which one?
3	S1	Adidas, and maybe Nestle.
4	S2	Nestle.
		(这里跳过一段对话)
8	S1	For example, Adidas has invested some famous people to, celebrate celebrations. ((学生这里很可能是想说 celebrities))
9	S2	I know.
10	S1	To localize and –
11	S2	And some superstars, like Angela baby.
12	S1	What kind of documents can we collect to study Adidas' marketing strategies, whether their marketing strategies are effective in China?
13	S2	Advertisement.
14	S3	它基本上都是明星在广告里出现。宣传一种文化、观念，那样的。
15	S2	阿迪还有一些 show，在国内有一些展。
16	S1	Does this count, as documents?
17	S3	但这是营销手段啊，提高了品牌的，影响力。
18	S2	Marginal，就刚学的，上周刚学的((学生指在商科课程里刚学的))，marginal benefit。
19	S3	什么意思?
20	S2	就是边际效应，提高产品的边际效益就是让大家认为它有价值，认为这个东西，昂，很牛，很厉害，所以，所以都去买。
21	S1	That's amazing! (2.0) Like slogans, and pictures, and shoes and clothes. These can be the documents to study.
22	S2	Shoes are documents?
23	S1	Like, like you can see where they put the shoes and if, if any models are used, or what style styles are for those shoes, the theme behind the design, umm design themes.

（ESP—第 2 周小组任务）

在转录（37）中，S2 首先在话轮 11 中提出收集"advertisement"来评估 Adidas 的营销策略；之后在话轮 13 中，S2 又提出研究"show"这个非传统体裁。值得注意的是，组员 S1 和 S3 在评估所选体裁的相关性以及识别体裁特征时（话轮 8—15），均以社会功能作为出发点，譬如"Adidas has invested some (local) famous people""它基本上都是明星在广告里出现，宣传一种文化、观念"，组员 S1 和 S3 没有将体裁等同于脱离语境的硬性规则。在上述认知方式的引导下，S2 在话轮 18 中引入"边际效应"这个商科概念，进而从营利这个角度来界定营销体裁的社会功能。在此基础上，S1 在话轮 19 中提出了一系列 Adidas 为其产品构建边际效应的手段，包括"slogans"和"pictures"，也包括"shoes and clothes"。正如 S1 在结尾所说，为研究 Adidas 的营销策略，他们可以观察其鞋子的设计"风格"和"设计主题"。同理，在研究体裁时，分析者也可以观察文本的话语风格和作者意图。S1 构建了一个新颖关联。

转录（38）取自第 4 周的小组任务。学生们已在上周做过头脑风暴（设想公司产品服务、制定启动基金），并初步制定了一个以推销创业产品、吸引投资为目的的演讲大纲。在这周的小组任务中，学生需要细化上周的演讲规划：重点是运用多元手段（话语、内容、PPT 图片等）来设计一个能吸引观众（即投资者）的创业投资演讲。

表 6-22　　　　　　　　　转录（38）

话轮	话语者	话语内容
1	S1	Do you like, do you guys have any idea for like, how do we engage the audience?
2	S2	She just said, use more "we" and "us" to, to sell the pitch.
3	S1	So we will make, will make app, A P P.
4	S2	Yes, our business is a app.
5	S1	I think it's a good like ser, service?
6	S2	Yeah, service.
7	S3	Really? Is it not products?
8	S2	应该是 service 吧！
9	S1	It delivers service, also food.

续表

话轮	话语者	话语内容
10	S2	We can describe a situation, a common situation in the beginning of the pitch, like when we, any of us may have this situation, we need many services at the same time.
11	S3	那个 target market 是谁啊？
12	S1	For everyone, including the investors.
13	S3	那不是等于没有 target market？
14	S2	But what's the target market of 淘宝？We can compare our A P P to 淘宝。like everyone knows 淘宝，and we can talk about how our app is better, we can use more positive words to describe our app.
15	S1	Create positive image -
16	S2	It is also important to, we ourselves need to to promote our business confidently.
17	S3	对，展示我们的业务能力过硬，吸引投资者。我们可以用图表展示回报率的计算，还有启动资金的分配 -
18	S2	我觉得我们真可以开始干了 -
19	Ss	（（笑声））
20	S2	真的了！

（ESP—第 4 周小组任务）

在转录（38）的初始，S2 首先提出使用教师提及的两个介入标记"we"和"us"，但是她并未说明在"pitch"的什么环节或言语行为里要使用这些介入标记，也就是还未展现出对体裁特征的批判性思考。这之后，S3 就创业产品的属性发问（话轮 7），带领组员思索本产品的卖点、其"target market"（话轮 11）以及如何与同类产品竞争（话轮 13）。S3 的这一连串发问展现出互文性。首先他使用了"target market"这个商业术语。其次，他实施的质疑言语行为都很直接，有业务团队的讨论风格，这可能映射了他在商科专业课中的小组互动模式（即他的二语社会化经历）。通过上述互文性，S3 激活了组员的商科族群成员认同，讨论从话轮 10 开始展现有关目标体裁的批判性思考：学生讨论了产品功能和投资者需求，并说出了演讲的具体意图和语篇手段，如在演讲的开始讲述一个可引起观众共鸣的"common situation"（话轮10），对比"淘宝"并使用"positive words"来突出本产品的优势，使用"图表"来展示数据计算并彰显业务能力。由上可见，这个小组在考虑如何拉近和观众的社会距离时，他们并没有机械性地套用一些通用法则（如S2在开头提到的多使用"we"和"us"）。学生提议的话语手段根植于他们对创业引资演讲这项社会活动的洞悉也根植于他们的商科学习经历。

但是我们也发现，学生的双语社会化经历既可以驱动也可能限制他们对体裁社会功能的批判性应用。为阐述上述观察，我们将对比转录（39）、（40）。转录（39）取自第三次有声思维，背后的写作任务是学生要使用访谈手段开展定性研究，调查当代大学生的工作期望并撰写研究报告。

转录（39）：

"Working expectation" as a business word or as a sociology word is too abstract. Concepts involved in are also complex. I am not the scholar and I have limited knowledge about business or employment employment psychology theory. So so I followed, I added some 学术公众号 because I read 知乎 and watch B 站 sometimes, when I need to learn academic. Then, I I also learned statistical, I think it is necessary for academic research……就是一些学术博主，指出量化统计手段在实证研究里的必要性，比如说，能提升研究结果的科学性和借鉴性。所以我特地去学了一下量化研究，术语和关键词什么的，并且我用到了报告里，我也做了一些统计和计算……And I also write more in methodology. Some of my friends complain they can't reach the word count, but I can go more than the word count. I think that's always a good sign haha, when writing. （ESP—有声思维3-3）

转录（39）显示学生对商科研究报告这个体裁的认知较为模式化，这似乎跟她在下述两个社会空间里的话语经历有关。首先，在这所国际大学里，学生为应对二语和专业知识的双重挑战，有时会利用母语媒介和社媒资源来快速掌握专业知识，譬如看哔哩哔哩网站（即"B 站"）或是关注一些学术博主。这个学生也采用了上述认知策略。但是，社媒通常被用于自我营销，因此在以社媒为依托的学术空间里，量化研究知识有时被呈现为实证研究的高配，或是被用来构建博主的科研权威。受上述意识形态的影响，这个学生在研究报告里使用量化术语并实施"统计和计算"，但她却对作业要求实施的定性主题分析匆匆掠过。其次，国际大学里常有"赶 DDL"（赶论文截止期）的课业文化，一些学生无法写够论文字数或是"硬凑字数"（ESP – W17 教师日记）。在上述社会空间里，这个学生认为能写出超越字数要求的英语论文是英语素养和学术能力的体现。综上所述，这个学生的双语社会化经历可能限制了她对商科研究报告的社会功能及读者—作者关系的批判性思考。

转录（40）取自第二次有声思维任务。如前所述，这次有声思维背后的写作任务是学生要使用营销报告体裁和商科知识来评估某外企在中国的营销策略并为该企业提出战略性建议。这个学生展现出和转录（35）或转录（39）截然不同的认知策略，她从社会语境出发并反思了自己拥有的知情人视角。

转录（40）

Before I start writing, I think of an internship I did in the summer this year. I worked in an international school, at the public relation office, and I attended some marketing events. So I see and hear sometimes how the school leader think about or plan the activities, our office organised some marketing events. Because this foreign this international school creates a great combination of social events and news, news release. I learned, I observe how they discussed the planning. Our office also organised surveys for the students and their parents, so our team analysed the results, and later present the findings to the the school leaders. So it's like market report and our team sometimes talk at night, we discussed how to write the report in a proper way, like in a professional way, so to think about how to present useful findings and suggestion to the school leaders…

So I designed my essay in order to make it more reader friendly. It's like the boss who read it would say "yes it fits, it makes sense". （ESP—有声思维 2-5）

如转录（40）所示，学生在国际学校公关部的职业经历构建了她对营销分析报告社会功能的批判性思考。学生谈及了目标体裁背后的社会活动（"social events and news release""the planning"）、涉及人员（"school leaders""our team""the students and their parents"）以及他们之间的权力关系（"how the school leader think about or plan the activities"）、目标体裁的知识构建手段（"survey"、循证分析）和社会意图（"present useful findings and suggestion to the school leaders"）。学生将自我定位于一个"双语社会行事者"而不是一个"二语学生"，进而投资于撰写能满足权力上位读者（领导、老板）需求的营销评估和建议。

三 操演"商科族群成员"和"商业体裁洞悉者"，实施对语言手段的分析和应用

ESP课堂教学的最大挑战是引导学生使用社会符号视角来理解话语手段，继而能批判性反思特定语言工具在体裁文本中的社会功能。我们发现，教师通过带领学生观察商科文本，探讨社会活动和文本特征之间的关联，教师能激活一些学生的商科族群成员认同并驱动他们从微观视角捕捉具体的语言证据，如转录（41）—（43）所示（见表6-23、表6-24、表6-25）。转录（41）取自第6周的小组任务，教师发放了一份市场营销分析报告中的"建议"部分。教师首先集思广益，让学生讨论营销分析报告在公司战略性发展中的作用、此类体裁的目标读者，以及作者的社会属性。在此基础上教师让小组观察当下文本并思考：作者在提建议、给予想法时是倾向于使用果断自信的语气还是更倾向于缓和、试探性语气？原因是什么？

表 6-23　　　　　　　　　　　　转录（41）

话轮	话语者	话语内容
1	S1	我觉得其实是 assertion，这个"demonstrate""fact""show"都好像是描述事实，但其实是基于他们之前的市场分析结果。
2	S2	对！我们把所有的"should""will""would""could"也都找一下。
		（这里跳过一段对话）
18	T	What have you found?
19	S2	We think the tone is more assertive, the article uses "should" and "will" several times, so the tone to make suggestions is strong.
20	T	Very good, any other findings you can share with me? (2.0) Why does the writer want to sound strong when making these suggestions?
21	S1	To show that the market analysis is professional, is correct, the prediction is correct.
22	T	Is correct to whom? Who is the target audience? (3.0) Who is going to read this report?
23	S1	Company leaders, managers.
24	T	So, if you were the company leader, would you be persuaded? Would you take the suggestions offered here?
25	S1	Yes.

（ESP—第 6 周小组任务）

　　转录（41）显示，S1 和 S2 能利用商科族群成员认同来开展协同性语篇分析。这两个学生的发言都借助了班里之前讨论营销分析报告时集思广益的一些内容点，如"assertion""prediction""company leaders、managers"。在上述知识的支撑下以及教师的引导下，学生的"商业体裁洞悉者"认同初露端倪。譬如，在话轮 1 中，S1 用到"好像是……但其实是……"这个句式来展示自己的洞察力，即透过现象看本质；在话轮 19 中，S2 使用了"tone"这个带有语言分析意味的词语。

　　转录（42）取自第 9 周的小组任务，教师事先向学生发放了美国商业真人秀 The Apprentice 里一个小组开展的产品策划讨论。分析任务具有一定挑战性，学生需要找到上述会话转录中的态度标记和介入标记（教师并未使用这些术语，而是通过示例来教授这两种元话语工具）。同理，在小组分析开始前，教师引导学生开展头脑风暴，回忆自身经历：在你们完成商科小组作业的团队经历里，见识过什么样的"组长"？观察到怎样的管理、沟通风格？全班在头脑风暴时再次集思广益了一些关键词，其中一些在转录（42）中被使用，包括"democratic""delegate""bond with the team"和"控制欲"。转录（42）展示了一组学生对 *The Apprentice* 产品策划讨论中一些具体话语的解读。S1 在转录（42）开头分享了自己对"I"这个自称语的解读。

表 6–24　　　　　　　　　转录（42）

话轮	话语者	话语内容
1	S1	The leader uses a lot of "I", I found, "I want to do this", "I'm definitely gonna do the packaging and branding", and "I know you want to do that", and and, "I'm not sure that's appropriate for this". So, I don't think the leader is democratic, because she mainly cares about herself. How do you think?
2	S2	But she, at the beginning she asks a question, she dele: delegate the role by asking her team (2.0) she asks "who feels confident doing the manufacture"? (2.5)
3	S1	But I think, she doesn't want to establish this kind of very close re, bond with her team, and she doesn't want to do manufacture herself, so she just politely say you guys do it, like but didn't SHOW a very bossy or strong emotion that kind of thing.
4	S3	The leader says, "if you feel like you can do it, that's ok", the leader agrees to this [younger man.
5	S2	[Yeah.
6	S1	Yes, but, the leader and the older man, they are opposite, they are on the opposite styles, she doesn't like him.
7	S2	So how do you think about her management skill?
8	S3	她控制欲比较强[但是那个
9	S2	[但是我不
10	S3	但是那个老男人也不服她，我觉得她对老男人故意表现得强势。
11	S2	我不认为她是控制欲强，她是不会管理。之前另外一个小哥不听她的分配，她也没辙。

续表

话轮	话语者	话语内容
12	S1	是,她对这个小哥没说什么,但是他对另外那个男的就明确表明了态度,说的是,"you have a slightly different style and I'm not sure that's appropriate for this"。
13	T	Good point, but why would the group leader treat these two team members differently? You said she doesn't like the older man, but why would she show it? (3.0) So how do you think about her management approach?
14	S1	First one I think she wants to show herself.
15	T	Show off? Why?
16	S1	Yeah, to show off her power as the group leader, so she evaluate the older man negative.
17	T	That's a good point. Did you also notice the hedging she used? (4.0)
18	S1	"Slightly different?"
19	T	What about "I don't know" or "I'm not sure", she didn't say, for example, when she evaluated the older man, she didn't say "that's NOT appropriate for this". Instead, she said "I'm not sure that's appropriate for this".
20	S1	Yeah, I think she, firstly she is the group leader. And she is kind of power and the way, the atmosphere, maybe feel a little bit awkward also awkward.
21	T	So she tried to make it less awkward, by using hedging?
22	S1	Yeah, yeah, yeah, but not really to care, she just care about herself.

(ESP—第9周小组任务)

在转录(42)中,三个学生都调动了他们对"管理者"这个认同的既有认知,其中 S1 展现出强大的批判性话语分析能力(尤其是后来在教师的引导下)。S1 能使用多类话语证据——"I"、问句的言外行为、态度标记、模糊限制语——来解读这位小组领导者的权力行使(话轮16)、行事、管理风格(话轮6、12)、与组员保持的礼貌性距离(话轮3、20)以及自我利益至上的价值观(话轮1、22)等。

经过之前对体裁手段的观察和学习,在第12周的小组任务中学生需要应用话语手段来开展辩论,题目是:企业的社会责任感(即CSR)是否会影响大学生对其产品的购买行为。转录(43)是一组学生的辩论,他们不仅各抒己见，也有意识地使用话语手段来构建个人观点。

表6-25　　　　　　　　　转录（43）

话轮	话语者	话语内容
1	S1	Should students always think carefully about the products that they buy?
2	S2	Bella, what's your opinion on this?
3	S3	Umm well, it is a reasonable, reasonable suggestion, as far as I am concerned, because sometimes when we buy some products, we just look at their styles what that we like and we just buy it but we may cannot think carefully about the products is actually we can use. In my mind, that was wrong. Although some students might sometimes think carefully but not always think carefully about the products.
4	S2	Yeah, I agree with you, students, when they buy some products they always care about the brands and designs and styles as you think. But say, when we learned about C S R, I think all we students should pay attention to if they are, the products are environmentally friendly or not. Yeah, that's my opinion.
5	S4：	I I have some different opinion from yours. I think what is really important here is the ethics of copying. So I think if students buying products with copying either ideas or brands, sometimes these products are very similar with original brand product. So, as soon it has any quality problems, you know we have no approach to and protect our interests because these companies who produce the copying products, always always not a as a not has a good reputation as these real brands. So I think that's the bottom line here, to buy products which care about the customers.

（ESP—第12周小组任务）

转录（43）显示，学生能操纵一些语言手段来为个人建构特定的辩论者角色。首先，S1和S2都使用了问句形式（话轮1、2），共同操演了辩论的"推进者"。此外，其他学生也能引导他人关注自己发言中的核心观点，操演具有见解和协作性的辩论者角色。譬如，S3是被S2点明发言的第一人（话轮3），这建构了两人的合作关系。为了给他人留有辩论空间，S3首先展示让步，以模糊限制语"reasonable suggestion"和"as far as I am concerned"来开场。其次，话轮5显示S4能在发言的首和尾点明个人态度并使用介入标记来吸引他人注意力："I think what is really important here""So I think that's the bottom line here"。转录（43）显示，在 ESP 课堂干预的中后期，学生不但能操演"商业体裁洞悉者"认同，同时也更自信地操演商科类体裁的"话语者"或"写作者"认同。另一个示例是转录（44）。在转录（44），学生对比两篇以"企业社会责任"[也就是转录（44）开头学生提到的 CSR] 为论题的商科研究报告的引言段落，观察其修辞语步和交际效果（有趣性、学术性）（见表 6-26）。

表 6-26　　　　　　　　　　转录（44）

话轮	话语者	话语内容
1	S1	Sample 2 主要是说了 CSR 的重要性，然后第三段就是在说论文的目的，主要目的（3.5）没有过多介绍公司。第二段提到"their most important stakeholders"就感觉像是社会跟公司是一个利益共同体。这篇文章明显很学术呀，还有就是抽象名词挺多的，像我看的那些文献。
2	S2	Sample 2 里吧，也提到了一些组织，但没有展开。所以我不知道这些跟我有什么关系，这篇吸引不了我，我觉得 Sample 1 更能让我看下去！
3	S3	嗯，Sample 1 就是我写的！
4	Ss	[（（笑声））
5	S2	[啊！我也是这么写的，[我差点以为是我写的。
6	Ss	[（（笑声））
7	S1	Sample 1 在第一段也说了"stakeholders"，但是第二段就跟 CSR 没什么关系了我觉得，但是 -
8	S3	我觉得第二篇，sample 2 这篇对社会背景描述得多一些，你们看第二段最后一句，它提到这些欧盟组织。所以，我觉得作者表示的意思就是自己对这个背景有了解。

（ESP—第 14 周小组任务）

在干预的中后期，学生们已习惯于在课堂里激活自己的商科族群成员认同。譬如在转录（44）中，这组学生在评估文本的修辞语步时实施了有关"利益共同体""社会背景"和"欧盟组织"的评论。同样值得注意的是，学生在讨论中关联了自己有关当下体裁的阅读写作经历："像我看的那些文献"（话轮1）、"这篇吸引不了我"（话轮2）、"Sample 1

就是我写的"（话轮3）。在上述话语中学生不仅操演了商科研究报告的读者和作者认同，也透露出一种"同行评鉴者"口吻。学生开展了细致的体裁分析，比较了两篇文本的修辞语步和不尽相同的作者意图、交际效果，尤其见话轮1和话轮8的发言。

至此，我们探讨了ESP实验班在课堂讨论和有声思维转录中呈现的商科族群成员认同和双语者认同建构以及学生对商科体裁里具体语篇手段的批判性观察和应用。我们也已完成对本书所有数据的分析、解读和讨论。下一章将对本书的所有研究发现进行总结。

结　　论

　　本书秉承社会认知视角，视中国大学生的双语、多元认同为他们开展批判性学习的重要资源，旨在干预和引导学生在课堂互动和学习任务里调动并构建能跨越语言、文化、知识领域和课堂边界的多元认同进而开展批判性学习。我们在中国高校四类具有代表性的二语课堂里开展了纵向的教学干预研究，分别为：以英语为主要授课媒介的大二学科专业课课堂（CLIL）、大一的学术英语课堂（EAP）、大二的专门用途英语课堂（ESP），以及大一的公共英语课堂。在本书里，我们既是教师也是研究者，为设计这个以干预大学生的认同建构为驱动的二语教学实践，我们构建了多维的认同理论框架、针对每个课堂的教学重点在目标知识技能和学生的认同资源之间构建独特关联。我们对教师建模的设计和实施也建立在我们对学生在干预初始撰写的"10年后的我"的解读上，以及我们对学生的认知行为（课堂讨论、作业）和课外活动（语篇、社群）的实时观察上。

　　每个课堂的教学干预历时11周到17周不等。本书采用了以定性为主的混合型研究方法，主要是为实现下述两个研究目标：一是在教学干预过程中捕捉学生在特定情境、认知活动里的认同构建行为；二是从多维度探究学生协商认同的具体表现、话语手段。图1以视觉手段总结了这个教学干预所采用的多维度认同研究框架和本书有关认同建构的主要发现。表1概括了我们针对下述研究问题在四个课堂里的主要发现，其中前三行针对下述第一个研究问题，最后一行针对第二个研究问题：

结　论　291

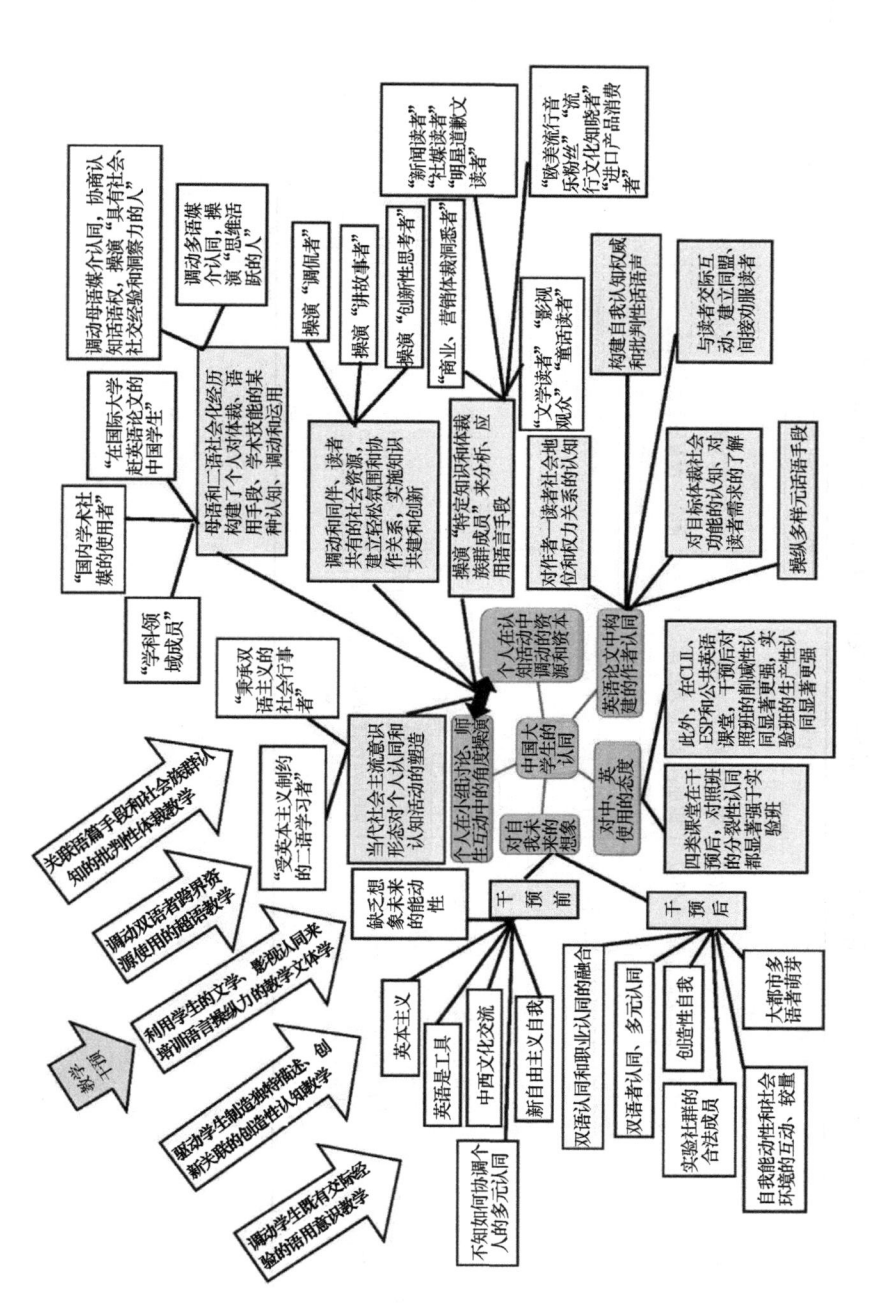

图 1　秉承社会认知视角的教学干预、多维度认同研究框架和主要发现

表1 干预后四个课堂里学生认同的变化趋势以及教学干预的实施效果

	CLIL 课堂（大二）	EAP（大一）	公共英语（大一）	ESP（大二）
实验班 vs. 对照班	削减：实验班显著低，小效应 附加：实验班显著高，小效应 生产：实验班显著高，小效应 分裂：实验班显著低，小效应	削减：没有显著差异 附加：没有显著差异 生产：没有显著差异 分裂：实验班显著低，中效应	削减：实验班显著低，小效应 附加：没有显著差异 生产：实验班显著高，中效应 分裂：实验班显著低，小效应	削减：实验班显著低，大效应 附加：没有显著差异 生产：实验班显著高，中效应 分裂：实验班显著低，中效应
小故事——想象10年后的"我"（实验班干预前 vs. 干预后）	干预前：英本主义，对未来焦虑。干预后：具有多元认同的双语自我，双语和职业认同的融合，大都市多语者	干预前：英本主义，英语工具性。干预后：前置自我能动性在认同协商上的作用	—	干预前：情感宣泄，新自由主义自我。干预后：多元文化，创意自我，构建具体实践社群活动和自我的合法性

续表

	CLIL 课堂（大二）	EAP（大一）	公共英语（大一）	ESP（大二）
英语论文中的元语使用（实验班 vs. 对照班）	实验班：（1）更注重为观点提供理据；（2）更倾向于使用语码注释语引导读者；（3）更倾向使用模糊限制语描述规律；（4）更能使用情感呼吁、人称和自称语来劝服读者接受个人的文本分析	实验班：（1）更能平衡增强语和模糊限制语；（2）能结合使用增强语和人称标记与读者建立共识；（3）更倾向使用模糊限制语来制造让步时施展个人解读，规避常识性评论	实验班：（1）对增强语和自称语的使用更加克制，展现出更多样的辩论手段；（2）更倾向使用模糊限制语和介入标记来构建观点，显露出更强的读者意识	实验班更倾向构建研究报告的客观性和相对高位读者的尊重：（1）使用间接手段表达主观评估，如借助理据；（2）使用模糊限制语来表达谦逊；（3）更加规避态度标记；（4）使用了更多突出作者知情人视角的增强语
课堂讨论＋有声思维（实验班在干预过程中展现的特征趋势）	（1）在学科讨论里开展协作性超语互动；（2）创造轻松氛围，实施创新思考；（3）调动社会话语观察，做具有话语权的学科知识使用者；（4）操演知情人，实施元认知思维	（1）操演调侃者，讲故事者与同伴共建知识；（2）利用母语类认同来驱动对 EAP 核心技能的自主使用；（3）调动多元文化和双语者认同来实施知识探究、创新	（1）调动母语社会化经验来驱动二语社会语用分析；（2）利用二语的双语主义意识来驱动母语社会话语用洞悉来驱动语言尝试；（3）群酌剧本人物的情节，作富有意义的社会用思考和话用语言设计	（1）受英美主义观念制的二语学习者，具有社会语境意识的双语主义者；（2）学生既有的商科和学术经历构建了他们对体裁社会功能的认知；（3）操演商科裁话语分析和手段应用，实施体裁话语分析和手段应用

1. 有关每个二语课堂，这个以双语认同为导向的教学干预是否对学生的二语、双语认同产生了影响？产生了怎样的影响？

2. 在每个二语课堂里，在我们的教学干预下，学生如何在具体作业的思考决策中和课堂讨论里通过操演认同（宏观的社会认同及本地性认同角色）来实现具有批判性或协作性的知识构建？

一 研究发现

由表1可见，在每个二语课堂里，我们的教学干预都对学生的二语、双语认同带来了或多或少的积极影响；并且在每个课堂的教学干预过程中，学生都调动了双语认同和多元知识储备来开展具有认知深度及协作精神的学习活动。对比这四个课堂的结果，我们的观察和解读如下。

双语认同变化（调查问卷）：

1. EAP实验班和对照班的显著差异仅出现于"分裂性变化"，这可能是因为，比起我们的教学干预，本地教学环境，即这所英语授课的国际大学，对这些刚经历完高考的中国学生有更加巨大的影响；

2. "附加性变化"在EAP、ESP和公共英语课堂里都未出现显著性差异，这可能是因为持续性二语学习以及二语素养的提升也能促进"附加性变化"（高一虹等，2013）；

3. 四个课堂的效应量大多为小效应，其次为中效应，这可能是因为本教学干预是通过间接手段（即认知活动建模）来影响学生的双语认同。

10年后的"我"的故事创作：

1. 干预后，多元认同更加明显，英本主义价值观减弱；英语不只是一个工具，英语开始和"我"的其他认同相融合；

2. 干预后，英语本质化观念减弱，学生开始前置自我能动性，通过描述具体活动和互动来建构"我"在实践社群的合法性。换句话说，不再仅是因为"我"会说英语"我"就应该拥有权力、地位或资本。

英语论文中的元话语使用：

1. 总体看来，实验班更倾向于使用模糊限制语，且实验班展现出更强的读者意识和对目标体裁社会功能性的认知；

2. 鉴于每个课堂的写作体裁不完全一样（具体见表5-2），实验班和对照班在元话语使用上的显著差异需要具体情况具体分析。譬如，模糊限制语在每个课堂里实现的功用并非完全相同。

课堂讨论和有声思维：

1. 在 CLIL 和 EAP 课堂里，学生能利用超语调动和同伴共有的社会认同，进而提升协作氛围和与同伴的知识共建；
2. CLIL 和 EAP 课堂尤其展现出学生调动多元认同，驱动个人对核心技能（元语言分析、学术英语技能）的运用和知识创新；
3. ESP 课堂尤其展现出意识形态对学生的认同构建和认知行为的影响；
4. 在公共英语和 ESP 课堂里，学生的社会化经验和经历是他们构建语用意识或体裁敏感度的有力资源；公共英语和 ESP 学生尤展现出他们对二语或商科体裁的"象征性所有权"。

二 研究的启示
（一）理论启示

我们在本书研究发现的基础上构建了以社会认知为导向的多语认同理论模型（见图2）。图2显示，认知活动和反思行为（包括对自我未来的想象）是个人协商、建构认同的主要空间（中间的椭圆）。换句话说，认同建构过程就是"中国大学生"的既有知识储备和观念（最下边的椭圆）与"社会文化语境"（最上边的椭圆）不断碰撞的过程，而我们设置的教学活动（课堂讨论、有声思维、英语写作）和反思任务（调查问卷、10年后的"我"）就是实现和驱动这些碰撞的媒介。

我们通过设计"当下课堂活动、课件和教学话语"，有意带入了"社会文化语境"中的特定成分（其中的小椭圆），进而影响和引导学生调动特定知识储备和观念（最下边椭圆中的小椭圆）来完成目标活动（中间椭圆内的5个双向箭头）。在完成目标活动的过程中（也就是上边所说的碰撞），学生强化或更新了对自我的认知，展现出某种意义构建倾向，并

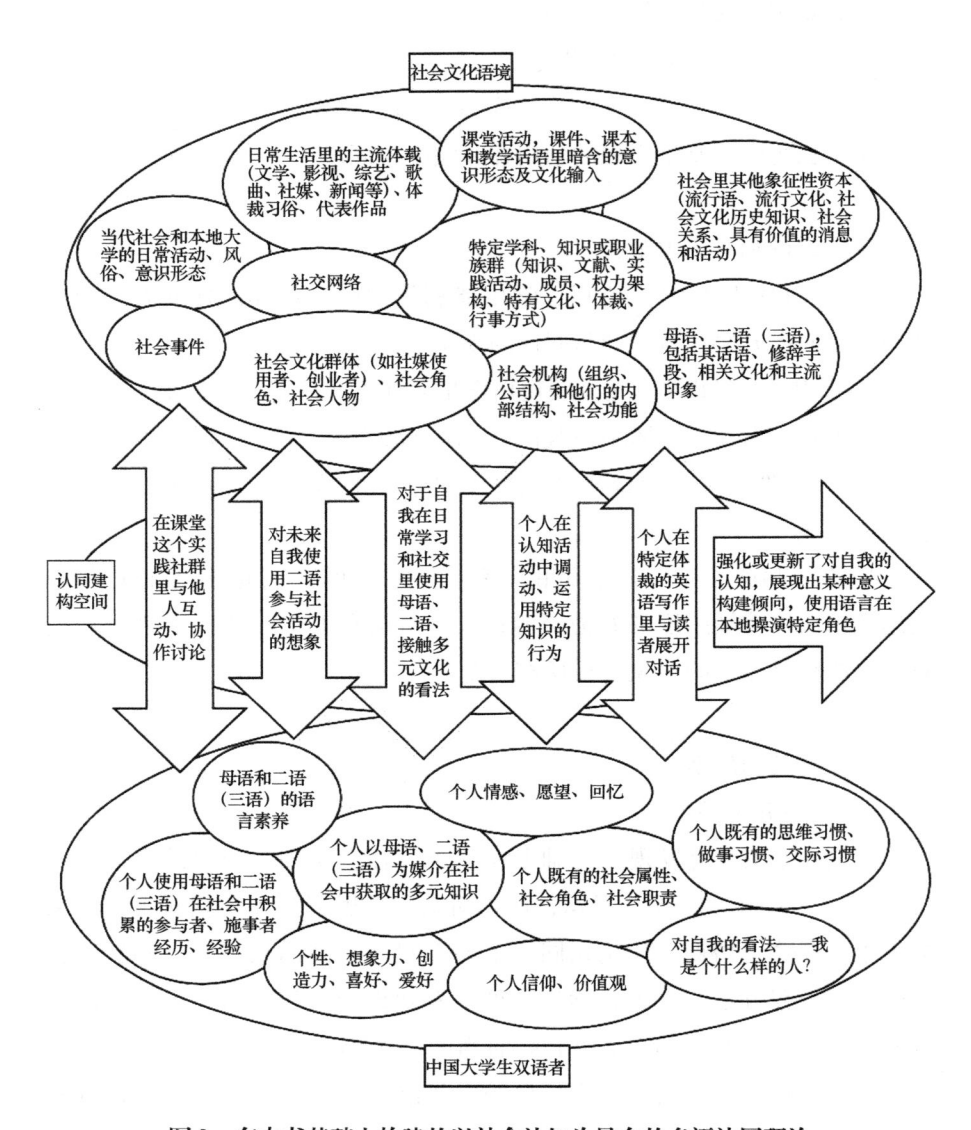

图 2 在本书基础上构建的以社会认知为导向的多语认同理论

使用语言在本地操演特定角色。正如 Anderson & Zuiker（2010：292）所说，"学习不是拥有知识，而是个人以被重视和认可的方式获取知识、为自我构建认知角色的过程"。

(二) 教学实践启示

1. 中国大学生可以是多元、多手段且具有创造性的多语者

Chen（2020：729）指出，多语文化对大学二语课堂具有可见影响；虽然一些教师也意识到学生的母语认同和母语知识具有教学价值，但是他们不知道如何在具体教学活动中调动学生的"多语知识库"（plurilingual repertoire）。本书意在提供一个可行方案，一个以中国 EFL 学生的双语认同为导向的教学模式。本书显示，学生能在认知活动和协作讨论的过程中变换认同角色，以实现定位自我、构建知识或推进讨论的目的。我们认为这种多语行为与当今社会这个大环境——社会多元化和全球化——具有关联。Makoni & Pennycook（2007）指出，随着社会多元化，语言和地域之间的关联会越来越弱，体现多语、多文化的异质性话语会逐渐成为潮流。在上述趋势下，每个双语者都会具备一定的善变性：他们能随着语境的变迁，利用自身的多语资源，选择性操演他们想要展示于外的自我形象。Makalela（2014：670）认为这符合 21 世纪人类不愿受单一规则束缚、崇尚创新和个性化生活的意识形态，而这也显示出二语习得与社会发展的密切关联。因此，我们认为二语教师应利用学生的多语和多元认同作为有利教学资源。在课堂外的社会活动里，很多学生已经在自主使用双语资源。比如，使用双语在外企实习，灵活实现社交意图；或是使用双语在社媒（微信、微博等）发言以构建某种自我形象；或使用双语跟进自己感兴趣的流行文化。上述双语使用既是社会活动也是认知活动，它们需要学生搜索、评估信息，实施自主、创新思考，调动社会语言意识。因此，二语教师若是能将学生的这些认同角色带入课堂里，我们或许能驱动主动学习并帮助学生构建具有赋权感的学习体验，但是我们也需要认识到学生的英语学习、英语使用目标及认同建构方式也是极其多元的（Sung，2020）。

此外，虽有研究显示在宏观的社会层面，外语学习者所处的母语社会文化可能会制约学习者建构或协商某种外语使用者认同（Wang et al.，2021），但是，在我们的教学干预和微观课堂环境里，学生对于母语认同的呵护可以与他们的二语认同建设互有关联并"和谐共存"，这与 Nguyen（2021：102）的发现有所呼应。譬如，CLIL 课堂展现出在小组合作式学

习模式下动用双语资源（也就是使用超语）是强有力的认知工具和交际手段。在EAP课堂，母语类认同能驱动学生在英语学术写作里开展批判性思考。而在ESP课堂，学生能调动双语主义来重新定义英语媒介大学这个社会语境，对冲削弱自我赋权感的英本主义。在公共英语课堂里，学生大多选择使用母语来和同伴头脑风暴或是使用母语来做有声思维，也就是说学生使用母语来操演具有协作性和思考能力的会话分析者；同时，学生又能使用二语来写剧本、读剧本，彰显自己的元语用意识和创造力。

可能会有教师担心在二语水平较低的课堂里学生会滥用母语，影响教学效果。一方面，我们质疑传统英语课堂里推崇的"English only"的规定和其下隐含的"单语意识形态"（monolingual ideology）。但是，我们也赞同Nikula et al.（2016）的观点，即在二语课堂内过度使用母语将会影响其作为教学资源的效果。因此，教师需仔细思考在哪些课堂任务或环节里适合使用超语，教学目的又是什么。如图2所示，在我们的教学干预里，教师会利用母语来前置"社会文化语境"中的特定元素（最上边的椭圆），教师也会引导学生借助母语来调动特定知识或情感视角（最下边的椭圆），进而让学生在认同建构空间里（中间的椭圆）实施自我与外界的不断碰撞和协商，而这能给学生带来具有意义和动机的学习体验。在我们的教学干预里，教师未限制学生使用中文，因为我们想尽可能地鼓励学生调动多元认同和全方位知识储备。但是在教学干预以外的课堂时间里（有关EAP、ESP和CLIL课堂），学生确实以使用英文为主。

2. 学生的意识形态对其认同建构和认知活动都具有中介作用

Pavlenko & Blackledge（2004：14）指出，意识形态可以"让个人以特定方式使用语言从而表现出某种社会认同，也可以让个人以特定方式评估他人的语言使用方式"。譬如，在干预初始我们发现每个课堂里或多或少都有"工具主义话语"（instrumentalist discourses）（Wang et al., 2021：422）和英本主义的身影。而持有上述两种意识形态的学生可能会对我们这个以双语主义为导向的教学干预产生怀疑态度，甚至拒绝参与课堂任务。

正如Kafle（2020：7）对国际大学学生所作的观察："学生被两股对

立的力量拉向相反的方向",虽然学生在日常生活中自如地混合使用个人的多语资源来完成社会行为,但是他们认为 EMI 课堂尤其是学术活动是操演二语认同(而不是多语认同)的专属领地。我们在教学干预初始也有类似的观察,会有一些学生排斥教师在课堂活动里有意植入的双语主义意识形态(教师建模的超语认知行为)。有学生担心一旦英语和汉语的界限被打破,自己作为英语媒介大学学生的"社会价值"会受到影响。也就是说,对于这些学生来说,像英美人士一样使用英语是英语媒介大学学生的一个价值体现。Kang(2022)在一所韩国的英语媒介大学课堂里有类似发现,Kang 发现教师和学生都认为英语母语者素养是他们获得职业机会和学术发展的重要前提。上述观念反映了母语者至上观念,本书显示这种观念可能限制学生开展批判性学习。这与 Lan et al.(2021)的研究有一些关联。Lan et al.(2021)通过对中国三所高校里的 842 名本科生做问卷调查发现中国 EFL 学习者的"理想二语自我"(ideal L2 self)与他们使用二语交流的意愿呈正相关。我们的理解是:二语交流的形式是多样的,包括课堂对话、课外社交,也包括学术写作;因此,学生希冀在未来能获得的理想二语自我会影响他们在当下的二语学术写作里使用英语构建观点的意愿和策略。

此外,有学者指出,工具主义话语在中国的二语课堂里占据主导地位:"这种利益驱动的工具性投资(动机)本身,已成为当今中国'文化'的一个特征、内在的一部分。"(高一虹等,2013:240)中国大学生学英语多为实现社会经济地位的提升,为未来开拓更广阔的工作、学习机会,较少以提升自我的双语者能力(丰富资源、多维视角)、创新思考或人文情怀为主要目的(Wang et al.,2021)。譬如,我们在干预过程中也发现有学生更加关心自己的英语论文是否使用了能制造学术感的统计手段,或是自己是否能在申请国外研究生项目时展现出地道的英美用语,而不是自己的论文是否具有原创思想或是自己是否能根据体裁和个人目的来操纵二语、构建独特话语声。我们认为,学生的上述态度也反映出他们对英语工具性价值的侧重。鉴于英语论文和国外申研都与英语能带来的工具性利益挂钩(拿到顶尖研究生院的录取、论文成绩),因此学生要使用地道英美用语不一定完全源于英本主义,就如同学生要使用统计手段也不一定完全源于对科研的热爱。换句话说，我们认为有些学生把英语使用（如申研文书、英语学术写作）当作一种模式化、工具性行为，他们可能并不关心目的国文化、目标语境或是读者需求。

上述发现和 Kang（2022）有一些相似之处。Kang（2022）发现，在一个韩国大学的 EMI 课堂里，愿意使用英文名的学生、不愿意使用英文名的学生和持中立态度的学生，其二语认同建构中都能看到"英本主义"（native speakerism）和英语工具性意识情态。Kang（2022：8）指出，虽然这些韩国的经济专业研究生并不都认为在 EMI 课堂里学生需要将英语文化排在自己的母语文化之上，甚至展现出抵触情绪，认为英语文化会威胁个人的韩国民族认同，但是这些学生心中的二语目标都是英语母语者水平，学生一致认为这才能代表真正的英语使用者。上述想法似乎自相矛盾，但这恰恰映射出英语的工具性。这些韩国学生不愿意在 EMI 学科课堂里使用英文名字，显示他们并不完全认同西方文化。因此，他们对英语母语者水平的渴望并非源自"融入型动机"，即"个人对其他群体人民和文化的真挚兴趣"（Gardner & Lambert，1972：132），而是"工具型动机"，即学习外语是为了就业、金钱或学术原因，或为了提升自我或实现自我价值（Gardner & MacIntyre，1991）。

本书显示，面对学生展现出的工具性和英本主义意识形态，教师需要有足够的耐心来设计、实施教学干预，不能直接训诫学生（譬如从道德制高点要求学生开阔眼界），而是要通过与教学目标和学生需求挂钩的课堂活动来逐步、潜移默化地影响学生的二语观念，培植学生的双语者认同。

三 研究局限

第一，我们在一些班里针对特定数据收集的样本量可能有限（见表2-3）。其中，EAP 和 ESP 课堂本身是小班（不超过 25 人）。有声思维和调查问卷为学生在课下自愿完成，且不与成绩关联（研究伦理、数据真实性）。因此上述两类数据的数据量在 ESP 和 EAP 课堂偏小（尤其是当学生在其他课程里有很多作业要赶的时候），这在一定程度上可能会影响 SPSS 分析（有些课堂的调查问卷样本量偏小）及定性主题分析（不是每个学生的认知活动都得到收录）。第二，鉴于本书的教学探索性，我们的目光仅限于当前课堂，并未探究学生的二语认同建构是否会晕染到他们在其他课堂的认知活动或论文写作中。第三，我们也未衡量学生的二语认同建构和认知趋势在本教学干预结束后的一段时间内是否仍具有效应。上述两项研究局限可以是未来研究的方向。第四，鉴于本书的重点是利用学生的认同建构和认知行为之间的互动关联，我们并未从成绩这个角度来衡量此教学干预的效果，即未衡量实验班是否比对照班取得了更高的分数。我们的理由如下。我们的教学干预本质上不以成绩为导向，因为成绩不一定能捕捉到认同建构所带来的认知活动改变。我们的目标是通过干预学生的认同建构来帮助学生成为赋权性二语使用者和知识创造者。在短期内，接受了教学干预的学生不一定能比过成绩导向的应试主义学生。但从长远来看，能调动多元知识、展开灵活思考的"新兴双语者"也许能在学习成绩上与他人有所差别。上述内容可以作为未来纵向教学跟踪研究的一个方向。

  尽管存在上述局限，本书采用的以社会认知视角为指导方针的多维度认同研究框架、以建模中国大学生二语认同为导向的教学干预，以及用定性手段来探究学生认同建构表现和动态过程的纵向教学研究在我国还很少。我们响应了高一虹等（2013：243）的呼吁："未来研究可注重观察具体外语学习/使用活动中的具体话语和认同建构过程；可以考察母语与外语认同的互动……可以从更加多元的视角，关注全球化情境中的超越母语、目的语认同的多元认同。"因此，我们希望本书能启发我国外语教师为中国学生调动多元认同并开展变革性学习制造机会。

参考文献

一 中文文献

边永卫:《涉外文科院校非英语专业学生基础阶段英语学习自我认同研究》,《解放军外国语学院学报》2009年第3期。

边永卫、高一虹:《英语学习自传性文本中的自我认同建构》,《外国语言文学》2006年第1期。

杜明媚:《从叙事角度分析语言教师身份认同及发展——英、法、日三位语言教师的个案研究》,第二届全球教师教育峰会论文,北京,2014年10月。

杜小双、张莲:《学习成为教学研究者:英语教师身份认同变化个案的复杂动态系统分析》,《山东外语教学》2021年第6期。

高一虹、程英、赵媛、周燕:《大学本科生英语学习动机类型与自我认同变化的关系》,《国外外语教学》2002年第4期。

高一虹、李玉霞、李伟娜:《我学英语—"我"是谁?——三位英专学生的自我认同建构》,《外语研究》2003年第4期。

高一虹等:《大学生英语学习动机与自我认同发展:四年五校跟踪研究》,北京高等教育出版社2013年版。

高一虹、周燕:《英语学习与学习者的认同发展——五所高校基础阶段跟踪研究》,《外语教学》2008年第6期。

韩百敬、薛芬:《从冲突到协调:中国英语学习者双语文化认同的动态建构》,《甘肃联合大学学报》2012年第6期。

侯松、吴彬芳:《基于"小故事"的语言教育研究——国际视野与本土探索》,《山东外语教学》2017 年第 4 期。

姜有顺、刘妍芩、张善超:《汉语国际教育专业学生的身份认同冲突的访谈研究》,《云南师范大学学报》2019 年第 1 期。

刘璐、高一虹:《英语学习动机与自我认同变化——综合大学英语专业二年级跟踪调查》,《中国外语》2008 年第 2 期。

李玉荣:《实践共同体视域下高校新手教师的身份认同》,《陕西学前师范学院学报》2021 年第 1 期。

廖承晔:《第 1.5 代移民的语言身份构建——以英国华裔周林为例》,《福建教育学院学报》2020 年第 7 期。

娄宝翠、邱梦瑶:《学习者英语学术写作报道据素使用特征研究》,《外语研究》2020 年第 6 期。

纪卫宁、辛斌:《巴赫金的异质语理论与话语分析》,《外语研究》2012 年第 2 期。

任育新:《中国大学英语学习者文化身份的调查与分析》,《外国语言文学》2008 年第 1 期。

谭瑜:《中国留学生自我概念与文化身份重构问题研究》,《当代教育与文化》2013 年第 3 期。

文秋芳:《学术国际话语权中的语言权问题》,《语言生活研究》2021 年第 3 期。

武金锁、王艳:《融入中国文化的外语课堂学习者文化身份认同感与能动性关系研究》,《黑龙江教师发展学院学报》2021 年第 8 期。

熊淑慧:《一个中英文双语者的自我身份个案研究》,《外语教学理论与实践》2009 年第 4 期。

应洁琼:《二语学习者汉语请求言语行为策略选用的社会认知分析》,《外语教学》2021 年第 4 期。

詹霞:《后结构主义视域下的德国国家形象构建》,《中国外语》2016 年第 6 期。

赵靓:《乌兹别克斯坦青少年在多语情境下的身份认同》,《天津外国语大学学报》2016 年第 4 期。

赵焱、张旗伟、徐蕊、张玮:《超语及认同建构作为双语者的学习手段》,

《现代外语》2021 年第 2 期。

张浩:《海外语言与身份认同实证研究新发展》,《外语研究》2015 年第 3 期。

张伶俐、文秋芳:《外语专业大学生思辨技能发展的个案跟踪研究》,《外语研究》2022 年第 3 期。

张莲、左丹云:《叙事视角下高校外语教师过往情感体验对专业身份认同建构的调节研究》,《外语教学》2023 年第 1 期。

张忻波:《高校外语翻转课堂教学"边缘人"的自我身份认同探析》,《英语广场》2021 年第 23 期。

周惠:《二语学习者学术建议话语中的情态身份建构》,《外语研究》2021 年第 4 期。

二 英文文献

Adrian Blackledge and Aneta Pavlenko, "Negotiation of Identities in Multilingual Contexts", *International Journal of Bilingualism*, Vol. 5, No. 3, 2001, pp. 243 – 257.

Alastair Pennycook, *Critical Applied Linguistics: A Critical Introduction*, Mahwah, NJ: Lawrence Erlbaum Associates, 2001.

Albert Wöcke, Robert Grosse, Anthony Stacey and Natasha Brits, "Social Identity in MNCs Based on Language and Nationality", *Thunderbird International Business Review*, Vol. 60, No. 4, 2018, pp. 661 – 673.

Alexandra Georgakopoulou, *Small Stories, Interaction and Identities*, Amsterdam: John Benjamins, 2007.

Alexandra Jaffe, "Talk around Text: Literacy Practices, Cultural Identity and Authority in a Corsican Bilingual Classroom", *International Journal of Bilingual Education and Bilingualism*, Vol. 6, No. 3 – 4, 2003, pp. 202 – 220.

Ana C. D. Iddings and Eun – Young Jang, "The Mediational Role of Classroom Practices during the Silent Period: A New – immigrant Student Learning the English Language in a Mainstream Classroom", *TESOL Quarterly*, Vol. 42, No. 4, 2008, pp. 567 – 590.

Andreea Cervatiuc, "Identity, Good Language Learning, and Adult Immigrants in Canada", *Journal of Language, Identity & Education*, Vol. 8, No. 4, 2009, pp. 254 – 271.

Aneta Pavlenko and Adrian Blackledge, "New Theoretical Approaches to the Study of Negotiation of Identity in Multilingual Contexts", in Aneta Pavlenko and Adrian Blackledge, eds., *Negotiation of Identities in Multilingual Contexts*, Clevedon: Multilingual Matters, 2004, pp. 1 – 33.

Aneta Pavlenko and James P. Lantolf, "Second Language Learning as Participation and the (Re) construction of Selves", in James P. Lantolf, ed., *Sociocultural Theory and Second Language Learning*, Oxford: Oxford University, 2000, pp. 155 – 177.

Aneta Pavlenko, "Gender and Sexuality in Foreign and Second Language Education: Critical and Feminist Approaches", in Bonny Norton and Kelleen Toohey, eds., *Critical Pedagogies and Language Learning*, Cambridge: Cambridge University Press, 2012, pp. 53 – 71.

Aneta Pavlenko, " 'I Never Knew I was a Bilingual': Reimagining Teacher Identities in TESOL", *Journal of Language, Identity & Education*, Vol. 2, No. 4, 2003, pp. 251 – 268.

Aneta Pavlenko, " 'The Making of an American': Negotiation of Identities at the Turn of the Twentieth Century", in Aneta Pavlenko and Adrian Blackledge, eds., *Negotiation of Identities in Multilingual Contexts*, Clevedon: Multilingual Matters, 2004, pp. 34 – 67.

Angela Creese and Adrian Blackledge, "Translanguaging and Identity in Educational Settings", *Annual Review of Applied Linguistics*, Vol. 35, No. 1, 2015, pp. 20 – 35.

Angela Creese and Adrian Blackledge, "Translanguaging in the Bilingual Classroom: A Pedagogy for Learning and Teaching?" *The Modern Language Journal*, Vol. 94, No. 1, 2010, pp. 103 – 115.

Angel M. Y. Lin, "Critical, Transdisciplinary Perspectives on Language – in – Education Policy and Practice in Postcolonial Contexts: The Case of Hong

Kong", in Angel M. Y. Lin and Peter W. Martin, eds., *Decolonisation, Globalisation: Language – in – Education Policy and Practice*, Clevedon: Multilingual Matters, 2005, pp. 38 – 54.

Anna Mauranen, Niina Hynninen and Elina Ranta, "English as the Academic Lingua Franca", in Ken Hyland and Philip Shaw, eds., *The Routledge Handbook of English for Academic Purposes*, London: Routledge, 2016, pp. 44 – 55.

Annelie Ädel and Anna Mauranen, "Metadiscourse: Diverse and Divided Perspectives", *Nordic Journal of English Studies*, Vol. 9, No. 2, 2010, pp. 1 – 11.

Anthony Giddens, *Modernity and Self – Identity: Self and Society in the Late Modern Age*, Cambridge: Polity, 1991.

Ashley, M. Williams, "Brought – along Identities and the Dynamics of Ideology: Accomplishing Bivalent Stances in a Multilingual Interaction", *Multilingua*, Vol. 27, 2008, pp. 37 – 56.

Aud S. Skulstad, "The Use of Metadiscourse in Introductory Sections of a New Genre", *International Journal of Applied Linguistics*, Vol. 15, No. 1, 2005, pp. 71 – 86.

Bonny Norton and Kelleen Toohey, "Changing Perspectives on Good Language Learners", *TESOL Quarterly*, Vol. 35, No. 2, 2001, pp. 307 – 322.

Bonny Norton and Yihong Gao, "Identity, Investment, and Chinese Learners of English", *Journal of Asia Pacific Communication*, Vol. 18, No. 1, 2008, pp. 109 – 120.

Bonny Norton, *Identity and Language Learning: Gender, Ethnicity, and Educational Change*, Essex, England: Longman, 2000.

Bonny Norton, "Identity in Language Learning and Teaching", in Hassan Mohebbi and Christine Coombe, eds., *Research Questions in Language Education and Applied Linguistics: A Reference Guide*, Cham, Switzerland: Springer, 2021a, pp. 81 – 85.

Bonny Norton, "Identity, Language and Literacy in an African Digital Landscape", in Leketi Makalela and Goodith White, eds., *Rethinking Language Use in Digital Africa: Technology and Communication in Sub - Saharan Africa*, Bristol: Multilingual Matters, 2021b, pp. 118 - 136.

Brian Morgan, "Teacher Identity as Pedagogy: Towards a Field - Internal Conceptualisation in Bilingual and Second Language Education", *International Journal of Bilingual Education and Bilingualism*, Vol. 7, No. 2 - 3, 2004, pp. 172 - 188.

Brigitta Busch, "The Language Portrait in Multilingualism Research: Theoretical and Methodological Considerations", *Working Papers in Urban Languages and Literacies*, Paper 236, 2018, pp. 1 - 13.

Bronwyn Davies and Rom Harré, "Positioning: The Discursive Production of Selves", *Journal for the Theory of Social Behaviour*, Vol. 20, No. 1, 1990, pp. 43 - 63.

Carmen M. Martínez - Roldán, "Building Words and Identities: A Case Study of the Role of Narratives in Bilingual Literature Discussions", *Research in the Teaching of English*, Vol. 37, No. 4, 2003, pp. 491 - 526.

Catherine Nickerson and Elizabeth de Groot, "Dear Shareholder, Dear Stockholder, Dear Stakeholder: The Business Letter Genre in the Annual General Report", in Paul Gillaerts and Maurizio Gotti, eds., *Genre Variation in Business Letters*, Bern: Peter Lang, 2005, pp. 325 - 346.

Cathy M. Roller and Penny L. Beed, "Sometimes the Conversations Were Grand, and Sometimes..." *Language Arts*, Vol. 71, 1994, pp. 509 - 515.

Chao Su, "Characteristics and Limitations of English Language Teaching in China: Autoethnography of a Mainland - born English Learner and Teacher", *Changing English*, Vol. 26, No. 2, 2019, pp. 188 - 197.

Chika Takahashi, "Developing the Ideal Multilingual Self in the Era of Global English: A Case in the Japanese Context", *Language Learning Journal*, Vol. 49, No. 3, 2021, pp. 358 - 369.

Ching N. Hang, Rhetorical Moves and Metadiscourse in Environmental, Social and Governance Reports of Listed Companies in Hong Kong, Ph. D. thesis,

The Hong Kong Polytechnic University, 2019.

Chit C. M. Sung, "Exploring Language Identities in English as a Lingua Franca Communication: Experiences of Bilingual University Students in Hong Kong", *International Journal of Bilingual Education and Bilingualism*, Vol. 23, No. 2, 2020, pp. 184–197.

Chit C. M. Sung, "Identities and Language Use across Contexts in a Multilingual University in Hong Kong: A Filipina International Student's Narrativized Account", *Journal of Language, Identity, and Education*, Vol. 23, No. 4, 2021, pp. 466–481.

Christian W. Chun, *Power and Meaning Making in an EAP Classroom*, Bristol: Multilingual Matters, 2015.

Christopher Tribble, "ELFA vs. Genre: A New Paradigm War in EAP Writing Instruction?" *Journal of English for Academic Purposes*, Vol. 25, 2017, pp. 30–44.

Chunhong Zhao, "Lexical Cohesion of Sino–British College Students' EAP Writing", *Theory and Practice in Language Studies*, Vol. 4, No. 10, 2014, pp. 2123–2128.

Cindy S. B. Ngai, Rita G. Singh and Becky S. C. Kwan, "A Comparative Study of the Linguistic Manifestations of Intertextuality in Corporate Leaders' Messages of Global Corporations in the US and China", *English for Specific Purposes*, Vol. 60, 2020, pp. 65–84.

Congjun Mu, Lawrence J. Zhang, John Ehrich and Huaqing Hong, "The Use of Metadiscourse for Knowledge Construction in Chinese and English Research Articles", *Journal of English for Academic Purposes*, Vol. 20, 2015, pp. 135–148.

Cristina R. I. Solé, "Autobiographical Accounts of L2 Identity Construction in Chicano Literature", *Language and Intercultural Communication*, Vol. 4, No. 4, 2004, pp. 229–241.

Csilla Weninger and Katy H. Y Kan, "(Critical) Language Awareness in Business Communication", *English for Specific Purposes*, Vol. 32, 2013, pp.

59 – 71.

Dae‐Min Kang, "In the Game of the Name: Korean Tertiary‐level Students' English Names in relation to Native Speakerism, Identity, and Emotions", *Journal of Multilingual and Multicultural Development*, Vol. 45, No. 5, pp. 1566 – 1580.

Dan McIntyre, "The Place of Stylistics in the English Curriculum", in Lesley Jeffries and Dan McIntyre, eds., *Teaching Stylistics*, Basingstoke: Palgrave Macmillan, 2011, pp. 9 – 29.

Daphna Oyserman and Leah James, "Possible Identities", in Seth J. Schwartz, Koen Luyckx and Vivian L. Vignoles, eds., *Handbook of Identity Theory and Research*, New York: Springer, 2011, pp. 117 – 145.

Daryl Gordon, " 'I'm Tired. You Clean and Cook.' Shifting Gender Identities and Second Language Socialization", *TESOL Quarterly*, Vol. 38, No. 3, 2004, pp. 473 – 457.

David Block and Balbina Moncada‐Comas, "English‐medium Instruction in Higher Education and the ELT Gaze: STEM Lecturers' Self‐positioning as NOT English Language Teachers", *International Journal of Bilingual Education & Bilingualism*, Vol. 25, No. 2, 2022, pp. 401 – 417.

David Block, "Destabilized Identities and Cosmopolitanism across Language and Cultural Borders: Two Case Studies", *Hong Kong Journal of Applied Linguistics*, Vol. 7, No. 2, 2003, pp. 1 – 19.

David Block, "Identity in Applied Linguistics", in Tope Omoniyi and Goodith White, eds., *Sociolinguistics of Identity*, London: Continuum, 2006, pp. 34 – 49.

David Dobbie and Katie Richards‐Schuster, "Building Solidarity through Difference: A Practice Model for Critical Multicultural Organizing", *Journal of Community Practice*, Vol. 16, No. 3, 2008, pp. 317 – 337.

Deborah K. Palmer, "Building and Destroying Students' 'Academic Identities': The Power of Discourse in a Two‐way Immersion Classroom", *International Journal of Qualitative Studies in Education*, Vol. 21, No. 6, 2008, pp. 647 – 667.

Deborah K. Palmer, Ramón A. Martínez, Suzanne G. Mateus and Kathryn Henderson, "Reframing the Debate on Language Separation: Toward a Vision for Translanguaging Pedagogies in the Dual Language Classroom", *The Modern Language Journal*, Vol. 98, No. 3, 2014, pp. 757 – 772.

Dell Hymes, "Models of Interaction of Language and Social Life", in John J. Gumperz and Dell Hymes, eds., *Directions in Sociolinguistics: Ethnography of Communication*, New York: Holt, Reinhart & Winston, 1972, pp. 35 – 71.

Diane Dagenais, Elaine Day and Kelleen Toohey, "A Multilingual Child's Literacy Practices and Contrasting Identities in the Figured Worlds of French Immersion Classrooms", *International Journal of Bilingual Education and Bilingualism*, Vol. 9, No. 2, 2006, pp. 205 – 218.

Doris Warriner, " 'The Days Now is Very Hard for My Family': The Negotiation and Construction of Gendered Work Identities among Newly Arrived Women Refugees", *Journal of Language, Identity, and Education*, Vol. 3, No. 4, 2004, pp. 279 – 294.

Edward F. Fischer, "Cultural Logic and Maya Identity: Rethinking Constructivism and Essentialism", *Current Anthropology*, Vol. 40, No. 4, 1999, pp. 473 – 500.

Elena Skapoulli, "Gender Codes at Odds and the Linguistic Construction of a Hybrid Identity", *Journal of Language, Identity and Education*, Vol. 3, No. 4, 2004, pp. 245 – 260.

Elinor Ochs and Lisa Capps, *Living Narrative: Creating Lives in Everyday Storytelling*, Cambridge, MA: Harvard University Press, 2001.

Elinor Ochs, *Linguistic Resources for Socializing Humanity*, Cambridge: Cambridge University Press, 1996.

Elizabeth B. de Groot, *English Annual Reports in Europe – A study on the Identification and Reception of Genre Characteristics in Multimodal Annual Reports Originating in the Netherlands and in the United Kingdom*, The Netherlands: LOT, 2008.

Elizabeth M. Knutson, "Cross-cultural Awareness for Second/Foreign Language Learners", *The Canadian Modern Language Review*, Vol. 62. No. 4, 2006, pp. 591–610.

Elizabeth R. Miller, "Performativity Theory and Language Learning: Sedimenting, Appropriating, and Constituting Language and Subjectivity", *Linguistics and Education*, Vol. 23, No. 1, 2012, pp. 88–99.

Erich Fromm, *Man for Himself*, London: Routledge & Kegan Paul, 1948.

Etienne Wenger, *Communities of Practice: Learning, Meaning, and Identity*, Cambridge: Cambridge University Press, 1998.

Fengjuan Zhang and Ju Zhan, "Understanding Voice in Chinese Students' English Writing", *Journal of English for Academic Purposes*, Vol. 45, 2020, 100844.

Feng (Kevin) Jiang and Ken Hyland, "'The Goal of this Analysis...': Changing Patterns of Metadiscursive Nouns in Disciplinary Writing", *Lingua*, Vol. 252, 2021, 103017.

Florencia Cortés-Conde and Diana Boxer, "Bilingual Word-play in Literary Discourse: The Creation of Relational Identity", *Language and Literature*, Vol. 11, No. 2, 2002, pp. 137–151.

Francis M. Hult, "Covert Bilingualism and Symbolic Competence: Analytical Reflections on Negotiating Insider/Outsider Positionality in Swedish Speech Situations", *Applied Linguistics*, Vol. 35, No. 1, 2014, pp. 63–81.

Gabriele Kasper and Kenneth R. Rose, "Pragmatics in Language Teaching", in Kenneth R. Rose and Gabriele Kasper, eds., *Pragmatics in Language Teaching*, Cambridge: Cambridge University Press, 2001, pp. 1–10.

Gary Barkhuizen, "Investigating Multilingual Identity in Study Abroad Contexts: A Short Story Analysis Approach", *System*, Vol. 71, 2017, pp. 102–112.

Geoff Hall, "Stylistics in Second Language Contexts: A Critical Perspective", in Greg Watson and Sonia Zyngier, eds., *Literature and Stylistics for Lan-*

guage Learners: Theory and Practice, Basingstoke: Palgrave Macmillan, 2007, pp. 3 – 14.

Gibson Ferguson, "Language Awareness in the Preparation of Teachers of English for Specific Purposes", in Hugh Trappes – Lomax and Gibson Ferguson, eds., Language in Language Teacher Education, Amsterdam: John Benjamins, 2002, pp. 131 – 148.

Guangwei Hu and Feng Cao, "Hedging and Boosting in Abstracts of Applied Linguistics Articles: A Comparative Study of English – and Chinese – medium Journals", Journal of Pragmatics, Vol. 43, 2011, pp. 2795 – 2809.

Guangwei Hu and Shaoxiong Xu, "Agency and Responsibility: A Linguistic Analysis of Culpable Acts in Retraction Notices", Lingua, Vol. 247, 2020, 102954.

Gunther Kress, Linguistic Processes in Sociocultural Practice, Oxford: Oxford University Press, 1989.

Guoxing Lan, Larisa Nikitina, and Wai Sheng Woo, "Ideal L2 Self and Willingness to Communicate: A Moderated Mediation Model of Shyness and Grit", System, Vol. 99, 2021, 102503.

HaimingXu, Metadiscourse: A Cross – cultural Perspective, Nanjing: Southeast University Press, 2001.

Haiying Feng and Bertha Du – Babcock, "'Business is Business': Constructing Cultural Identities in a Persuasive Writing Task", English for Specific Purposes, Vol. 44, 2016, pp. 30 – 42.

Hakyoon Lee and Gyewon Jang, "'I Would Rather Say Fighting': Discursive Analysis of Korean – English Language Exchange Students' Text Messages", International Journal of Bilingual Education & Bilingualism, Vol. 25, No. 8, 2021, pp. 1 – 16.

Hang Zou and Ken Hyland, "'Think about How Fascinating This Is': Engagement in Academic Blogs across Disciplines", Journal of English for Academic Purposes, Vol. 43, 2020, 100809.

Hanh T. Nguyen and G. Kellogg, "Emergent Identities in On – Line Discussions for Second Language Learning", *The Canadian Modern Language Review*, Vol. 62, No. 1, 2005, pp. 111 – 136.

Helen, M. Williams, *Statistics for Politics and International Relations Using IBM SPSS Statistics*, Los Angeles: Sage, 2020.

Henry G. Widdowson, "The Ownership of English", *TESOL Quarterly*, Vol. 28, No. 2, 1993, pp. 377 – 389.

Hesham Suleiman Alyousef, "An Investigation of Metadiscourse Features in International Postgraduate Business Students' Texts: The Use of Interactive and Interactional Markers in Tertiary Multimodal Finance Texts", *SAGE Open*, Vol. 5, No. 4, 2015, pp. 1 – 10.

Hiroko Itakura, "Attitudes towards Masculine Japanese Speech in Multilingual Professional Contexts of Hong Kong: Gender, Identity, and Native – speaker Status", *Journal of Multilingual and Multicultural Development*, Vol. 29, No. 6, 2008, pp. 467 – 482.

Hugh Coolican, *Research Methods and Statistics in Psychology* (4th edition), Oxford: Hodder Arnold, 2004.

Hye Y. Kim, "Learner Investment, Identity, and Resistance to Second Language Pragmatic Norms", *System*, Vol. 45, 2014, pp. 92 – 102.

Ian Bruce, "Constructing Critical Stance in University Essays in English Literature and Sociology", *English for Specific Purposes*, Vol. 42, 2016, pp. 13 – 25.

Ian Willey and Kimie Tanimoto, " 'Convenience Editing' in Action: Comparing English Teachers' and Medical Professionals' Revisions of a Medical abstract", *English for Specific Purposes*, Vol. 31, 2012, pp. 249 – 260.

James P. Gee, *An Introduction to Discourse Analysis: Theory and Method* (2nd edition), New York: Routledge, 2005.

James P. Gee, *Social Linguistics and Literacies: Ideology in Discourses* (3rd edition), New York: Routledge, 2008.

James V. Wertsch, *Vygotsky and the Social Formation of Mind*, Cambridge, MA: Harvard University Press, 1985.

Jane Lockwood, "Developing an English for Specific Purpose Curriculum for Asian Call Centres: How Theory can Inform Practice", *English for Specific Purposes*, Vol. 31, 2012, pp. 14–24.

Jane Zuengler and Elizabeth R. Miller, "Cognitive and Sociocultural Perspectives: Two Parallel SLA worlds?" *TESOL Quarterly*, Vol. 40, No. 1, 2006, pp. 35–58.

Jean Mills, "Being Bilingual: Perspectives of Third Generation Asian Children on Language, Culture and Identity", *International Journal of Bilingual Education and Bilingualism*, Vol. 4, No. 6, 2001, pp. 383–402.

Jean Parkinson, Murielle Demecheleer and James Mackay, "Writing Like a Builder: Acquiring a Professional Genre in a Pedagogical Setting", *English for Specific Purposes*, Vol. 46, 2017, pp. 29–44.

Jennifer Andrus, "The Development of an Artefactual Language Ideology: Utterance, Event, and Agency in the Metadiscourse of the Excited Utterance Exception to Hearsay", *Language Communication*, Vol. 29, No. 4, 2009, pp. 312–327.

Jennifer M. Miller, "Language Use, Identity, and Social Interaction: Migrant Students in Australia", *Research on Language and Social Interaction*, Vol. 33, No. 1, 2000, pp. 69–100.

Jeremy Scott, "Creative Writing: A Stylistics Approach", in Michael Burke, Szilvia Csabi, Lara Week and Judit Zerkowitz, eds., *Pedagogical Stylistics: Current Trends in Language, Literature and ELT*, London: Continuum, 2012, pp. 96–112.

Jiajia E. Liu, Yuen Y. Lo, and Angel M. Y. Lin, "Translanguaging Pedagogy in Teaching English for Academic Purposes: Researcher Teacher Collaboration as a Professional Development Model", *System*, Vol. 92, 2020, 102276.

Jim Cummins, *Negotiating Identities: Education for Empowerment in a Diverse Society* (2nd edition), Ontario, CA: California Association of Bilingual Education, 2001.

Jing Wei, "Thematic Choice in Chinese College Students' English Essays",

English for Specific Purposes, Vol. 41, 2016, pp. 50 – 67.

John L. Austin, *How to Do Things with Words*, Oxford: Oxford University Press, 1975.

John Matipano, An Exploration of How Higher Education L2 Learners Conceptualise and Articulate Voice in Assessed Academic Writing on an Intensive Pre – sessional EAP Course at a UK University, Ed. D. thesis, University of Sheffield, 2018.

Jonathan Culpeper, "Keyness: Words, Parts – of – speech and Semantic Categories in the Character – talk of Shakespeare's Romeo and Juliet", *International Journal of Corpus Linguistics* Vol. 14, No. 1, 2009, pp. 29 – 59.

Jordan Peele, "Get Out", Script Slug (2014), https://assets.scriptslug.com/live/pdf/scripts/get – out – 2017.pdf.

Joseph A. Maxwell, *Qualitative Research Design: An Interactive Approach*, London: Sage, 2013.

Joseph Gafaranga, "Linguistic Identities in Talk – in – interaction: Order in Bilingual Conversation", *Journal of Pragmatics*, Vol. 33, No. 12, 2001, pp. 1901 – 1925.

Joseph J. Lee and J. Elliott Casal, "Metadiscourse in Results and Discussion Chapters: A Cross – linguistic Analysis of English and Spanish Thesis Writers in Engineering", *System*, Vol. 46, 2014, pp. 39 – 54.

Joseph J. Lee and Lydia Deakin, "Interactions in L1 and L2 Undergraduate Student Writing: Interactional Metadiscourse in Successful and Less – successful Argumentative Essays", *Journal of Second Language Writing*, Vol. 33, 2016, pp. 21 – 34.

Judith Butler, *Gender Trouble: Feminism and the Subversion of Identity*, New York: Routledge, 1990.

Julia Menard – Warwick, "Bocadillos and the Karate Club: Translingual Identity Narratives from Study Abroad Participants", *Linguistics and Education* 50, 2019, pp. 84 – 93.

Julie Pallant, *SPSS Survival Manual: A Step by Step Guide to Data Analysis U-*

sing *SPSS*, New York: Open University Press, McGraw – Hill Education, 2010.

Juliet Langman, "(Re) constructing Gender in a New Voice: An Introduction", *Journal of Language, Identity, and Education*, Vol. 3, No. 4, 2004, pp. 235 – 243.

Karen Forbes, Michael Evans, Linda Fisher, Angela Gayton, Yongcan Liu & Dieuwerke Rutgers, "Developing a Multilingual Identity in the Languages Classroom: The Influence of an Identity – based Pedagogical Intervention", *The Language Learning Journal*, Vol. 49, No. 4, 2021, pp. 433 – 451.

Karen Glaser, *Inductive or Deductive? The Impact of Method of Instruction on the Acquisition of Pragmatic Competence in EFL*, Newcastle upon Tyne: Cambridge Scholars Publishing, 2014.

Karolina Grzech, "Managing Common Ground with Epistemic Marking: 'Evidential' Markers in Upper Napo Kichwa and Their Functions in Interaction", *Journal of Pragmatics*, Vol. 168, 2020, pp. 81 – 97.

Kate T. Anderson and Steven J. Zuiker, "Performative Identity as a Resource for Classroom Participation: Scientific Shane vs. Jimmy Neutron", *Journal of Language, Identity & Education*, Vol. 9, No. 5, 2010, pp. 291 – 309.

Keith S. Taber, "The Use of Cronbach's Alpha When Developing and Reporting Research Instruments in Science Education", *Research in Science Education*, Vol. 48, 2018, pp. 1273 – 1296.

Ken Hyland, "Academic Publishing and the Myth of Linguistic Injustice", *Journal of Second Language Writing*, Vol. 31, 2016, pp. 58 – 69.

Ken Hyland and Liz Hamp – Lyons, "EAP: Issues and Directions", *Journal of English for Academic Purposes*, Vol. 1, No. 1, pp. 1 – 12.

Ken Hyland, "Applying a Gloss: Exemplifying and Reformulating in Academic Discourse", *Applied Linguistics*, Vol. 28, No. 2, 2007, pp. 266 – 285.

Ken Hyland, "Authority and Invisibility: Authorial Identity in Academic Writing", *Journal of Pragmatics*, Vol. 34, 2002b, pp. 1091 – 1112.

Ken Hyland, "Boosting, Hedging and the Negotiation of Academic Knowledge",

Text, Vol. 18, No. 3, 1998b, pp. 349 – 382.

Ken Hyland, "Community and Individuality: Performing Identity in Applied Linguistics", *Written Communication*, Vol. 27, No. 2, 2010b, pp. 159 – 188.

Ken Hyland, *Disciplinary Identities: Individuality and Community in Academic Discourse*, Cambridge: Cambridge University Press, 2012.

Ken Hyland, "Exploring Corporate Rhetoric: Metadiscourse in the CEO's Letter", *The Journal of Business Communication*, Vol. 35, No. 2, 1998a, pp. 224 – 245.

Ken Hyland, "First Person Singular: Sympathy for the Devil? A Defence of EAP", *Language Teaching*, Vol. 51, No. 3, 2018, pp. 383 – 399.

Ken Hyland, *Metadiscourse*, London: Continuum, 2005.

Ken Hyland, "Metadiscourse: Mapping Interactions in Academic Writing", *Nordic Journal of English Studies*, Vol. 9, No. 2, 2010a, pp. 125 – 143.

Ken Hyland, "Metadiscourse: What Is It and Where Is It Going?" *Journal of Pragmatics*, Vol. 113, 2017, pp. 16 – 29.

Ken Hyland, "Options of Identity in Academic Writing", *ELT Journal*, Vol. 56, No. 4, 2002a, pp. 351 – 358.

Kimberly A. Costino and Sunny Hyon, "'A Class for Students Like Me': Reconsidering Relationships among Identity Labels, Residency Status, and Students Preferences for Mainstream or Multilingual Composition", *Journal of Second Language Writing*, Vol. 16, No. 2, 2007, pp. 63 – 81.

Lara J. Handsfield and Thomas P. Crumpler, "'Dude, It's Not a Appropriate Word': Negotiating Word Meanings, Language Ideologies, and Identities in a Literature Discussion Group", *Linguistics and Education*, Vol. 24, 2013, pp. 112 – 130.

Laura Aull, *First – Year University Writing: A Corpus – Based Study with Implications for Pedagogy*, Basingstoke: Palgrave Macmillan, 2015.

Laurence Anthony, "Products, Processes, and Practitioners: A Critical Look at the Importance of Specificity in ESP", *Taiwan International ESP Journal*,

Vol. 3, No. 2, 2011, pp. 1 – 18.

Leah Mortenson, "Integrating Social Justice – oriented Content into English for Academic Purposes (EAP) Instruction: A Case Study", *English for Specific Purposes*, Vol. 65, pp. 1 – 14.

Le Chen, "Problematising the English – only Policy in EAP: A Mixed – methods Investigation of Chinese International Students' Perspectives of Academic Language Policy", *Journal of Multilingual & Multicultural Development*, Vol. 41, No. 8, 2020, pp. 718 – 735.

Leketi Makalela, "Fluid Identity Construction in Language Contact Zones: Metacognitive Reflections on Kasi – taal Languaging Practices", *International Journal of Bilingual Education and Bilingualism*, Vol. 17, No. 6, 2014, pp. 668 – 682.

Leo van Lier, *The Classroom and the Language Learner*, London: Longman, 1988.

Lesley Bartlett and Dorothy Holland, "Theorizing the Space of Literacy Practices", *Ways of Knowing*, Vol. 2, No. 1, 2002, pp. 10 – 22.

Lesley Jeffries, *Critical Stylistics: The Power of English*, Basingstoke: Palgrave Macmillan, 2010.

Lezandra Grundlingh, "Laughing Online: Investigating Written Laughter, Language Identity and Their Implications for Language Acquisition", *Cogent Education*, Vol. 7, No. 1, 2020, 1738810.

Linda Fisher, Michael Evans, Karen Forbes, Angela Gayton and Yongcan Liu, "Participative Multilingual Identity Construction in the Languages Classroom: A Multi – theoretical Conceptualisation", *International Journal of Multilingualism*, Vol. 17, No. 4, 2020, pp. 448 – 466.

Madhav Kafle, "'No One Would Like to Take a Risk': Multilingual Students' Views on Language Mixing in Academic Writing", *System*, Vol. 94, 2020, 102326.

Maggie J. St. John, "Business is Booming: Business English in the 1990s", *ESP Journal*, Vol. 15, No. 1, 1996, pp. 3 – 18.

Marcia K. Spira, Susan F. Grossman and Jan Wolff-Bensdorf, "Voice and Identity in a Bicultural/Bilingual Environment", *Child and Adolescent Social Work Journal*, Vol. 19, No. 2, 2002, pp. 115-138.

Marcyliena Morgan, "Language Socialization through Hiphop Culture", in Patricia A. Duff and Stephen May, eds., *Language Socialization* (3rd edition), Cham, Switzerland: Springer, 2017, pp. 425-440.

Maria-Carme Torras and Joseph Gafaranga, "Social Identity and Language Alternation in Non-formal Institutional Bilingual Talk: Trilingual Service Encounter in Barcelona", *Language in Society*, Vol. 31, No. 4, 2002, pp. 527-548.

Mariana Achugar, "Writers on the Borderlands: Constructing a Bilingual Identity in Southwest Texas", *Journal of Language, Identity, and Education*, Vol. 5, No. 2, 2006, pp. 97-122.

Mari Haneda, "Becoming Literate in a Second Language: Connecting Home, Community, and School Literacy Practices", *Theory Into Practice*, Vol. 45, No. 4, 2006, pp. 337-445.

Marina Lambrou, "Pedagogical Stylistics in an ELT Teacher Training Setting: A Case Study", in Masayuki Teranishi, Yoshifumi Saito and Katie Wales, eds., *Literature and Language Learning in the EFL Classroom*, Basingstoke: Palgrave Macmillan, 2015, pp. 298-315.

Mary Bucholtz and Kira Hall, "Identity and Interaction: A Sociocultural Linguistic Approach", *Discourse Studies*, Vol. 7, No. 4-5, 2005, pp. 585-614.

Matteo Fuoli, "Building a Trustworthy Corporate Identity: A Corpus-based Analysis of Stance in Annual and Corporate Social Responsibility Reports", *Applied Linguistics*, Vol. 39, No. 6, 2018, pp. 846-885.

Meg Gebhard, "School Reform, Hybrid Discourses, and Second Language Literacies", *TESOL Quarterly*, Vol. 39, No. 2, 2005, pp. 187-210.

Meike Wernicke, "Plurilingualism as Agentive Resource in L2 Teacher Identity", *System*, Vol. 79, 2018, pp. 91-102.

Melinda Martin-Beltran, " 'I Don't Feel as Embarrassed Because We're

All Learning': Discursive Positioning among Adolescents Becoming Bilingual", *International Journal of Educational Research*, Vol. 62, 2013, pp. 152 – 161.

Melinda Martin-Beltran, "'What Do You Want to Say?' How Adolescents Use Translanguaging to Expand Learning Opportunities", *International Bilingual Research Journal*, Vol. 8, No. 3, 2014, pp. 208 – 230.

Michael A. K. Halliday and Christian M. I. M. Matthiessen, *An Introduction to Functional Grammar* (3rd edition), London: Arnold, 2004.

Michael A. K. Halliday, *Language as Social Semiotic: The Social Interpretation of Language and Meaning*, London: Edward Arnold, 1978.

Michael D. Berzonsky, "Identity Formation: The Role of Identity Processing Style and Cognitive Processes", *Personality and Individual Differences*, Vol. 44, No. 3, 2008, pp. 645 – 655.

Michael D. Berzonsky, "Identity Styles and Coping Strategies", *Journal of Personality*, Vol. 60, No. 4, 1992, pp. 771 – 788.

Michael Holquist, *Dialogism: Bakhtin and His World*, New York: Routledge, 1990.

Michael Hood, "Case study", in Juanita Heigham and Robert A. Croker, eds., *Qualitative Research in Applied Linguistics*, Basingstoke: Palgrave Macmillan, 2009, pp. 66 – 90.

Michael McCarthy and Jeanne McCarten, "Now You're Talking! Practising Conversation in Second Language Learning", in Christian Jones, ed., *Practice in Second Language Learning*, Cambridge: Cambridge University Press, 2018, pp. 7 – 29.

Michael R. Johnson, "Sherlock Holmes", Indieground Films (2008), https://indiegroundfilms.wordpress.com/wp-content/uploads/2014/01/sherlock-holmes-2009-mar-14-2008-revised-1st.pdf.

Michael Tomasello, "The Item-based Nature of Children's Early Syntactic Development", *Trends in Cognitive Sciences*, Vol. 4, No. 4, 2000, pp. 156 – 163.

Mikhail M. Bakhtin, *The Dialogic Imagination: Four Essays by M. M. Bakhtin*, Austin: University of Texas Press, 1981.

Ming Wei, "Language Ideology and Identity Seeking: Perceptions of College Learners of English in China", *Journal of Language, Identity & Education*, Vol. 15, No. 2, 2016, pp. 100 – 113.

Mingyue Gu, "Identities Constructed in Difference: English Language Learners in China", *Journal of Pragmatics*, Vol. 42, No. 1, 2010, pp. 139 – 152.

Mingyue Gu, "Identity Construction and Investment Transformation: College Students from Non – urban Areas in China", *Journal of Asian Pacific Communication*, Vol. 18, No. 1, 2008, pp. 49 – 70.

Mingyue Gu, "Identity Construction and Scale Making of Migrant University Students in Multilingual Settings: A Scalar Analysis", *International Journal of Bilingual Education and Bilingualism*, Vol. 24, No. 3, 2021, pp. 357 – 372.

Mohammad N. N. Shahri, "Second Language User Identities in Stories of Intercultural Communication: A Case Study", *Language and Intercultural Communication*, Vol. 19, No. 4, 2019, pp. 342 – 356.

Naoko Morita, "Negotiating Participation and Identity in Second Language Academic Communities", *TESOL Quarterly*, Vol. 38, No. 4, 2004, pp. 573 – 603.

Naoko Taguchi, "Teaching Pragmatics: Trends and Issues", *Annual Review of Applied Linguistics*, Vol. 31, 2011, pp. 289 – 310.

Natasha Lvovich, "Sociocultural Identity and Academic Writing: A Second – language Learner Profile", *Teaching English in the Two Year College*, Vol. 31, No. 2, 2003, pp. 179 – 192.

Neil H. Johnson and Paul A. Lyddon, "Teaching Grammatical Voice to Computer Science Majors: The Case of Less Proficient English Learners", *English for Specific Purposes*, Vol. 41, 2015, pp. 1 – 11.

Nicola Halenko and Christian Jones, "Explicit Instruction of Spoken Requests: An Examination of Pre – departure Instruction and the Study Abroad Environment", *System*, Vol. 68, 2017, pp. 26 – 37.

Noriko Iwasaki, "Learning L2 Japanese 'Politeness' and 'Impoliteness': Young American Men's Dilemmas during Study Abroad", *Japanese Language and Literature*, Vol. 45, 2011, pp. 67 – 106.

Norman Fairclough, *Analysing Discourse: Textual Analysis for Social Research*, London & New York: Routledge, 2003.

Norman Fairclough, *Discourse and Social Change*, Cambridge: Polity Press, 1992.

Ofelia García and Wei Li, *Translanguaging: Language, Bilingualism and Education*, Basingstoke: Palgrave Macmillan, 2014.

Ofelia García, *Bilingual Education in the 21st Century: A Global Perspective*, West Sussex: Wiley – Blackwell, 2009.

Ofelia García, "Conclusion", in Joshua A. Fishman and Ofelia Garcia, eds., *Handbook of Language and Ethnic Identity*, Oxford: Oxford University Press, 2010, pp. 519 – 535.

Ofelia García, Susana Ibarra Johnson, and Kate Seltzer, *The Translanguaging Classroom: Leveraging Student Bilingualism for Learning*, Philadelphia: Caslon, 2017.

Ofelia Garcia and Tatyana Kleyn, eds., *Translanguaging with Multilingual Students: Learning from Classroom Moments*, New York: Routledge, 2016.

Pat Moore, "Becoming Bilingual in the EFL Classroom", *ELT Journal*, Vol. 72, No. 2, 2018, pp. 131 – 140.

Paul B. Garrett, "Language Socialization and the (Re) production of Bilingual Subjectivities", in Monica Heller, ed., *Bilingualism: A Social Approach*, London: Palgrave Macmillan, 2007, pp. 233 – 256.

Paul D. Toth and Kristin J. Davin, "The Sociocognitive Imperative of L2 Pedagogy", *The Modern Language Journal*, Vol. 100, Supplement, 2016, pp. 148 – 168.

Paul Gillaerts and Freek Van de Velde, "Metadiscourse on the Move: The CEO's Letter Revisited", in Giuliana E. Garzone and Maurizio Gotti, eds.,

Discourse, Communication and the Enterprise: Genres and Trends, 2011, Bern/New York: PeterLang, pp. 151 – 168.

Paul Simpson, *Stylistics: A Resource Book for Students*, London: Routledge, 2004.

Pei – Hsun E. Liu and Dan J. Tannacito, "Resistance by L2 Writers: The Role of Racial and Language Ideology in Imagined Community and Identity Investment", *Journal of Second Language Writing*, Vol. 22, 2013, pp. 355 – 373.

Penelope Brown and Stephen C. Levinson, *Politeness: Some Universals in Language Usage*, Cambridge: Cambridge University Press, 1987.

Peter Stockwell and Sara Whiteley, "Introduction", in Peter Stockwell and Sara Whiteley, eds., *The Cambridge Handbook of Stylistics*, Cambridge: Cambridge University Press, 2014, pp. 1 – 10.

Philip Nathan, "Analysing Options in Pedagogical Business Case Reports: Genre, Process and Language", *English for Specific Purposes*, Vol. 44, 2016, pp. 1 – 15.

Pierre Bourdieu and Jean – Claude Passeron, *Reproduction in Education, Society, and Culture*, Beverley Hills, CA: Sage Publications, 1977.

Pierre Bourdieu, *Language and Symbolic Power*, Cambridge: Polity Press, 1991.

Pinky Makoe, "Language Discourses and Identity Construction in a Multilingual South African Primary School", *English Academy Review*, Vol. 24, No. 2, 2007, pp. 55 – 70.

Rachel M. McLaren and Denise H. Solomon, "Relational Framing Theory: Drawing Inferences about Relationships from Interpersonal Interactions", in Dawn O. Braithwaite and Paul Schrodt, eds., *Engaging Theories in Interpersonal Communication: Multiple Perspectives*, Los – Angeles: Sage, 2015, pp. 115 – 127.

Rafael A. González, "Metadiscourse in Commercial Websites", *Iberica*, Vol. 9, 2005, pp. 33 – 52.

Ramona Tang and Suganthi John, "The 'I' in Identity: Exploring Writer Identity in Student Academic Writing through the First Person Pronoun", *English for Specific Purposes*, Vol. 18, Supplement 1, 1999, pp. S23 – S39.

Rashi Jain, "Translingual – identity – as – pedagogy: Problematizing Monolingually Oriented 'Native – Nonnative' Identity Constructions through Critical Dialogues in EAP Classrooms", *TESOL Journal*, Vol. 13, No. 3, 2022, e666.

Reem Bassiouney, "Identity, Repertoire and Performance: The Case of an Egyptian Poet", in Reem Bassiouney, ed. , *Identity and Dialect Performance: A Study of Communities and Dialects*, London: Routledge, 2018, pp. 286 – 302.

Ricardo Nausa, "Identity Projection in the Oral Presentations of Colombian PhD Students: Disciplinary Differences", *System*, Vol. 94, 2020, 102351.

Richard Clement and Kimberly A. Noels, "Towards a Situated Approach to Ethnolinguistic Identity: The Effects of Status on Individuals and Groups", *Journal of Language and Social Psychology*, Vol. 11, No. 4, 1992, pp. 203 – 232.

Richard Curtis, "Love Actually", The Daily Script (2002), http://www.dailyscript.com/scripts/LoveActually.pdf.

Rémi A. van Compernolle and Celeste Kinginger, "Promoting Metapragmatic Development through Assessment in the Zone of Proximal Development", *Language Teaching Research*, Vol. 17, No. 3, 2013, pp. 282 – 302.

Robert A. Croker, "An Introduction to Qualitative Research", in Juanita Heigham and Robert A. Croker, eds. , *Qualitative Research in Applied Linguistics*, Basingstoke: Palgrave Macmillan, 2009, pp. 3 – 24.

Robert C. Gardner and Peter D. MacIntyre, "An Instrumental Motivation in Language Study: Who Says It Isn't Effective?" *Studies in Second Language Acquisition*, Vol. 13, No. 1, 1991, pp. 57 – 72.

Robert Gardner and Wallace Lambert, *Attitudes and Motivation in Second – Language Learning*, Rowley, MA: Newbury House, 1972.

Robert W. Aspinall, *International Education Policy in Japan in an Age of Glob-*

alisation and Risk, Boston, MA: Global Oriental, 2013.

Robert Weekly and Shih-Ching Picucci-Huang, "Identity, Agency, and Investment in Chinese Students' English Naming Practices", *Journal of Multilingual & Multicultural Development*, Vol. 45, No. 5, 2022, pp. 1778-1791.

Rod E. Case, "Forging Ahead into New Social Networks and Looking back to Past Social Identities: A Case Study of a Foreign-born English as a Second Language Teacher in the United States", *Urban Education*, Vol. 39, No. 2, 2004, pp. 125-148.

Rosamond Mitchell, Nicole Tracy-Ventura and Amanda Huensch, "After Study Abroad: The Maintenance of Multilingual Identity among Anglophone Languages Graduates", *Modern Language Journal*, Vol. 104, No. 2, 2020, pp. 327-344.

Rosemary Wette, "Embedded Provision to Develop Source-based Writing Skills in a Year 1 Health Sciences Course: How Can the Academic Literacy Developer Contribute?" *English for Specific Purposes*, Vol. 56, 2019, pp. 35-49.

Ruth M. Harman and Xiaodong Zhang, "Performance, Performativity and Second Language Identities: How Can We Know the Actor from the Act?" *Linguistics and Education*, Vol. 32, Part A, 2015, pp. 68-81.

Sarah Benesch, "Critical Praxis as Materials Development: Responding to Military Recruitment on a U. S. Campus", in Nigel Harwood, ed., *English Language Teaching Materials: Theory and Practice*, Cambridge: Cambridge University Press, 2010, pp. 109-128.

Sarah Benesch, "Theorizing and Practicing Critical English for Academic Purposes", *Journal of English for Academic Purposes*, Vol. 8, No. 2, 2009, pp. 81-85.

Sara Young, "'They Have a Go at Me, That I'm a Good English Guy. Well, I'm Polish as Well': How Bilingual Polish Adolescents in the UK Negotiate the Position of 'Linguistic Expert'", The *Language Learning Journal*,

Vol. 50, No. 1, 2022, pp. 17 – 28.

Satomi Takahashi, "The Effect of Pragmatic Instruction on Speech Act Performance", in Alicia Martínez – Flor and Esther Usó – Juan, eds., *Speech Act Performance: Theoretical, Empirical and Methodological Issues*, Amsterdam: John Benjamins, 2010, pp. 127 – 142.

Seyyed A. Razmjoo and Sina Neissi, "Identity Processing Styles and Language Proficiency among Persian Learners of English as a Foreign Language", *Psychological Reports*, Vol. 107, No. 3, 2010, pp. 822 – 832.

Shaila Sultana, "Heteroglossia and Identities of Young Adults in Bangladesh", *Linguistics and Education*, Vol. 26, 2014, pp. 40 – 56.

Shakina Rajendram, "The Cognitive – conceptual, Planning – organizational, Affective – social and Linguistic – discursive Affordances of Translanguaging", *Applied Linguistics Review*, Vol. 14, No. 5, 2023, pp. 1185 – 1218.

Shannon Giroir, "Narratives of Participation, Identity, and Positionality: Two Cases of Saudi Learners of English in the United States", *TESOL Quarterly*, Vol. 48, No. 1, 2014, pp. 34 – 56.

Shannon Sauro and Björn Sundmark, "Report from Middle – Earth: Fan Fiction Tasks in the EFL Classroom", *ELT Journal*, Vol. 70, No. 4, 2016, pp. 414 – 423.

Sharon Besser and Alice Chik, "Narratives of Second Language Identity amongst Young English Learners in Hong Kong", *ELT Journal*, Vol. 68, No. 3, 2014, pp. 299 – 309.

Sinfree Makoni and Alastair Pennycook, eds., *Disinventing and Reconstituting Languages*, Clevedon: Multilingual Matters, 2007.

Sonia Gallucci, "Negotiating Second Language Identities in and through Border Crossing", *Compare: A Journal of Comparative and International Education*, Vol. 44, No. 6, 2014, pp. 916 – 937.

So – Yeon Ahn, "Visualizing the Interplay of Fear and Desire in English Learner's Imagined Identities and Communities", *System*, Vol. 102, 2021, 102598.

Spyridoula Bella, Maria Sifianou and Angeliki Tzanne, "Teaching politeness?" in Barbara Pizziconi and Miriam A. Locher, eds., *Teaching and Learning (Im) Politeness*, Berlin: Walter de Gruyter, 2015, pp. 23 – 52.

Stephen Bremner and Tracey Costley, "Bringing Reality to the Classroom: Exercises in Intertextuality", *English for Specific Purposes*, Vol. 52, 2018, pp. 1 – 12.

Stephen Bremner, "Intertextuality and Business Communication Textbooks: Why Students Need more Textual Support", *English for Specific Purposes*, Vol. 27, No. 3, 2008, pp. 306 – 321.

Steven G. McCafferty, "Adolescent Second Language Literacy: Language – culture, Literature, and Identity", *Reading Research and Instruction*, Vol. 41, No. 3, 2002, pp. 279 – 288.

Stuart Hall and Paul du Gay, eds., *Questions of Cultural Identity*, London: Sage, 1996.

Sue Starfield, "'I'm a Second – language English Speaker': Negotiating Writer Identity and Authority in Sociology One", *Journal of Language, Identity, and Education*, Vol. 1, No. 2, 2002, pp. 121 – 140.

Suresh Canagarajah, *Resisting Linguistic Imperialism in English Teaching*, Oxford: Oxford University Press, 1999.

Susan Hunston, "Semantic Prosody Revisited", *International Journal of Corpus Linguistics*, Vol. 12, No. 2, 2007, pp. 249 – 268.

Susan Jones, "Shaping Identities: The Reading of Young Bilinguals", *Literacy*, Vol. 38, No. 1, 2004, pp. 40 – 45.

Tan B. Tin, "Creativity in Second Language Learning", in Rodney H. Jones, ed., *The Routledge Handbook of Language and Creativity*, London: Routledge, 2015, pp. 433 – 451.

Tan B. Tin, "Language Creativity and Co – emergence of Form and Meaning in Creative Writing Tasks", *Applied Linguistics*, Vol. 32, No. 2, 2011, pp. 215 – 235.

Tan B. Tin, "Towards Creativity in ELT: The Need to Say Something New",

ELT Journal, Vol. 67, No. 4, 2013, pp. 385 – 397.

Tarja Nikula, Emma Dafouz, Pat Moore and Ute Smit, eds., *Conceptualising Integration in CLIL and Multilingual Education*, Bristol: Multilingual Matters, 2016.

Thi T. M. Nguyen, Thi H. Pham and Minh T. Pham, "The Relative Effects of Explicit and Implicit Form – focused Instruction on the Development of L2 Pragmatic Competence", *Journal of Pragmatics*, Vol. 44, 2012, pp. 416 – 434.

Thomas Bloor and Meriel Bloor, *The Functional Analysis of English: A Hallidayan Approach* (3rd edition), London: Routledge, 2013.

Thomas B. Ward and E. Thomas Lawson, "Creative Cognition in Science Fiction and Fantasy Writing", in Scott B. Kaufman and James C. Kaufman, eds., *The Psychology of Creative Writing*, Cambridge: Cambridge University Press, 2009, pp. 196 – 210.

Tiancheng Chen and Jing Chen, "Effects of Study – abroad Experiences on Chinese Students' L2 Learning Activities and Study – abroad Motivations", *Chinese Journal of Applied Linguistics*, Vol. 44, No. 1, 2021, pp. 21 – 34.

Tianyi Wang and Linda Fisher, "Using a Dynamic Motivational Self System to Investigate Chinese Undergraduate Learners' Motivation towards the Learning of a LOTE: The Role of the Multilingual Self", *International Journal of Multilingualism*, Vol. 20, No. 2, 2023, pp. 130 – 152.

Tianyi Wang, "An Exploratory Motivational Intervention on the Construction of Chinese Undergraduates' Ideal LOTE and Multilingual Selves: The Role of Near Peer Role Modeling", *Language Teaching Research*, Vol. 27, No. 2, 2023, pp. 441 – 465.

Ting Li and Sue Wharton, "Metadiscourse Repertoire of L1 Mandarin Undergraduates Writing in English: A Cross – contextual, Cross – disciplinary Study", *Journal of English for Academic Purposes*, Vol. 11, 2012, pp. 345 – 356.

Tope Omoniyi, "Hierarchy of Identities", in Tope Omoniyi and Goodith

White, eds., *The Sociolinguistics of Identity*, London: Continuum, 2006, pp. 11 – 33.

Trang T. T. Nguyen, "Bilingual Identity of Ethnic Minority Students: Insights from Vietnam", *International Journal of Bilingual Education and Bilingualism*, Vol. 24, No. 1, 2021, pp. 91 – 106.

Troy McConachy, "Exploring the Meta – pragmatic Realm in English Language Teaching", *Language Awareness*, Vol. 22, No. 2, 2013, pp. 100 – 110.

Troy McConachy, "Raising Sociocultural Awareness through Contextual Analysis: Some Tools for Teachers", *ELT Journal*, Vol. 63, No. 2, 2009, pp. 116 – 125.

Ulla M. Connor, Xuemei Tan, Yu Zhang, and Matthew Hume, "An Intercultural Analysis of Metadiscourse in International Mathematical Contest Papers: From Researchto EAP Practice", *Lingua*, Vol. 271, 2022, 103248.

Urszula Clark and Sonia Zyngier, "Towards a Pedagogical Stylistics", *Language and Literature*, Vol. 12, No. 4, 2003, pp. 339 – 351.

Wallace E. Lambert, "Culture and Language as Factors in Learning and Education", in Frances E. Aboud and Robert D. Meade, eds., *Cultural Factors in Learning and Education*, Washington, D. C: ERIC Clearinghouse, 1974, pp. 91 – 122.

Walter Aerts and Beibei Yan, "Rhetorical Impression Management in the Letter to Shareholders and Institutional Setting—A Metadiscourse Perspective", *Accounting, Auditing & Accountability Journal*, Vol. 30, No. 2, 2017, pp. 404 – 432.

WanS. E. Lam, "Second Language Literacy and the Design of the Self: A Case Study of a Teenager Writing on the Internet", *TESOL Quarterly*, Vol. 34, 2000, pp. 457 – 483.

Wei Li, "Translanguaging as a Practical Theory of Language", *Applied Linguistics*, Vol. 39, No. 1, 2018, pp. 9 – 30.

Wei Li, "Translanguaging Knowledge and Identity in Complementary Classrooms for Bilingual Minority Ethnic Children", *Classroom Discourse*, Vol. 5,

No. 2, 2014, pp. 158 – 175.

Wei Ren and Zhengrui Han, "The Representation of Pragmatic Knowledge in Recent ELT Textbooks", *ELT Journal*, Vol. 70, No. 4, 2016, pp. 424 – 434.

Wenhao Diao, "Between the Standard and Non – standard: Accent and Identity among Transnational Mandarin Speakers Studying Abroad in China", *System*, Vol. 71, 2017, pp. 87 – 101.

Wikipedia, "Nier: Automata" (2023), https://en.wikipedia.org/wiki/Nier:_Automata.

William Rozycki and Neil H. Johnson, "Non – canonical Grammar in Best Paper Award Winners in Engineering", *English for Specific Purposes*, Vol. 32, 2013, pp. 157 – 169.

Winnie Cheng, Phoenix W. Y. Lam and Kenneth C. C. Kong, "Learning English through Workplace Communication: Linguistic Devices for Interpersonal Meaning in Textbooks in Hong Kong", *English for Specific Purposes*, Vol. 55, 2019, pp. 28 – 39.

Xiaofei Rao, *University English for Academic Purposes in China: A Phenomenological Interview Study*, Singapore: Springer, 2018.

Yi Du, *The Use of First and Second Language in Chinese University EFL Classrooms*, Singapore: Springer, 2016.

Yihong Gao, "Faithful Imitator, Legitimate Speaker, Playful Creator and Dialogical Communicator: Shift in English Learners' Identity Prototypes", *Language and Intercultural Communication*, Vol. 14, No. 1, 2014, pp. 59 – 75.

Ying Huang and Kate Rose, "You, Our Shareholders: Metadiscourse in CEO Letters from Chinese and Western Banks", *Text & Talk*, Vol. 38, No. 2, 2018, pp. 167 – 190.

Yrjö Engeström, "Activity Theory and Individual and Social Transformation", in Yrjö Engeström, Reijo Miettinen and Raija – Leena Punamäki, eds., *Perspectives on Activity Theory*, Cambridge: Cambridge University Press, 1999, pp. 19 – 38.

Yulong Li, *Educational Change Amongst English Language College Teachers in China: Transitioning from Teaching for General to Academic Purposes*, Singapore: Springer, 2020.

Yuting Lin, "Legitimation Strategies in Corporate Discourse: A Comparison of UK and Chinese Corporate Social Responsibility Reports", *Journal of Pragmatics*, Vol. 177, 2021, pp. 157–169.

Zan Chen and Christine Goh, "Teaching Oral English in Higher Education: Challenges to EFL teachers", *Teaching in Higher Education*, Vol. 16, No. 3, 2010, pp. 333–345.

Zhanzi Li, "Beautiful English versus the Multilingual Self", in Joseph L. Bianco, Jane Orton and Gao Yihong, eds., *China and English: Globalisation and the Dilemmas of Identity*, Bristol: Multilingual Matters, 2009, pp. 120–136.

Zhuo M. Huang, "A Critical Understanding of Students' Intercultural Experience: Non–essentialism and Epistemic Justice", *Intercultural Education*, Vol. 33, No. 3, 2022, pp. 247–263.

Zi Wang, Troy McConachy and Ema Ushioda, "Negotiating Identity Tensions in Multilingual Learning in China: A Situated Perspective on Language Learning Motivation and Multilingual Identity", *Language Learning Journal*, Vol. 49, No. 4, 2021, pp. 420–432.

Zsuzsanna Abrams, "Creating a Social Context through Film: Teaching L2 Pragmatics as a Locally Situated Process", *L2 Journal*, Vol. 8, No. 3, 2016, pp. 23–45.

Zuocheng Zhang, *Learning Business English in China: The Construction of Professional Identity*, Cham, Switzerland: Palgrave Macmillan, 2017.

附　　录

附录1　让学生创作小故事——想象10年后的"我"——的任务指导（以下展现的是给学生发放的英文原文）

1. Now imagine yourself 10 years into the future. You're around 30. You're doing something. Pick a <u>profession</u> or an <u>after-work activity</u> for yourself where English plays a role. For example, you might be a graphic designer/interpreter/consultant/or…; or you're surfing the internet after work. What is this profession or after-work activity that you are engaging in? _____

2. Below, we are going to brainstorm some details, because you need to create a very vivid image of this moment in your life, like a scene you'd see in a film.

a. Describe the physical space around you. Where are you (An office? Home? On the street? Or…)? What're the things around you (for example, what's on your desk or on the floor? Photos? Work items?)? Can you hear anything (such as the humming of a working printer)? Or smell anything (like some freshly baked bread, or the smell of drying paint, or…)? _____

b. You are communicating with someone (face-to-face/through phone/email/social media/ or…). This person could be your colleague/boss/client/friend/husband or wife/child/or… Describe this person: age, race, gender... _____

c. You are doing something which involves the English language. For example, you might be using the English language as the means of communication, or you might be doing something which is facilitated by the English language (such as doing some research, watching a film, or travelling somewhere). What is the activity like? How does it go? _____

3. Now, based on the brainstorming you've generated above, write a short description of this scene like you'd do for a story (write 250 words at least). Make sure you include all the above details into your story.

附录2 我们在 CLIL、EAP、ESP、公共英语这四个课堂里的教学干预活动示例（教师建模和师生协同认知活动，或是课堂小组任务）

CLIL 课堂在第 11 周有关会话分析的小组任务（50 分钟）

1. 课前，教师提供美国流行歌手 Taylor Swift 参与英国综艺节目 *The Graham Norton Show* 时与三位英国男士开展的一段有关猫的交谈。教师提供视频以及使用会话分析符号转录的对话。学生在课前观看上述视频、阅读转录。

2. 为驱动学生将自己的双语资源投资到当下分析任务中，教师在上课伊始：首先，简单介绍这个英国综艺的性质；其次，激活学生有关 Taylor Swift 的既有知识储备（即学生的"粉丝""流行音乐知晓者"认同）；最后，激活学生的"综艺观众"经验。然后让学生调动上述认同思考下述问题：

（1）名人嘉宾参与这类娱乐性谈话综艺的主要目的是什么？

（2）观众和节目制作组期待嘉宾表现出怎样的行为？主持人又希望嘉宾如何配合自己制造节目效果？

（3）你是否看过 Taylor Swift 的其他访谈，她给你怎样的印象？

（4）在欧美的娱乐性访谈综艺里，主持人、嘉宾常会说一些夸张搞笑话语，他们这样做的深层目的是什么？

3. 教师发放会话分析任务问题（如下所示），学生研读问题，先独立分析再开展协作性研讨：

（1）在有多位嘉宾的访谈节目里，嘉宾之间难免会争夺有限资源（有限的谈话时间、主持人和观众有限的注意力）来营销自我（个人最新作品、个人魅力）。为达到上述目的，嘉宾之间可能会构建联盟或竞争关系。在这个谈话里，两个英国男人结成联盟并占据了对话楼层，你能找到这两个人的合作表现吗？譬如，提供反馈语或是通过重叠或紧密连接的话轮来展示自己对他人话语的积极回应。

（2）年长的英国男人为什么会开一些貌似在损 Taylor Swift 的玩笑话（即 FTA）？值得注意的是，这个英国男人对于自己实施的每一项 FTA 都使用了礼貌策略来对冲会给 Taylor Swift 带来的"不悦"，展现出成熟的节目作秀手腕。找到至少两处这个英国男人对 Taylor 实施的 FTA，然后找出他在哪里使用了礼貌策略，并辨别是积极礼貌策略还是消极礼貌策略。

公共英语课堂在第 12 周有关如何表达异议的教师建模及师生协同认知（45 分钟）

学生在课前已预习、做了小组讨论，带着想法来上课。以下提到的会话研究术语在讲课中并未使用，教师使用俗语让学生理解目标语用现象。

1. 开启话题：教师通过讲述自身经历来展示策略性表达异议的重要性：不妥的异议表达可能对他人脸面、社会关系或自我利益带来影响。

2. 通过上述讲述，教师意在建模学生的语用意识，驱动学生调动自己的母语社会化经历和话语者经验。教师引导学生回忆一个印象深刻的事件：什么场景？涉及什么人物？他们的关系如何？话语氛围如何？主人公（如学生本人）是怎么表达异议的？使用了什么修辞语步，即偏好组织（preference organisation）。教师进而引导学生思考，表达异议的偏好组织如何受到以下两项语境因素的影响：

（1）对话氛围（如调侃互损、拘谨正式、平和温情等）。

（2）语域（如年轻人间的日常口语、上下级间的工作用语等）。

3. 师生协同认知：教师从学生贡献的个人经历和对异议表达的话语回忆里寻找示例。教师带领学生观察异议的偏好组织（譬如先肯定对方再表达反对并给予理由）和语言手段（如使用模糊限制语、介入标记、网络流行语等），并与学生协同探讨对话氛围和语域与异议表达之间的潜在关联。

4. 教师引导学生将上述语用认知带入剧本对话的创作中去。教师提供了两段取自电影剧本 *Love Actually*（Curtis，2002）里的场景对话（鉴于版权原因，这里不展示剧本节选，整个电影剧本可以在网上找到）。在讲义上，每个剧本片段前都解释了背景故事、相关情节、人物性格、人物关系、对话氛围和涉及的语域。

5. 在每个剧本片段里，人物表达异议的话语被部分抹去。学生需调动影视观众认同、话语者认同来斟酌对话氛围和语域，并创作缺失话语。教师继而在全班与学生开展对话：学生分享本组的对话创作，教师引导学生说出他们在撰写异议时如何根据语境来构建偏好组织、选用话语手段。

<u>EAP 课堂在第 1 周有关总结、概括原始资料能力的小组任务（50 分钟）</u>

1. 教师将英文的儿童简化版《灰姑娘》（共 300 多字）分解为 15 个场景并配以动画图片，利用视觉手段展示故事线，激活学生的影视观众认同（鉴于版权原因，这里不展示图片和故事）。

2. 教师调动自己对《灰姑娘》的认知，从这 15 个场景里挑出 2 个核心场景并说出评估依据（捕捉关键细节，如情节转折点或是核心人物入场）。通过上述认知建模，教师展示如何从原始资料里（即《灰姑娘》）提炼关键信息并开展思考，如评估目标读者需求、评估信息在经典故事结构中的地位。教师进而引导学生再找出 4 个核心场景并在此基础上撰写精准短小的故事梗概。以下为教师在师生协同认知活动中提出的主要问题：

（1）假如我们需要把这个故事讲给一个视时间为金钱的成人读者，我们如何提炼和概括这个故事？哪些场景最重要？再挑出 4 个核心场景并说出你的评估依据。

(2) 在这 6 个核心场景的基础上，每个小组撰写一个 100 字的精炼版《灰姑娘》。教师建模如何在文本里定位关键词并在此基础上构建概括、总结。

(3) 进一步精练故事，每组合力撰写一个 50 字的《灰姑娘》。教师建模如何进一步挑选核心信息并使用改述手段（换成自己的语言、使用复杂句型）来总结内容。

3. 在最后，教师总结这个活动里用到的学术技能，如捕捉细节、斟酌读者需求和体裁框架、定位关键词、改变句型等。教师给学生发放一份有关企业社会责任感的商科文献，并让学生在课后运用上述学术技能来提炼核心内容、撰写一个 200 字的概括。

ESP 课堂在第 10 周有关英文简历如何映射群体文化和作者意图的教师建模及师生协同认知（30 分钟）

1. 课前预习：教师让学生阅读两篇为应聘跨国公司管理职位撰写的英文简历（选自国外的简历资源网站）。这两份简历归属同一语篇族群，因此展示出相似特征，如核心内容、使用项目符号等。但同时，这两份简历也有微妙不同，如整体的修辞语步、对就职经历的描述细致程度等。

2. 上课伊始：教师激活学生的"商科知情人"认同，带领学生说出简历背后的社会背景因素（学生在课前已有准备），譬如：国际企业经理人有哪些职责？在公司发挥什么作用？企业需要什么样的国际经理人？求职者应在简历里突出哪些个人能力或资质，譬如名牌大学商科学历、留学经历、专业资质证书或是其他？

3. 教师建模：教师操演有声思维，说出两份简历的共同之处（之前备课已作分析），譬如：(1) "就职经历"主要由动词词组构成，其中主句描述核心职责，而分词、不定式子句用于补充细节；(2) 体现个人管理能力、市场拓展或企业战略策划经验的工作职责会被前置；(3) 简历里全部使用词组（名词、动词、形容词词组），没有句子，也就是从未使用过主语（包括"I"）；(4) 职责描述里尤其使用了商科术语。教师进而在上述体裁特征和学生之前贡献的社会背景因素之间创建关联，用以建模学生对体裁的社会符号视角。

4. 师生协同认知：教师带领学生观察这两份简历之间的不同之处，譬如：（1）其中一份展现出多种时态——描述现有工作使用现在式，描述既往工作使用过去式；（2）其中一份将"职业概述"和"技能"放在最前头，另外一份则根本没有"职业概述"且将"技能"放在了结尾；（3）其中一份的"就职经历"写得更具体（提供了就职公司名称、交易额、合作方具体名称、参与过的会议和贸易展等），同时这份简历在开头的"技能"一栏仅使用了一系列不超过4个字的名词词组，相比之下另外一份的"就职经历"未提供具体细节，但是在"技能"一栏每项写得更长。

5. 批判性体裁评估：若你是招聘者，会选择谁？为什么？

后　　记

　　本书的选题灵感源自我博士阶段的研究：探究二语创意写作者在创作过程、写作成品及个人经历自述中体现的二语者认同。我在研究中发现：虽然这些二语作者选择使用英语来呈现、发表作品，但是他们仍会调动多语认同和极其多元化的知识储备，进而创作出具有深度和独特性的英语作品。同时，这些二语作者在经历自述中呈现的个人能动性常与他们在写作、思考过程中操演的认知策略具有微妙关联。我的博士学位论文已于 2015 年年初在英国出版（*Second Language Creative Writers: Identities and Writing Processes*），也有幸得到国内外学者的反馈和建议，其中，与二语习得专家 Alan Maley 教授的一次交流给了我很大启发。Maley 教授指出，二语作者本身都是热爱创意写作的人，也大多是英语、文学素养较高的人，而且他们自愿在个人空间花费大量时间用于阅读和写作。但是，我的研究对于大多数不太擅长文学创作的二语学习者又具有怎样的意义？对课堂教学又具有怎样的意义？正是上述发问激励了我在一年多后设计、构思了本书中呈现的以二语认同为导向的多维外语教学模式，并通过这个选题成功申请到国家社会科学基金青年项目。

　　本书四位作者不但是研究者也是具有一线教学经验的二语教师。在设计教学干预时，我们针对每一类课堂里的教学目标、课程大纲以及近期文献里呈现的教学挑战来设计具体活动，并结合多维度的认同干预视角，课题组实施了无数次头脑风暴。在课题的执行过程中，我们发表了几项阶段性成果，上述经历对本书帮助很大。具体来说，我们在国际会议、国际顶尖出版社的论文集中（如剑桥出版社的 *Literature, Spoken Lan-*

guage and Speaking Skills in Second Language Learning）、国内核心期刊（《现代外语》）上发表了我们的课堂研究，并有幸得到国内外学者的积极鼓励与中肯建议。譬如，在爱尔兰三一学院组织的"多语言环境下的语言、认同和教育"大会上，我汇报了在 CLIL 课堂实施的超语教学并使用课堂会话样本来展示双语认同操演和批判性研讨之间的潜在关联。我提到的教学启示和学术创新——尤其是多语认同（超越语码转换）在中国大学 EFL 课堂的本地化实施——有幸得到 Elizabeth Lanza 教授的肯定。这给予课题组很大的动力，我们进而在这次汇报的基础上撰写学术论文，后投稿《现代外语》。这篇投稿的初稿虽然呈现了创新并展现了大量本地课堂的话语数据，但是在理论分析、系统性论述上还不够强大。我们十分感谢《现代外语》编辑部和外审专家对这篇论文的反复、多次审阅（共 6 次）和给予的建设性反馈与耐心指导。此外，我们的另外一项中期成果发表在剑桥出版社的论文集中（共审阅、修改了 5 次）。这篇学术论文汇报了课题组在公共英语课堂的教学创新——我们使用师生的协同对话和学生的剧本写作来展示双语、多元认同对二语学习的驱动。论文集编者 Christian Jones 教授和外审专家针对论文初稿提出了宝贵意见，指出研究设计可以更加清晰，譬如每周的课堂活动、语言材料来源、小组作业，以及教学目标和"认同"干预在上述教学活动中的具体渗透，真正做到结合理论前沿、语境和教学实践。上述三段经历让我们受益匪浅，所收获到的反思帮助我们撰写最终成果，这就是本书的著书过程。

  我们在设计和执行教学干预的过程中也得到了西交利物浦大学应用语言学系和英语语言中心的有力支持和协助，这为课题组进入课堂实施教学创新提供了必要前提。在 2018—2019 学年度，我在 CLIL 课堂实施的教学干预获得西交利物浦大学年度"最具创新教学实践奖"。十分感激学校评委会和我们的学生对于这项以认同为导向的多维教学模式的认可。此外，西交利物浦大学学术事务副校长、应用语言学学者阮周林教授和应用语言学系主任 Penelope Scott 教授都为本课题组提供过建设性指导和必要条件支持。受益于这些认可、指导和帮助，我们得以顺利完成所有的数据分析和最终成果撰写，并成功结题。而且，这项教学干预的执行、研究数据的收集和初始分析也得到了下述助教和科研助理的有力协助，在此我们表达感谢（排名不分先后）：郑悦、严辛欣、章曼如、殷于书、邵盈华、王洋、谢佳睿、张家齐、孙哲璇、沈珂、吕佩瑶、邵润天、张晓、倪蔚宁、苗明昊、张嘉正、杨玲、郭源、魏可菲、蒲钰卿、黄武涵、陈忆琳、朱玮、毛潇芃、朱奕霖、韦珺瑶、叶梦津、沈雨欣、程诩涵、杨耀叶、耿一潇、金怡杉、杨楚佳、杜奕辰。

2024 年 2 月 25 日
赵　焱